Description typo-technologique des industries lithiques taillées de Corse du Mésolithique au Chalcolithique

Laurent-Jacques Costa

BAR International Series 1501
2006

Published in 2016 by
BAR Publishing, Oxford

BAR International Series 1501

Description typo-technologique des industries lithiques taillées de Corse du Mésolithique au Chalcolithique

ISBN 978 1 84171 932 0

© L-J Costa and the Publisher 2006

The author's moral rights under the 1988 UK Copyright,
Designs and Patents Act are hereby expressly asserted.

All rights reserved. No part of this work may be copied, reproduced, stored,
sold, distributed, scanned, saved in any form of digital format or transmitted
in any form digitally, without the written permission of the Publisher.

BAR Publishing is the trading name of British Archaeological Reports (Oxford) Ltd.
British Archaeological Reports was first incorporated in 1974 to publish the BAR
Series, International and British. In 1992 Hadrian Books Ltd became part of the BAR
group. This volume was originally published by Archaeopress in conjunction with
British Archaeological Reports (Oxford) Ltd / Hadrian Books Ltd, the Series principal
publisher, in 2006. This present volume is published by BAR Publishing, 2016.

Printed in England

PUBLISHING

BAR titles are available from:

          BAR Publishing
          122 Banbury Rd, Oxford, OX2 7BP, UK
EMAIL   info@barpublishing.com
PHONE +44 (0)1865 310431
  FAX +44 (0)1865 316916
          www.barpublishing.com

Table des matières

Introduction 3

Chapitre I :
Les industries du Mésolithique (IXe - VIIe millénaire) 13

Chapitre II :
Les industries du Néolithique ancien de type cardial (VIe millénaire) 25

Chapitre III :
Les industries du Néolithique ancien à céramiques poinçonnées (fin VIe – début V^e millénaire) 39

Chapitre IV :
Les industries du Ve millénaire 51

Chapitre V :
Les industries du IVe millénaire 61

Chapitre VI :
Les industries du IIIe millénaire 79

Conclusion :
Quels marqueurs chronologiques ? 91

Références bibliographiques 95

Introduction

L'étude des outillages lithiques : pourquoi faire ?

La portée informative de l'étude des industries lithiques préhistoriques a été fortement améliorée au cours des trente dernières années. Cet essor résulte d'une part du développement de l'expérimentation visant à reconnaître les principes de fracturation des roches dures et les modalités de la taille (Tixier 1967, Tixier *et al.* 1980) et d'autre part de l'utilisation du concept de chaîne opératoire (Leroi-Gourhan 1964). La compréhension des stigmates de taille permet l'identification des techniques et des méthodes de production, alors que l'analyse de la chaîne opératoire vise à restituer la dimension socio-économique de la production lithique, en mettant en lumière la manière dont les différentes phases de la production sont mises en place. Chaque étape de transformation du bloc de roche peut ainsi être abordée, depuis l'acquisition de la matière première jusqu'à l'obtention de produits finis (Tixier *et al.* 1980).

Ces derniers – les outils lithiques – représentent donc la finalité de la production lithique, la raison de la mise en œuvre de toute cette production et ont, de ce fait, toujours bénéficié d'une attention toute particulière de la part des préhistoriens. Les fondements modernes de leur étude ont été définis par François Bordes (1950, 1961), qui, s'appuyant sur une observation fine et précise de leurs attributs, a cherché à restituer leurs caractères essentiels, représentatifs des « images mentales » (ou prototypes) propres à chaque groupe préhistorique. Cette approche, qui inclut aujourd'hui la lecture des caractères technologiques des industries, vise à caractériser le plus précisément possible les « façons de voir et de faire » des groupes préhistoriques, afin de dégager la valeur culturelle des séries lithiques. En d'autres termes, la finalité de cette approche typo-technologique de l'outillage lithique des sociétés préhistoriques demeure la reconnaissance de « types », marqueurs d'une période déterminée dans un lieu défini. Il s'agit avant tout d'un moyen pour aborder l'histoire de la culture matérielle de ces sociétés, une histoire des objets, des techniques et des procédés de fabrications. Mais cet outil d'analyse est à peu près le seul dont nous disposons pour appréhender les assemblages lithiques, pour discuter de leur validité chronologique et pour comparer différentes séries. Et c'est bien là la seconde utilité de cette approche typo-technologique – et à mes yeux peut-être la plus importante – se donner les moyens de discuter de la variabilité des industries lithiques en se dotant de méthodes d'analyse descriptive commune. C'est-à-dire une terminologie descriptive commune, se fondant sur une même démarche et la reconnaissance des mêmes critères, et non une terminologie typologique commune, qui signifierait qu'il existe partout les mêmes types d'outils et qui conduirait inexorablement à « ranger » ces outils dans des types définis *a priori*, en restreignant de ce fait l'analyse de la variabilité des assemblages.

Ainsi, l'étude qui suit a pour ambition de présenter une synthèse détaillée des industries lithiques taillées des communautés de Corse, en s'attachant d'une part à décrire les outils lithiques, d'autre part à restituer les modalités de leur fabrication. Il s'agit donc d'une description objective et précise de ces assemblages lithiques, par phases chronologiques reconnues, en utilisant les terminologies descriptives les plus largement admises par la communauté scientifique actuelle.

Le contexte de l'étude

En Corse, les productions lithiques n'avaient fait l'objet que d'analyses très ponctuelles et ni l'évolution des procédés de fabrication de l'outillage, ni les caractéristiques intrinsèques de ces assemblages n'étaient connues lorsque je débutais mon étude. L'évolution diachronique des industries lithiques se résumait à des considérations très générales sur l'approvisionnement des groupes en matières premières (Lanfranchi 1980 ; Camps 1988 ; Bonifay *et al.* 1990) et à une typologie des armatures fondée sur quelques séries peu étoffées (Lanfranchi 1967 ; Camps 1988 ; Sicurani 1993). Il était ainsi admis que le silex était abondant dans les collections du Néolithique ancien, l'obsidienne dans celles du Néolithique moyen, les rhyolites et le quartz dans celles du Néolithique final ; même si la proportion de ces matières variait considérablement d'un site à l'autre et en particulier du sud au nord de l'île. De même, il était établi que les armatures tranchantes précédaient les armatures perçantes et que les modèles de pointes pédonculées à ailerons étaient plus récents que ceux des pointes à crans ou des armatures foliacées. À l'exception de l'étude des pointes de projectiles du site d'I Calanchi (Nicolle 2000), aucune analyse technologique du matériel lithique n'avait été menée en Corse, aucun texte ne faisait état de l'évolution des procédés de fabrication des outillages, c'est-à-dire des techniques et des méthodes de taille et de la gestion des débitages.

Une autre difficulté majeure de cette étude a résidé dans l'aspect très lacunaire des connaissances sur la chronologie des occupations de l'île. En effet, jusqu'aux années 1970, la préhistoire de la Corse était surtout connue par l'étude de ses monuments mégalithiques (menhir, dolmen, *torre* et *castellu*), dont le caractère à la fois monumental et mystérieux avait suscité l'attention de nombreux scientifiques dès la fin du XIXe siècle. Il aura en revanche fallu attendre la découverte des longues stratigraphies des sites de Basi (Bailloud 1969a), d'Araguina-Sennola (Lanfranchi et Weiss 1977), puis de Strette (Magdeleine et Ottaviani 1986), pour que soient posées les bases du découpage chronologique de la préhistoire de l'île. À la fin des années 1980, les premières grandes synthèses sur le peuplement préhistorique de Corse (Camps 1988; Bonifay *et al.* 1990) concrétisèrent cette périodisation, en définissant cinq phases principales, représentatives de l'évolution des assemblages archéologiques de l'île: le « Prénéolithique », le Néolithique ancien, le Néolithique moyen, le Chalcolithique (ou Néolithique final) et l'Âge du Bronze.

Si les fouilles de ces quinze dernières années ont permis de préciser certains éléments de cette chronologie, elles n'ont guère modifié le découpage établi, d'autant que les nouvelles propositions ne font pas toutes l'objet d'un réel consensus de la part des archéologues insulaires. Ce n'est pas tant un défaut de datations absolues, qu'un manque d'ensembles archéologiques chronologiquement fiables qui est responsable de l'imprécision des données. La rareté des fouilles[1] et la mauvaise conservation des dépôts archéologiques (conditions d'enfouissement, perturbations post-dépositionnelles) en sont les principaux facteurs.

Le découpage actuel de la préhistoire de la Corse est fondé sur la reconnaissance de différences archéologiques essentielles, opposant de larges périodes représentant chacune plusieurs centaines d'années au minimum. Ces phases ont été principalement définies grâce à la reconnaissance d'une évolution des styles céramiques, mais leur délimitation demeure encore assez floue, dans la mesure où aucun assemblage ne semble aujourd'hui correspondre à un ensemble chronologique homogène suffisamment large pour être représentatif d'une phase chronologique particulière. La majorité de ces assemblages n'est qu'une compilation d'éléments, provenant d'occupations plus ou moins longues et discontinues. Les datations obtenues, lorsqu'elles sont fiables, ne rendent pas compte de la réelle durée de formation des couches et correspondent à un événement, voire à une moyenne entre plusieurs événements[2]. Les subdivisions proposées ne sont en réalité valables que dans un cadre relativement restreint (par exemple la stratigraphie d'un site) et par rapport à des observations particulières (l'évolution de tel objet ou de telle technique).

J'ai pris le parti, dans cette étude, d'ordonner les assemblages archéologiques selon l'échelle classique du temps, la succession des millénaires, sans chercher à solliciter exagérément les rares stratigraphies disponibles, dont les couches comptent souvent un mobilier assez restreint et de provenance pas toujours assurée. Il en résulte bien évidemment une certaine frustration: de ne pas pouvoir mesurer l'évolution des industries et de rester cantonnés à une échelle d'observation trop large pour être précise. Il me faut toutefois indiquer que cette ordination diachronique des collections archéologiques a représenté une masse de travail conséquente, tant la situation de nombreux sites était confuse. Il a fallu évaluer la validité chronologique des 41 assemblages étudiés; ce qui a conduit à éliminer près du quart des collections, après l'analyse détaillée de leurs vestiges céramiques et lithiques.

Les principes de l'étude

Élaborée dans des contextes paléolithiques, la typologie est un moyen pour rendre compte des caractéristiques de l'outillage lithique. Au-delà de la simple description des objets, la typologie permet « *de reconnaître, de définir et de classer les différentes variétés d'outils se rencontrant dans les gisements* » (Bordes 1961, p. 1). Ces trois étapes de la démarche – identifier, définir et classer – s'effectuent d'après l'observation empirique des pièces et la sélection de critères discriminants.

Ainsi définie, la démarche typologique se présente comme une science du classement. Elle se heurte alors d'emblée au vaste problème du choix des critères discriminants et de leur hiérarchisation.

Les classifications automatiques n'étant pas appropriées à l'étude des objets lithiques, en raison de la multitude et de la très grande variabilité des critères observables (Audouze 1976; Cahen 1976), la majorité des chercheurs actuels accorde au classificateur un rôle prééminent dans la sélection des critères observés, considérant qu'une typologie doit être conçue pour répondre à une problématique précise (Binder 1987; Perlès 1987)[3]. En revanche, la définition de cette problématique conduit les chercheurs à adopter des démarches différentes, parfois relativement opposées.

Ainsi pour D. Binder « *la typologie est un procédé de rangement par catégories (...) [et] implique le choix a priori d'une hiérarchie des caractères* » (Binder 1987, p. 32), cette ordination *a priori* des critères observés visant à assurer la cohésion interne des listes typologiques. Dans son étude sur l'outillage du Néolithique ancien provençal, D. Binder (1987) a ainsi proposé une « liste-répertoire » fondée sur une hiérarchisation de critères techno-morphologiques, reflétant les modalités de fabrication des outils retouchés. Cette démarche a été par exemple suivie par F. Bostyn (1994) lors de son étude des industries du Néolithique ancien du nord-ouest de la France (groupe Villeneuve-Saint-Germain). En revanche, C. Perlès « *ne considère pas que les « types » existent intrinsèquement dans le matériel, mais qu'ils sont, au contraire, définis par le chercheur* » (Perlès 1987, p. 29). Les critères discriminants sont alors étroitement liés à la problématique de l'étude et n'ont de cohérence que vis-à-vis de celle-ci. Dans sa typologie élaborée en 1987, les différents critères ont ainsi été choisis en fonction de leur seule valeur chronologique au sein de la stratigraphie étudiée et n'ont, de ce fait, aucune cohérence interne. Cette typologie n'est alors pas fondée sur la hiérarchisation de critères intrinsèques aux objets étudiés, tels les procédés de fabrication, mais dépend de caractères extrinsèques liés à la valeur chronologique de chaque assemblage. Toutefois, tous ces auteurs s'accordent pour considérer que la description rigoureuse des éléments étudiés est incontournable, ne serait-ce que pour permettre à la communauté scientifique de prendre connaissance de ce matériel étudié. Ainsi, quelles que soient les options choisies, la description systématique du matériel étudié demeure un exercice utile et nécessaire. Elle répond à un souci d'information : fournir au lecteur un maximum de renseignements fiables sur le mobilier étudié (Perlès 1987).

Pour résumer, la typologie de D. Binder (1987) ou de F. Bostyn (1994) est un classement hiérarchisé par niveaux emboîtés, en forme de « buisson ». La typologie de C. Perlès (1987) ou d'A. Augereau (1993) n'est pas un classement hiérarchisé, mais une sélection *a posteriori* de caractères indépendants et variables d'un outil à l'autre[4].

Ces deux démarches n'ont, bien entendu, ni les mêmes avantages ni les mêmes inconvénients. Dans la classification de D. Binder, les outils lithiques sont rangés dans des types uniques, à partir de classes et de groupes spécifiques, déterminés par des critères technologiques hiérarchisés. Chaque type d'outils est ainsi défini par un ensemble de caractéristiques toujours ordonnées de la même manière ; ce qui rend aisée leur identification. En revanche, les outils ont tendance à n'être plus qu'une combinaison de critères technologiques ; impression renforcée par la rigidité du système classificatoire qui conduit à une dispersion des types d'outils. En effet, deux outils de morphologie semblable peuvent se retrouver dans des classes très éloignées si le critère qui les distingue concerne une subdivision en amont de la hiérarchisation. À l'inverse, les typologies fondées sur des caractères non hiérarchisés conservent une plus grande souplesse, permettant de restituer la part subjective des outillages. Elles présentent cependant l'inconvénient de rendre presque impossibles toutes comparaisons avec des listes établies par d'autres chercheurs. Certains ont cru un temps pouvoir contourner cette difficulté par la description rigoureuse de l'ensemble des critères technologiques de l'outillage, mais ces descriptions se sont avérées fastidieuses et rapidement illisibles.

L'élaboration d'une typologie de l'outillage de Corse a donc représenté bien des hésitations et sa formulation actuelle résulte de bien des remaniements. J'ai finalement opté pour le principe de la classification hiérarchisée, parce qu'elle a le mérite de rendre compte des procédés de fabrication – critères technologiques qui se sont révélés primordiaux dans l'identification de ces industries – et permet également une comparaison plus aisée avec les productions voisines, notamment celles du sud de la France. Je n'ai toutefois pas réalisé une véritable classification, dans la mesure où chaque niveau de segmentation de ma typologie est défini par un ensemble de critères déterminés, mais dont l'importance reste variable.

Bien entendu, cette présentation de l'outillage suit un plan diachronique, ce qui favorise la perception de la valeur chronologique des critères observés et permet la mise en exergue *a posteriori* de ceux qui apparaissent comme représentatifs d'une production particulière à un moment donné.

La description des modalités de production, les techniques et les méthodes de taille, n'a en revanche pas posé de problème particulier, dans la mesure où tout le monde semble aujourd'hui s'accorder pour utiliser la terminologie proposée par M.-L. Inizan, M. Reduron, H. Roche et J. Tixier (1995).

Critères de hiérarchisation de la typologie

Reprenant la classification de D. Binder (1987), cette typologie est organisée selon quatre niveaux de segmentation : le groupe, la classe, le type et la variété.

En amont de cette segmentation, il m'a fallu distinguer les matières premières, dans la mesure où elles sont souvent très variables d'un site à l'autre, du fait de la situation géologique très particulière de la Corse, caractérisée par l'absence des roches classiquement utilisées par les tailleurs préhistoriques : le silex et l'obsidienne. En effet, si la Corse présente une diversité minière importante, notamment une grande richesse en roches ornementales, elle est en revanche très pauvre en roches siliceuses aptes à être taillées. Les matériaux les plus aptes à être exploités pour la fabrication de l'outillage taillé sont des rhyolites recristallisées, issues d'anciennes éruptions volcaniques et qui ont connu différentes phases de recristallisation lors de la mise en place de la Corse alpine (Vellutini *et al.* 1996, p. 33). Si elles peuvent constituer une matière première de premier choix, technologiquement proche du silex, elles demeurent rares et peu accessibles, localisées dans des filons autour de la caldeira du Monte Cinto et plus rarement le long du batholite, au centre de l'île (fig. 1). D'autres matériaux sont exploitables, en particulier certains quartz filoniens, des roches sédimentaires métamorphisées (schistes lustrés), des gabbros et des basaltes métamorphisés, des diorites, des serpentinites et des granitoïdes. Toutes ces roches sont relativement abondantes, mais leurs aptitudes à la taille demeurent ténues ; ce qui en fait des matériaux de second choix. À certaines époques, les communautés de Corse ont bénéficié d'apports considérables en silex ou en obsidienne sardes, fondant alors leurs industries sur l'exploitation de ces matières allochtones. À d'autres moments, ces importations étaient peu soutenues et les populations locales se sont alors rabattues sur l'exploitation de matériaux plus ingrats. Les différences de proportion de matières premières importées sont ainsi chronologiquement significatives.

Le passage d'une matière à une autre va également nécessiter des adaptations de la part du tailleur, un ensemble de modifications technologiques qui font qu'un même outil fonctionnel ne va pas forcément avoir les mêmes caractéristiques s'il est manufacturé dans une roche très siliceuse ou au contraire dans un matériau assez grenu. Il s'agit là des deux principales raisons (importance diachronique et contraintes techniques) qui m'ont incité à définir les types d'outils par matières premières. Après plusieurs essais, j'ai opté pour un regroupent des matériaux grenus aux caractéristiques technologiques jugées équivalentes et ai défini cinq grands ensembles : l'obsidienne, le silex, les rhyolites fines, les quartz et les matériaux grenus.

La segmentation de ma typologie se fonde sur deux distinctions premières : le support et l'intensité de la retouche. En effet, ayant résolument opté pour une typologie fondée sur des critères technologiques, à l'instar de la classification de D. Binder (1987) ou d'A. Augereau (1993), la nature du support utilisé par le tailleur s'imposait comme la première distinction à prendre en considération. Ce support peut être un bloc brut ou un produit de débitage.

Quant à l'intensité de la retouche, il convient de distinguer les outils dont la morphologie générale résulte d'une mise en forme et correspond à une image mentale précise, à l'instar des « géométriques » ou des pointes de flèche, des outils définis par leur seule partie retouchée et dont la morphologie générale reste aléatoire, comme c'est le cas pour les « coches » ou les « becs » par exemple. Il s'agit là en effet d'une distinction fondamentale en termes d'investissement technique et de modalités de production mais aussi de représentation mentale des outils. Cette distinction peut toutefois s'avérer périlleuse, car à la différence des critères purement descriptifs, elle risque d'introduire une part de subjectivité. Aussi, la récurrence des outils de même silhouette, dans des proportions

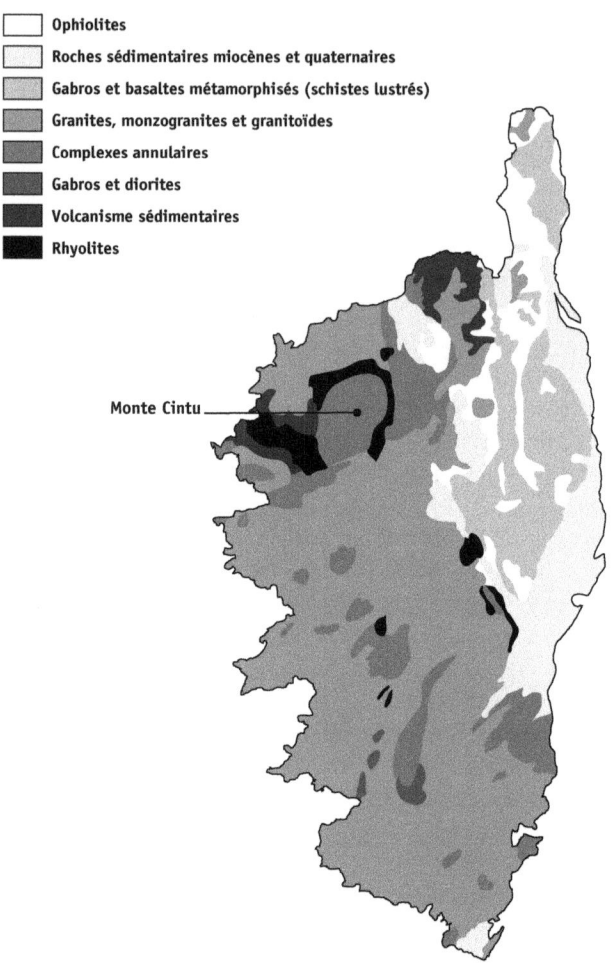

Figure 1 : carte géologique simplifiée de la Corse.

significatives, doit être l'élément déterminant de ce premier niveau de segmentation. Seule cette récurrence permet de savoir si l'on a réellement affaire à un outil de morphologie standardisée. Bien entendu dans le cas où un support retouché de morphologie aléatoire présente plusieurs parties transformées, par exemple une « coche » sur un bord et un « bec » sur un autre, il convient de considérer qu'il s'agit de plusieurs outils distincts ; à moins que l'on se trouve en présence d'associations récurrentes, ce qui reviendrait alors à démontrer qu'il ne s'agit pas d'un support à morphologie totalement aléatoire. En d'autres termes, les « composites » ou « outils doubles » parfois mentionnés dans certaines typologies ne me semblent pas avoir de réels fondements : ce sont soit des types d'outils distincts présents sur un même support, soit des types d'outils particuliers. Quoi qu'il en soit, cette distinction entre les pièces partiellement retouchées et celles qui sont mises en forme par la retouche s'est avérée capitale, permettant d'éviter la dispersion des types d'outils et surtout, de ne pas perdre de vue la morphologie d'ensemble de ces outils : les « images mentales » ou les « prototypes » dont parle F. Bordes.

Une fois ces premières distinctions établies, le niveau de segmentation suivant – les groupes – correspond au résultat d'ensemble produit par la retouche (tabl. 1). Par exemple, ce résultat peut être une pièce appointée, ou bien tronquée, ou encore dotée d'un « front » semi-circulaire aménagé en partie distale ou proximale par retouche plus ou moins abrupte, ou une pièce présentant un dos, c'est-à-dire un bord latéral retouché abrupt, etc. À ce niveau de segmentation, l'inclinaison de la retouche (abrupte, semi-abrupte ou rasante) et sa délinéation[5] est une caractéristique essentielle.

Au niveau de résolution suivant – les classes – interviennent des critères morphométriques, concernant tant le support que la retouche (épaisseur, largeur et longueur du support ; position de la retouche[6]). C'est à ce niveau qu'intervient également la distinction entre les éclats et les produits laminaires.

Le niveau suivant correspond aux types d'outils, c'est-à-dire des objets d'une même classe présentant de petites variations liées, le plus souvent, à des critères de localisation[7], de répartition[8], d'entendue[9] ou de morphologie[10] de la retouche. Enfin, la variété (ou le sous-type) est définie par rapport au type, lorsqu'une petite distinction semble faire sens entre deux outils très semblables.

Définition des groupes d'outils

Si j'ai choisi d'élaborer une typologie et non une classification de l'outillage, ma typologie se fonde toutefois sur un véritable classement, visant la définition de « groupes d'outils » qui constituent le point de départ de la typologie. En cela, elle se rapproche de la classification de D. Binder (1987). La différence essentielle tient dans une certaine souplesse quant à l'ordre d'importance des critères servant à identifier les « classes » et les « types », souplesse destinée à rendre compte au mieux de ce qui fait réellement différence dans un groupe ou une classe d'outils, alors qu'un système d'emboîtement rigide peut conduire à amoindrir l'importance de certaines caractéristiques.

Groupe 1 : dans ce groupe sont rangés différents outils de morphologie très standardisée, dont la silhouette géométrique est obtenue par la combinaison d'enlèvements abrupts ou bifaciaux, localisés en partie distale et proximale. Il s'agit des « géométriques » (également appelés « armatures tranchantes »), de certaines pièces à bitroncature de dimension semblable à celle des « géométriques » – dont la limite supérieure est communément fixée à 2,5 cm (Binder 1987) – ainsi que d'autres supports à bitroncatures qui diffèrent des « géométriques » en raison de leur seule dimension. Il existe également, dans le Néolithique ancien de Corse, de nombreux petits outils dont les critères morphométriques sont en tout point similaires à ceux des « géométriques » si ce n'est une localisation de la retouche différente : sur les bords latéraux de l'éclat. Ces pièces sont assimilables à des armatures tranchantes et présentent les stigmates d'utilisation des têtes de flèches (Costa et Sicurani 2000 ; Costa 2004a). J'ai choisi de les ranger dans ce groupe 1, considérant que leur silhouette générale, très standardisée, constituait le critère primordial. Il s'agit bien entendu d'une classe particulière d'outils, distinctes des « géométriques » véritables.

Groupe 2 : ce groupe réunit les outils mis en forme et largement façonnés par la retouche, à savoir les « pointes de flèche » et les « grandes pointes foliacées ».

Groupe 3 : sont rangés dans ce groupe tous les outils communément nommés « grattoirs », c'est-à-dire des pièces dont la retouche, localisée en partie distale ou

Outils sur supports débités	Modification globale du support	Retouche courte		Groupe 1 Pièces géométriques
		Retouche envahissante ou couvrante		Groupe 2 Pointes de flèche et foliacées
	Modification locale du support	Retouches transversales	Non abrupts	Groupe 3 Grattoirs
			Abrupts	Groupe 4 Troncatures
		Retouches latérales	Non abrupts	Groupe 5 Racloirs et pointes
			Abrupts	Groupe 6 Pièces à dos
		Enlèvements spéciaux	Coche(s)	Groupe 7 Coches et denticulés
		Enlèvements irréguliers		Groupe 8 Retouche d'utilisation
				Groupe 9 Pièces esquillées
Outils sur blocs				Groupe 10

Tableau 1 : Critère de segmentation des outils par groupes

proximale, présente une délinéation convexe, voire semi-circulaire, formant un front aménagé par des enlèvements le plus souvent semi abrupts, mais jamais abrupts (voir groupe 4).

Groupe 4 : sont ici regroupées les pièces présentant une ou deux troncatures. J'ai considéré, à l'instar de nombreux auteurs, que tout bord distal ou proximal retouché abrupt était une troncature, quelle que soit la délinéation de ce bord, rectiligne, concave ou convexe. Il convient enfin de préciser que les pièces à bitroncature de silhouette géométrique et de dimension inférieure à 2,5 cm sont classées dans le groupe 1.

Groupe 5 : les groupes 5 et 6 réunissent les pièces présentant des retouches latérales, rectilignes, concaves ou convexes. Dans le groupe 5 sont rangées toutes celles qui ne sont pas retouchées abruptes, c'est-à-dire les « racloirs » et certaines pièces appointées. La position, la délinéation, la répartition et la morphologie de la retouche ne constituent pas de critères discriminants pour la constitution de ce groupe, mais interviennent dans celle des classes.

Groupe 6 : ce groupe ne concerne que les pièces à bord(s) latéral(aux) retouché(s) abrupt(s), à l'exception de certaines armatures du Néolithique ancien, rangées dans le groupe 1, en raison d'une silhouette standardisée très semblable à celle des « géométriques ».

Groupe 7 : il s'agit des pièces à coche(s) et des denticulés, c'est-à-dire toutes pièces dont la partie retouchée correspond à une coche ou une succession de coches. J'avais initialement inclus les pièces présentant des enlèvements de type « coup de burin » dans ce groupe, mais celles-ci sont si rares dans les séries étudiées, que je les ai en définitive introduites au niveau des types et non des groupes d'outils.

Groupe 8 : ce groupe est défini par exclusion et réunit toutes les pièces non standardisées à enlèvements irréguliers. Les caractéristiques morphométriques et technologiques de ces pièces sont si variables que chacune d'elles est un exemplaire unique. Ces pièces n'ont en définitive qu'une valeur informative très limitée.

Groupe 9 : J'ai classé dans ce groupe les pièces présentant de forts esquillements sur deux bords opposés – les pièces esquillées – et dont le statut est sujet à controverse (outils ou nucléus sur enclume).

Groupe 10 : à l'instar des groupes précédents, celui-ci réunit des pièces dont la portée informative est très restreinte. En effet, dans les séries étudiées, il n'y a pas de réel outillage façonné sur bloc. Ce groupe n'est alors constitué que de blocs retouchés, dont l'identification même en tant qu'outil est parfois discutable. En d'autres termes, sont regroupés ici des blocs qui ne semblent pas devoir être classés dans les déchets de taille ou les nucléus.

Définition des classes d'outils

C'est donc à ce niveau qu'intervient un ensemble de critères morphométriques, concernant à la fois le support et la retouche (méthode de production, épaisseur, largeur et longueur du support ; position de la retouche). Comme pour les groupes, les classes ont été définies *a posteriori* et permettent un aperçu à la fois global et précis de la composition des outillages pour chaque période étudiée. C'est un niveau intermédiaire de classement qui me paraît fort intéressant, car au niveau suivant – les types – les variations sont telles qu'il devient difficile de croiser toutes les données. La constitution des types d'outils prend réellement son sens à l'intérieur de chaque période chronologique, où il devient alors possible de dégager de véritables marqueurs chrono-culturels. En revanche, c'est à ce niveau intermédiaire (les classes d'outils) qu'il est souvent pertinent de discuter de la composition des outillages et de leur modalité d'obtention, période par période, et ainsi de dégager des tendances, qui reflètent des variations dans les activités des populations au cours du temps.

Groupe 1 :
les pièces géométriques à retouche courte

Dans ce groupe sont donc réunis des outils de morphologie très standardisée, notamment ceux que l'on nomme classiquement les « géométriques ». Ceux-ci sont définis par leur forme trapézoïdale, leur dimension inférieure à 2,5 cm, et la présence d'enlèvements distaux et proximaux, abrupts. Les classes de ce groupe sont définies à partir de la position de la retouche, sa délinéation (convexe, concave ou rectiligne) et l'allongement de la pièce. Il convient de préciser que les petites pièces dissymétriques que D. Binder (1987) a nommées « géométriques à troncature(s) oblique(s) » et qui sont très présentes dans le Castelnovien ou Épicastelnovien sont totalement absentes des séries de Corse.

D'autres outils, dont la morphologie générale est très similaire à celle des géométriques, mais dont les dimensions sont nettement supérieures, ont également été rangés dans ce groupe (classe 1.7). Notons en revanche l'absence, dans les séries étudiées, des outils communément appelés « tranchets », qui se définissent par la retouche bifaciale de leurs bords proximal et distal ; et qui, du fait de leur grande standardisation, auraient tout à fait pu intégrer ce groupe 1.

-Classe 1.1 : trapèzes à bitroncatures concaves

Il s'agit de pièces souvent très symétriques, présentant deux troncatures concaves réalisées par retouche directe, parfois croisée. Elles peuvent être allongées ou larges. Quelques-unes présentent une petite coche inverse, accentuant la concavité des troncatures.

- Classe 1.2 : trapèzes isocèles

Il s'agit de trapèzes de forme allongée (la largeur – mesurée entre les deux troncatures – n'excédant pas la longueur de la pièce) présentant deux troncatures d'obliquité identique, réalisées par retouche directe, parfois croisée. La délinéation des troncatures peut être identique, rectiligne ou convexe, ou différente lorsque l'une d'elles est concave.

- Classe 1.3 : géométriques à troncatures rectilignes subparallèles

Ces géométriques ne diffèrent des précédents que par leur forme quasi rectangulaire.

- Classe 1.4 : géométriques à troncature(s) inverse(s)

De forme trapézoïdale ou rectangulaire, ces géométriques sont formés d'au moins une troncature inverse. Si quelques-uns possèdent deux troncatures inverses, la plupart sont à troncatures alternes, de même obliquité.

- Classe 1.5 : géométriques à retouches bifaciales

Ces pièces, en forme de « U », présentent deux bords à retouche bifaciale, convexes, se rejoignant pour former une base arrondie. Cette dernière est souvent amincie par des enlèvements rasants et envahissants, issus des bords retouchés.

- Classe 1.6 : autres pièces géométriques

Classe définie par exclusion regroupant d'une part les trapèzes formés d'une troncature et d'un bord abrupt partiellement retouché et d'autre part, les pièces façonnées sur éclats, dont la localisation des bords retouchés abrupts n'est pas déterminée par l'axe de débitage mais par l'axe morphologique de la pièce.

- Classe 1.7 : grandes pièces bitronquées

Il s'agit de pièces aux caractéristiques semblables à celles des géométriques des classes 1.1 à 1.4, mais dont la longueur (distance séparant les deux bases et qui correspond donc à la largeur du support débité) est supérieure à 2,5 cm, généralement comprise entre 3 et 4 cm.

Groupe 2 :
pointes de flèche et armatures foliacées

La définition des classes de ce groupe repose moins sur des critères de retouche, que sur la morphologie générale des pièces et leur dimension. En effet, les attributs de la retouche sont plutôt dépendants de l'habilité du tailleur (notamment en ce qui concerne l'étendue et l'aspect des enlèvements) et non de ses réels intentions.

- Classe 2.1 : pointes losangiques à crans

Façonnées par retouche bifaciale, envahissante ou couvrante, ces pointes possèdent deux petits ailerons à peine dégagés, perpendiculaires à l'axe morphologique de la pièce.

- Classe 2.2 : pointes à ailerons courts

Moins losangiques que les pointes de la classe 2.1, ces pièces sont dotées de deux ailerons marqués, généralement dégagés par une coche.

- Classe 2.3 : pointes à ailerons longs

Cette classe réunit des pointes de flèche dont les ailerons, nettement allongés, descendent le long du pédoncule. La distance entre ce dernier et le bord de l'aileron est souvent réduite, impliquant l'utilisation d'un compresseur à pointe fine pour la retouche de cette partie de la pièce. Ces pointes de flèche n'existent qu'en contexte chalcolithique et plusieurs études suggèrent l'usage de compresseurs à pointe de cuivre pour la réalisation de ces ailerons.

- Classe 2.4 : pointes foliacées

Il s'agit de pièces sans pédoncule ni ailerons, façonnées par retouche bifaciale. Elles ont généralement la forme d'une amande, avec une base arrondie. Certaines sont de taille comparable à celle des autres pointes de flèche, alors que d'autres ont une dimension nettement supérieure. Ces dernières peuvent être façonnées par percussion directe ou par pression.

Groupe 3 : les grattoirs

Les classes de ce groupe sont définies par des critères dimensionnels. Notons l'absence de grattoir manufacturé par des enlèvements lamellaires (comme le sont par exemple les grattoirs dits carénés, fréquents dans les séries de l'Aurignacien). Par ailleurs, je n'ai pas recensé de véritables grattoirs doubles, courts ou longs. Quelques rares pièces présentent une retouche à la fois distale et proximale et auraient pu, à ce titre, être considérées comme des grattoirs, mais il s'agit en réalité de petites pièces subcirculaires, retouchées sur tout leur pourtour par des enlèvements bifaciaux. Elles sont donc logiquement classées dans le groupe des racloirs, dans la classe des racloirs à retouche bifaciale (classe 5.3).

- Classe 3.1 : grattoirs sur éclats épais

Les grattoirs de cette classe sont très souvent réalisés sur de gros éclats corticaux, parfois des pièces techniques telles d'épaisses tablettes de ravivage ou des culs de nucléus. Notons l'absence de grattoir sur éclat mince (épaisseur < à 8 mm) dans les séries retenues pour l'étude.

- Classe 3.2 : grattoirs sur lames

Parfois mentionnés dans la littérature (Pasquet 1979), ces grattoirs semblent toutefois très rares et aucun d'eux n'a été découvert dans les assemblages retenus pour cette étude.

Groupe 4 : les troncatures

Il s'agit d'éclats ou de lames présentant une seule troncature. La position de la retouche et la dimension du support constituent les critères de sélection des classes de ce groupe. Il convient de rappeler que quelques rares pièces bitronquées, manufacturées sur des produits laminaires, de plus de 2,5 cm de longueur, ont été classées dans le groupe 1 (classe 1.7).

- Classe 4.1 : éclats à une troncature

Si de tels outils existent, ils demeurent fort rares et aucun n'a été recensé dans les séries étudiées. Il s'agit donc actuellement d'une classe théorique.

- Classe 4.2 : lames tronquées

C'est une classe qui admet une certaine variabilité, probablement renforcée par le fait que l'on y a inclus des fragments de lames qui pourraient tout aussi bien être des fragments de pièces bitronquées. Deux types sont ainsi identifiés, en fonction de la longueur du support.

Groupe 5 :
les pièces à retouche latérale non abrupte

Le groupe réunit des pièces communément appelées racloirs et pièces appointées (racloirs doubles convergents).

Plusieurs classes ont ainsi été définies. Tout d'abord, celles concernant les racloirs simples, c'est-à-dire les pièces présentant un seul bord latéral à retouche directe, parallèle ou subparallèle, courte, continue et de délinéation rectiligne ou légèrement convexe. La retouche peut être légèrement denticulée, sans pour autant s'apparenter à une succession de coches.

- Classe 5.1 : racloirs simples sur éclat

Pour cette classe, l'épaisseur du support (< ou > à 8 mm) et l'inclinaison de la retouche (rasante ou semi abrupte) constituent des critères de distinction permettant de définir les types.

- Classe 5.2 : racloirs simples sur lame

Ces outils sont très rares et aucun d'eux n'a été recensé dans les séries retenues pour cette étude.

- Classe 5.3 : racloirs à retouche bifaciale

Il s'agit toujours d'éclats, souvent de grande dimension, dont le bord retouché est de délinéation convexe. La retouche est rasante, souvent longue et même envahissante, voire couvrante. Parmi ces racloirs, se trouvent quelques rares pièces, manufacturées sur éclats minces et dont la retouche bifaciale, parfois légèrement denticulée, s'étend pratiquement sur tout le pourtour de la pièce.

Viennent ensuite les racloirs doubles convergents et dont la retouche, le plus souvent bifaciale, aménage une pointe.

- Classe 5.4 : pointes

Les pointes sont formées de deux bords convergents, rectilignes ou convexes. Elles peuvent être relativement courtes ou au contraire très longues. Ainsi, certaines pièces très allongées, que nombre d'auteurs nommeraient « mèches » (faisant référence aux mèches de foret), sont également regroupées dans cette classe, y définissant un type particulier.

- Classe 5.5 : becs

À la différence des pointes, les becs sont de petites proéminences, dégagées par au moins un bord concave, généralement les deux.

Groupe 6 :
les pièces à retouche latérale abrupte

Les « triangles de Monclus » et les petites lamelles à bord abattu caractéristiques des séries « sauveteriennes » et « castelnoviennes » étant totalement absents des collections de Corse, j'ai opté pour une distinction morphométrique simplifiée par rapport à celle mise en place par D. Binder (1987) lors de son étude du Néolithique ancien provençal.

- Classe 6.1 : petites pièces à dos

Cette classe regroupe toutes les pièces à bord abattu, de dimension inférieure à 2,5 cm, quelles que soient les modalités de production, laminaires ou non. La retouche peut-être partielle.

- Classe 6.2 : lames à bord abattu

Ces pièces sont très rares et n'existent pas dans les séries retenues pour cette étude. En fait, deux exemplaires ont actuellement été trouvés, en surface, et aucune valeur chronologique ne peut leur être attribuée. Ces deux pièces ont une longueur qui excède 2,5 cm et présentent un bord retouché convexe, par enlèvements directs.

Groupe 7 : les pièces à coche(s) et denticulés

Le nombre de coches et l'épaisseur du support sont les deux critères les plus déterminants pour la constitution des classes de ce groupe.

- Classe 7.1 : pièces à coche unique sur supports épais

Il s'agit de fragments ou d'éclats d'épaisseur supérieure à 8 mm, qui présente en conséquence une coche profonde.

- Classe 7.2 : pièces à coche unique sur supports minces

Sont confondus dans cette classe les supports laminaires et les éclats. Le support a une épaisseur inférieure à 8 mm.

- Classe 7.3 : pièces à doubles coches adjacentes

Il s'agit toujours de supports minces, laminaires ou non.

Viennent ensuite les denticulés : des pièces dont le bord retouché est formé d'au moins trois coches adjacentes.

- Classe 7.4 : denticulés sur éclats épais

Ces pièces sont assez variables, mais toujours réalisées sur des éclats ou des fragments d'épaisseur supérieure à 8 mm. La retouche denticulée est généralement semi abrupte.

- Classe 7.5 : denticulés sur supports minces

Ces denticulés, manufacturés sur lames ou éclats, d'épaisseur inférieure à 8 mm, présentent une retouche denticulée rasante. Notons la présence, toutefois fort rare, de fragments de lames ou d'éclats allongés à retouche denticulée distale.

Groupe 8 :
Les pièces à enlèvements irréguliers

Bien que défini par exclusion, ce groupe compte plusieurs classes déterminées par le support, la localisation de la retouche et son degré d'intentionnalité. Il existe en effet de nombreux supports présentant une retouche qui semble plus liée à l'utilisation d'un bord, le plus souvent tranchant, qu'à sa mise en forme intentionnelle.

- Classe 8.1 : lames à retouches latérales irrégulières

Certaines de ces lames présentent également un lustre lié à l'utilisation de la pièce. Elles constituent alors un type particulier : les lames lustrées.

- Classe 8.2 : éclats minces à retouches latérales irrégulières

Les éclats minces ont une épaisseur inférieure à 8 mm et présentent, à l'instar des lames de la classe 8.1, un ou plusieurs bords retouchés tranchants.

- Classe 8.3 : éclats épais à retouches latérales irrégulières

Il s'agit d'éclats à coches clactoniennes non adjacentes. La position de celles-ci reste très aléatoire.

- Classe 8.4 : éclats épais à retouches irrégulières, distales ou proximales

Cette classe réunit notamment quelques fragments de galets en forme de biseaux ou de coins, dont le bord le plus aigu présente des enlèvements irréguliers.

Groupe 9 : Les pièces esquillées

Il s'agit de petites pièces présentant deux bords opposés fortement esquillés (enlèvements bifaciaux à morphologie écailleuse), vraisemblablement sous l'effet de percussions répétées. Il convient de préciser que toutes ces pièces ne sont pas forcément des outils.

- Classe 9.1 : pièces esquillées sur supports minces

Ces pièces esquillées sont minces, allongées et ont une forme plutôt rectangulaire.

- Classe 9.2 : pièces esquillées épaisses

Elles s'apparentent à des débris d'épaisseur souvent supérieure à 8 mm et dont la forme est plus ou moins cubique.

- Classe 9.3 : fragments de pièces esquillées ou indéterminées

Cette dernière classe regroupe toutes les petites pièces, souvent nombreuses, qui présentent un bord esquillé ou très abîmé, dont les caractéristiques ne permettent pas de les intégrer dans les autres classes de ce groupe.

Groupe 10 : outils sur bloc

Il s'agit de galets ou de blocs présentant des enlèvements isolés ou groupés, souvent bifaciaux, si peu standardisés qu'il ne m'a pas semblé utile de les subdiviser en classes ou en types.

Notes

[1] La grande majorité des sites n'a fait l'objet que de sondages.

[2] Les datations C14 ont parfois été réalisées à partir de plusieurs charbons, réduits en poudre et confondus.

[3] « *Sélectionnant les caractères qu'il considère comme significatifs, l'observateur garde un rôle prééminent en typologie (...) la pertinence d'un choix de données n'est pas démontrable, mais justifiable par rapport aux questions posées.* » (Binder 1987, p. 33). « *J'entends en effet par typologie un instrument heuristique, créé afin de résoudre des problèmes spécifiques* » (Perlès 1987, p. 29).

[4] « *Je définirai dans ce travail comme "types chronologiques", les ensembles de pièces possédant un caractère ou une combinaison de caractères qui se révèlent être, à l'analyse diachronique (appuyée sur la stratigraphie) pertinents du point de vue chronologique, et ce, quelle que soit la nature de ce caractère (tantôt l'angle des retouches, tantôt la latérisation, tantôt la forme, etc.)* » (Perlès 1987, p. 32).

[5] La délinéation peut être rectiligne, concave, convexe, en coche, denticulée, régulière, irrégulière, ou former un cran, un épaulement, une languette, un pédoncule ou une soie (Inizan *et al.* 1995).

[6] La position peut être directe, inverse, alterne, alternante, croisée et bifaciale (Inizan *et al.* 1995).

[7] La localisation peut être distale, mésiale, proximale, droite, gauche, basiale (Inizan *et al.* 1995).

[8] La répartition est discontinue ou partielle (Inizan *et al.* 1995).

[9] Étendue courte, longue, envahissante ou couvrante (Inizan *et al.* 1995).

[10] La morphologie de la retouche peut être écailleuse, scalariforme, subparallèle ou parallèle (Inizan *et al.* 1995).

Chapitre I :
Les industries du Mésolithique
(IXᵉ - VIIᵉ millénaire)

Depuis leur formation, au milieu de l'Ère tertiaire, la Corse et la Sardaigne n'ont jamais été rattachées au Continent, en dépit d'importantes variations du niveau marin. Leur peuplement s'est effectué par voie maritime et témoigne de l'arrivée de groupes maîtrisant une navigation suffisante pour parcourir les 80 km qui séparent la Corse des côtes italiennes les plus proches (60 km depuis l'île d'Elbe). Cette distance minimale a été réduite lors des épisodes glaciaires, où le niveau marin était alors beaucoup plus bas qu'à l'actuel. Au cours de ces grandes régressions marines pléistocènes, la Corse et la Sardaigne constituaient un massif insulaire unique, à la fois très grand (plus grand que la Sicile actuelle) et assez peu éloigné des côtes italiennes (Cochon 1988 ; van Andel 1989, 1990). Il restait toutefois une trentaine de kilomètres de mer à parcourir, distance minimale si l'on considère une baisse du niveau marin de 100 m. La venue de l'Homme sur ces îles est donc une affaire de navigation.

Si les manifestations d'une colonisation paléolithique de ces îles font actuellement défaut, nous disposons de très nombreuses données témoignant d'une fréquentation humaine à partir de 9000 av. J.-C. (tabl. 2)[1] : neuf sites connus et fouillés (7 en Corse et 2 en Sardaigne) et deux sépultures, à Bonifacio (Corse-du-Sud) et à Pietracorbara (Haute-Corse). La première, datée du VIIIᵉ millénaire, apporte un argument capital dans la discussion sur l'origine des premières communautés de Corse : elle présente de très nombreuses similitudes, dans le traitement du mort, avec les sépultures mésolithiques des Arènes Candide (Ligurie, Italie) et notamment la tombe II fouillée par L. Cardini (1980). Dans ces deux cas en effet, les squelettes reposaient allongés sur le dos, les bras le long du corps, les pieds joints, la tête sur le coté en position forcée et avaient été recouverts d'une substance minérale rouge (Costa 2004a). Ces analogies suggèrent une certaine unité culturelle au VIIIᵉ millénaire de part et d'autre de la mer tyrrhénienne. Un autre élément vient étayer la même idée : les industries lithiques des sites corso-sardes et de certains assemblages de la côte occidentale de l'Italie, (Grotta della Madonna en Calabre, Grotta della Serratura en Campanie, Riparo Blanco au Monte Circé) montrent de grandes ressemblances. Celles-ci sont suffisamment importantes pour que F. Martini (1993) ait proposé de définir un faciès commun nommé « épigravettiens tyrrhéniens » ; une proposition qui fut par la suite retenue par de nombreux chercheurs italiens (Tozzi 1996, Fenu *et al.* 2000).

Huit des neufs sites actuellement recensés sont donc localisés en bordure du domaine maritime (fig. 2). Seul le site de Curacchiaghju (Lévie) se trouve dans une haute vallée du sud de la Corse, à près de 20 km du bord de mer. Ce site est caractérisé par la présence de 268 pièces lithiques, dont 128 esquilles, provenant du débitage de quelques galets locaux, trouvées dans une modique couche d'un abri sous roche. Il correspond sans nul doute

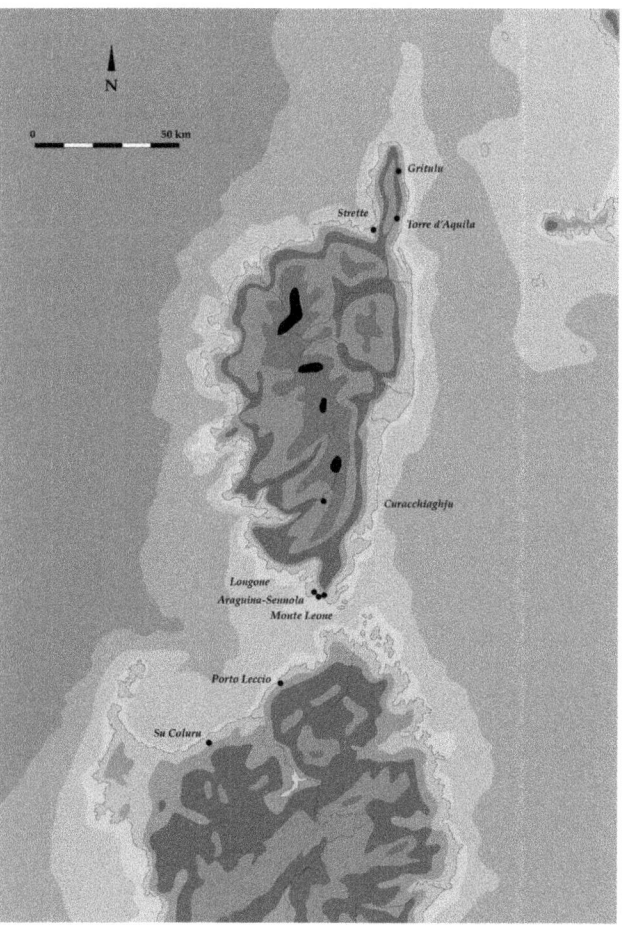

Figure 2 : localisation des sites du Mésolithique (en italique, ceux écartés après étude).

site	couche	identification	nature	datation B.P.	datation calibrée (BC)
Araguina-Sennola	XVIII	Gif 2705	charbons	8520 ± 150	7959 - 7184
Curacchiaghju	7	Gif 795	charbons	8560 ± 170	7967 - 7106
	7	Gif 1963	charbons	8300 ± 130	7546 - 7313
Gritulu	us. 47	Ly 823	charbons	8130 ± 70	7313 - 6805
Monte Leone	us. 44	AA 18111	os	9750 ± 175	9739 - 8633
	us. 22-3	AA 18109	os	8965 ± 70	8227 - 7923
	us. 55	AA 18112	os	8415 ± 65	7583 - 7212
	us. 22-7	AA 18110	os	8335 ± 70	7569 - 7143
	us. 9/12	AA 35790	charbons	8275 ± 60	7520 - 7082
	us. 6	ETH 8305	os	8225 ± 80	7519 - 7059
	us. 22-3	AA 35789	charbons	8135 ± 65	7446 - 6870
	us. 49	AA 35792	charbons	8315 ± 75	7450 - 7083
	us. 35	AA 35791	charbons	8115 ± 60	7329 - 6830
	us. 22	AA 18108	os	8050 ± 60	7283 - 6713
	us. 20	AA 35788	charbons	7930 ± 85	7061 - 6601
Strette	XXIV	Ly 2837	charbons	9140 ± 300	9142 - 7604
Torre d'Aquila	8	LGQ 507	charbons	7840 ± 310	7539 - 6032

(Calibration à 2 sigma, Stuiver et Reimer 1998)

Tableau 2: Principales datations absolues des sites du Mésolithique.
La seconde datation obtenue à Torre d'Aquila (LGQ 508: 6920 ± 300, soit 6392 - 5315 av. J.-C.) a été exclue de ce tableau, car les charbons avaient été prélevés dans une zone remaniée par l'occupation néolithique de l'abri (Magdeleine, communication personnelle).

aux vestiges d'une ou de plusieurs courtes haltes. Tous les autres sites ont en revanche livré les vestiges d'occupations liées à l'exploitation des ressources littorales et marines. Il s'agit dans tous les cas d'occupations sous abris ou en grotte, dont les dimensions souvent exiguës suggèrent l'installation de groupes de taille restreinte (Costa *et al.* 2003).

Si certains sites (Monte Leone, Strette) contenaient des niveaux riches en mobilier archéologique, aucun ne semble avoir été occupé de manière continue. Si l'étalement des datations obtenues sur la séquence du Monte Leone suggère une occupation de l'abri de très longue durée (tabl. 2), les quantités importantes de faune introduites par les rapaces montrent que cette occupation a été lacunaire (Vigne *et al.* 1998). La même constatation a été faite pour le site d'Araguina-Sennola (Vigne 1988). Enfin, à Strette, un dépôt stérile intercalé entre les deux couches mésolithiques témoigne également de la discontinuité de l'occupation (Magdeleine 1984). Les niveaux archéologiques de ces sites ont donc été constitués en plusieurs épisodes espacés dans le temps, ce qui démontre la mobilité des groupes mais aussi l'irrégularité de la fréquentation de ces abris (Costa *et al.* 2003 ; Costa 2004b).

Lors de leur arrivée dans ces îles, les hommes ont trouvé un environnement très différent de l'actuel. La végétation arbustive était pauvre et la faune terrestre ne comptait que des espèces de très petite taille: des rongeurs et un lagomorphe de la taille d'un rat (*Prolagus sardus*). Aucun grand mammifère des faunes pleistocènes, tel le cerf Mégacéros (*Megaloceros cazioti*), n'avait survécu au dernier grand bouleversement climatique marquant le passage Tardiglaciaire-Holocène (Vigne 2005).

L'absence de grande faune terrestre a vraisemblablement été un facteur déterminant dans le mode d'occupation de ces îles, favorisant une installation sur les littoraux: les zones potentiellement les plus riches en ressources alimentaires en raison des apports maritimes.

Les assemblages archéologiques montrent une exploitation importante des coquillages et des poissons qui, d'après les analyses isotopiques menées sur les ossements de la sépulture d'Araguina-Sennola (Bonifacio), représentaient près de 25 % de l'alimentation des groupes (Costa *et al*, 2003). Ces assemblages témoignent également de l'importance de la consommation des *Prolagus sardus*, dont l'abondance des restes suggère qu'ils pullulaient dans les zones littorales. Sur le seul site du Monte Leone, la consommation de ces lagomorphes a été estimée à plus de 100 000 individus (Vigne *et al.* 1998).

Dans tous les cas, les denrées consommées provenaient des environs immédiats des abris occupés. La même observation a été faite pour les éléments végétaux (graines, pollens et charbons), tous originaires de milieux littoraux, juxta-littoraux ou dunaires, et pour les matières premières lithiques, le plus souvent collectées sous forme de galets dans les rivières, les terrasses fluviatiles ou sur les rivages (Costa 2004b). Aucune donnée ne permet de supposer une circulation de matériaux entre les différents sites connus, ou un approvisionnement en dehors des zones littorales. Au contraire, les données témoignent d'un territoire d'acquisition peu étendu (Costa 2004b). Ceci suggère que les groupes ne disposaient pas des moyens nécessaires à la mise en place d'un système d'acquisition plus élargi.

Si ces premiers peuplements holocènes des îles tyrrhéniennes témoignent de la maîtrise d'une navigation suffisante pour franchir les 80 km séparant la Corse des côtes italiennes les plus proches, la modicité des couches archéologiques, la faible étendue des territoires d'exploitation autour de chaque station et la rareté des sites recensés laisse songeur quant à la pérennité de ces occupations. En l'état actuel des données, il paraît en effet difficile de supposer un peuplement en continu de ces îles durant le Mésolithique. La brièveté des séjours, la discontinuité des occupations, suggèrent plutôt des fréquentations ponctuelles qu'une véritable colonisation de ces espaces insulaires. Deux hypothèses paraissent aujourd'hui compatibles avec les données collectées : des fréquentations sporadiques du littoral par des groupes originaires du Continent ; ou une succession de tentatives de colonisation peu soutenues. Ces deux hypothèses ne sont d'ailleurs pas exclusives, certains sites renvoyant plutôt l'image de simples haltes (Curacchiaghju, Longone, Strette, Torre d'Aquila, Porto Leccio, Su Colaro) alors que d'autres pourraient correspondre à des séjours prolongés (Araguina-Sennola, Monte Leone).

Présentation des sites retenus dans l'étude

Sept sites sont donc actuellement recensés en Corse, mais seuls cinq ont livré des séries lithiques suffisamment étoffées pour être intégrées dans cette étude. En effet, la couche mésolithique de la grotte de Gritulu (Luri) n'a été reconnue et fouillée que sur quelques dizaines de cm², ne livrant au total que 9 fragments lithiques[2] ; quant à celle du site de Longone (Bonifacio), elle ne contenait que quelques fragments osseux et son attribution chronologique ne repose que sur sa seule position stratigraphique[3] (Costa 2004a).

Araguina-Sennola (Bonifacio) : Il s'agit d'un abri s'ouvrant dans des falaises calcaires à l'extrémité sud de la Corse, à environ 200 mètres du rivage actuel (fig. 3). Découvert en 1966, il a été fouillé entre 1969 et 1972, puis en 1975 et 1976 par F. de Lanfranchi et M.-C. Weiss. Les fouilles n'ont concerné qu'une petite partie de l'abri, le reste ayant été détruit par des travaux de terrassements, qui furent d'ailleurs à l'origine de la découverte du site. L'effritement des parois calcaires de l'abri a permis l'ensevelissement rapide des dépôts et leur conservation, conduisant à la formation d'un remplissage de plus de six mètres d'épaisseur. Les fouilles du niveau mésolithique (couche XVIII) ont concerné une surface de 4 m², dont 2 étaient occupés par une sépulture. Le mobilier découvert

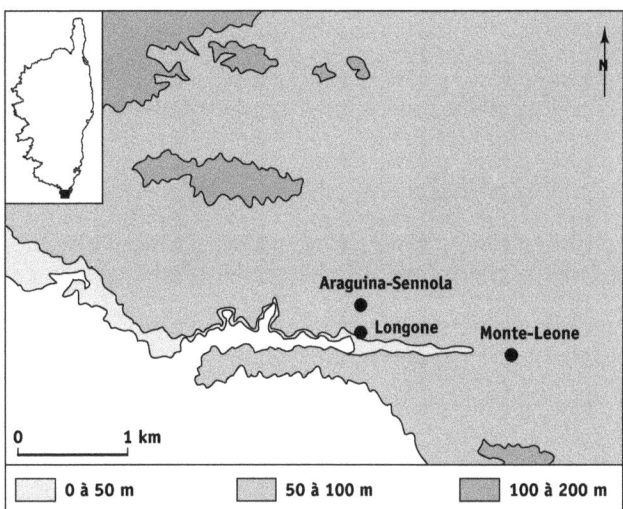

Figure 3 : localisation des abris d'Araguina-Sennola et du Monte Leone (Bonifacio, Corse-du-Sud).

est constitué de 140 pièces lithiques, de nombreux restes de coquilles marines, notamment des patelles, 219 restes de poissons, 8 d'oiseaux, 88 de rongeurs et 6552 de *Prolagus*. Selon J.-D. Vigne (1988), si certains restes de *Prolagus* sont en partie brûlés, la grande majorité n'a pas été introduite dans l'abri par l'homme. La couche XVIII est séparée de la suivante (c. XVII) par une épaisseur de sédiment supérieure à 30 centimètres, ce qui minimise au maximum les risques de « pollutions ». Lors de notre étude, nous n'avons pas repéré d'éléments intrusifs[4].

Type de site : *abri sous roche*
Contexte : *littoral*
Surface fouillée : *4 m²*
Remaniements : *faibles*
Nombre de pièces lithiques : *140 ; étudiées : 140*
Nombre de restes osseux : *6887 dont 219 restes de poissons*
Autres vestiges : *nombreux restes de coquilles marines (notamment Monotonda sp. et Patella sp.) ; une sépulture*

Curacchiaghju (Lévie) : Situé dans une vallée intérieure, à 850 mètres d'altitude, cet abri sous auvent fut entièrement vidé de son contenu sédimentaire par le propriétaire du terrain en 1966. Les fouilles menées par F. de Lanfranchi entre 1967 et 1975 ont concerné la zone située devant l'abri, sur quelques mètres carré. Les résultats de ces fouilles ont fait l'objet de nombreuses critiques (Lewthwaite 1983 ; Camps 1988) en raison de « mélanges » entre les couches archéologiques distinguées et de problèmes de correspondance entre différents secteurs de fouille. Nous avons repris avec F. de Lanfranchi l'étude du matériel archéologique et constaté que les remaniements n'étaient pas aussi importants que ce qui avait été supposé. Ainsi, nous avons pu distingué trois ensembles de vestiges lithiques qui s'individualisent au niveau des matières

Figure 4: vue de l'abri du Monte Leone (Bonifacio, Corse-du-Sud).

premières et des modalités de production. Le premier ensemble (couche 7) regroupe des éléments en roches strictement locales et correspond vraisemblablement à des occupations mésolithiques. Deux datations, obtenues sur des charbons de bois, indiquent le VIIIe millénaire. Au niveau de cette couche, nous n'avons observé que peu d'éléments intrusifs : 1 esquille en silex, 4 fragments d'éclats allongés en diorite et peut-être quelques éclats et débris en quartz, en diorite et en gabbros, dont les caractéristiques ne peuvent être rapprochés d'une production particulière.

Type de site : *abri*
Contexte : *haute vallée (800 m d'altitude)*
Surface fouillée : *3 à 4 m²*
Remaniements : *faibles ou importants (?)*
Nombre de pièces lithiques : *268* ; **étudiées :** *268*
Nombre de restes osseux : -
Autres vestiges : -

Monte Leone (Bonifacio) : Découvert en 1991 par F. de Lanfranchi et J.-D. Vigne, ce site a été fouillé en 1995 sur une surface de 19 m² (responsable J.-D. Vigne). Il s'agit d'un vaste abri, actuellement situé à environ 800 m de la mer, s'ouvrant au pied d'une petite falaise calcaire à 56 mètres d'altitude (fig. 4). Sous une importante quantité de remblais provenant de l'effondrement d'une partie de l'abri, les fouilleurs ont mis au jour une succession de couches mésolithiques formant une stratigraphie atteignant près d'un mètre d'épaisseur à une des extrémités de la zone fouillée. Le site a livré les restes de deux structures de combustion, près de 1 200 vestiges lithiques et une quantité considérable de restes fauniques. Nombre de restes de rongeurs portent de nettes marques de digestion, montrant qu'ils proviennent de pelotes de rejection. Le site a donc également abrité des rapaces, ce qui prouve qu'il a été abandonné durant des périodes suffisamment longues pour que ces oiseaux s'y établissent (Vigne *et al.* 1998 ; Vigne 1999 ; Vigne et Costa en prép.).

L'importance quantitative et qualitative des vestiges collectés et l'étendue de la zone fouillée font de l'abri du Monte Leone le site mésolithique le mieux documenté de tout le bloc corso-sarde. Nos connaissances sur la période résultent en grande partie d'observations conduites sur ce site et vérifiées *a posteriori* sur les autres, où les analyses ont été moins complètes et moins précises.

Type de site : *abri*
Contexte : *littoral*
Surface fouillée : *19 m²*
Remaniements : *faibles*
Nombre de pièces lithiques : *1 209* ; **étudiées :** *1 209*
Nombre de restes osseux : *plusieurs centaines de milliers d'ossements de prolagus, nombreux restes de poissons.*
Autres vestiges : *2 structures de combustion creusées dans le sédiment, plusieurs fragments osseux humains.*

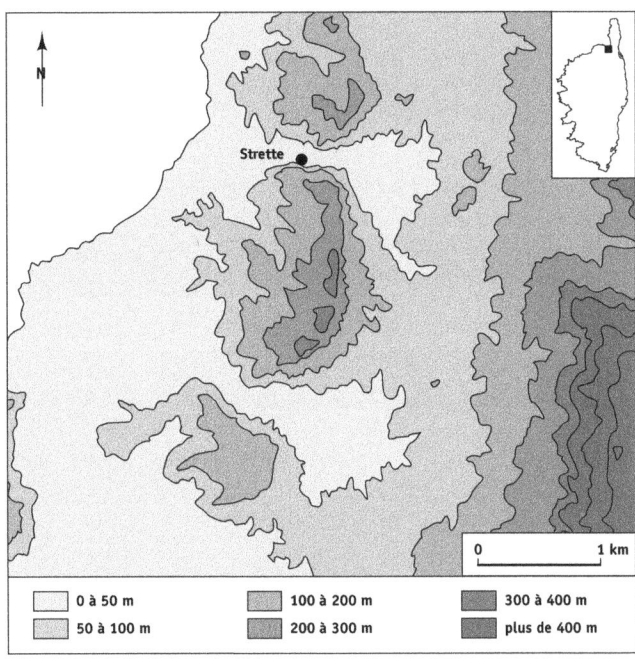

Figure 5 : localisation de l'abri de Strette (Barbaghju, Haute-Corse).

Strette (Barbaghju) : L'abri de Strette, localisé sur une falaise de molasses miocènes, s'ouvre en bordure du fleuve « A Strutta », dans un petit défilé reliant le golfe de Saint-Florent à la plaine de Poggio-d'Oletta (fig. 5). Cet abri sous auvent, de modestes dimensions, a été creusé par les crues et le vent. Le site se trouve proche de la côte, à la limite de la terre ferme et du rivage où s'étendait au siècle dernier la zone de delta du fleuve[5]. À partir de l'automne et jusqu'au printemps, la rivière grossit et noie régulièrement une partie du site. Il est probable que la position de la rivière a été modifiée au cours de la préhistoire et que le site n'a pas connu dans le passé des risques d'inondation aussi prononcés. Cependant, ces modifications ne peuvent avoir été suffisamment importantes pour qu'il n'y ait pas eu de risques d'inondation au Mésolithique ou au Néolithique.

Au début des années 1980, J. Magdeleine et J.-C. Ottaviani y ont mené des fouilles de sauvetage, après qu'une pelleteuse ait détruit en partie les niveaux archéologiques. Ces opérations archéologiques ont été conduites selon deux chantiers disjoints (Strette 1 et Strette 2), situés de part et d'autre de la zone détruite. Seul le chantier Strette 2 a livré des niveaux datés du Mésolithique (couches XXIV et XXII), sur une surface à peine supérieure à 2 m². Ces deux couches sont séparées par un dépôt stérile (c. XXIII), formé par l'effritement des parois de l'abri. L'existence de ce dernier prouve la discontinuité de l'occupation de l'abri, au cours du Mésolithique. Le dernier niveau mésolithique est également séparé de l'horizon néolithique suivant par une importante couche stérile, limitant ainsi les risques de mélanges entre les séries archéologiques (fig. 6).

Figure 6 : vue de l'abri de Strette (Barbaghju, Haute-Corse).

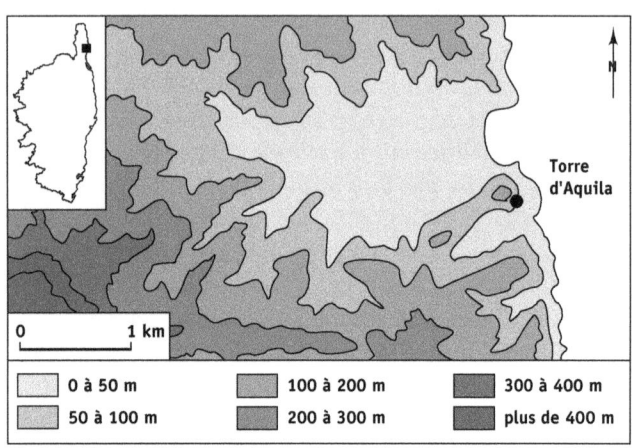

Figure 7: localisation de l'abri de Torre d'Aquila (Pietracorbara, Haute-Corse).

Type de site : *abri sous roche*
Contexte : *littoral*
Surface fouillée : *2 à 3 m²*
Remaniements : *faibles*
Nombre de pièces lithiques : *976* ; **étudiées :** *976*
Nombre de restes osseux : *quelques dizaines de restes de Prolagus*
Autres vestiges : *nombreuses coquilles marines, notamment de moules (Mytilus sp.)*

Torre d'Aquila (Pietracorbara) : Il s'agit d'un petit abri situé sur une colline dominant la baie de Pietracorbara (fig. 7). Fouillé par J. Magdeleine en 1986 et 1987, ce site a livré plusieurs couches archéologiques, dont un niveau (couches 7 et 8) daté du VIIe millénaire. Il s'étendait sur près de 6 m² et contenait des vestiges lithiques, des coquilles marines, des ossements de *Prolagus*[6] et une sépulture, en partie remaniée par les occupations néolithiques (Magdeleine 1995 ; Vigne 1995a). Ces remaniements n'ont affecté qu'une petite partie du site, le long de la paroi de l'abri, les autres secteurs fouillés n'ayant montré aucun creusement ni mélange de mobilier.

Nous avons exclu de notre analyse la zone remaniée (soit environ 1 m² sur les 6 m² fouillés), qui concernait la sépulture et n'avait livré que très peu de vestiges lithiques.

Type de site : *abri sous roche*
Contexte : *littoral*
Surface fouillée : *6 m²*
Remaniements : *faibles*
Nombre de pièces lithiques : *534* ; **étudiées :** *527*
Nombre de restes osseux : *3931*
Autres vestiges : *437 restes de coquilles marines, principalement des bigorneaux (Monodonta sp.) et des patelles (Patella sp.) ; une sépulture*

La production lithique

Les populations mésolithiques ont réalisé leur outillage de pierre dans des roches assez grenues, mais d'acquisition facile, aux environs immédiats des sites occupés (tabl. 3). Ces roches appartiennent donc toujours aux formations géologiques locales et aucun fragment lithique ne témoigne d'un quelconque transport de matériaux sur une distance supérieure à quelques kilomètres et ce, quelle que soit la collection étudiée (fig. 1).

Ces roches, le plus souvent collectées en position secondaire, sous forme de galets, ont été débitées selon des techniques et des méthodes très simples, pour l'obtention d'éclats tranchants. Les pièces retouchées sont très rares et ne représentent guère plus de 2 % des produits débités, dans chacun des assemblages étudiés.

Les matériaux travaillés sont assez grenus. Les éclats débités sont généralement peu tranchants, leurs bords étant souvent peu résistants. C'est notamment le cas pour la serpentinite, plutôt friable et se délitant par fines plaquettes, mais aussi pour d'autres matières, en particulier les granitoïdes, composant près du tiers des roches grenues exploitées sur le site de Monte Leone, et les roches sédimentaires métamorphisées, fréquentes

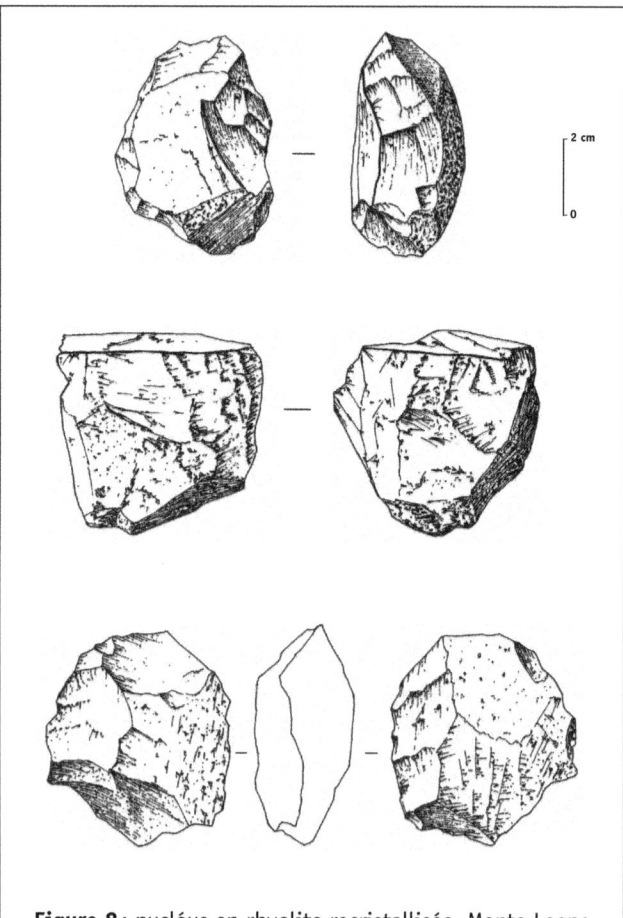

Figure 8 : nucléus en rhyolite recristallisée, Monte Leone (dessin L.J. Costa / G. Devilder).

dans les séries du nord de l'île (tabl. 3). De même, les quartz débités ont une origine filonienne et sont souvent grenus et fortement diaclasés. Il faut également préciser que nombre de ces matériaux ont été récoltés sous forme de galets; ce qui rajoute des contraintes à leur utilisation pour le débitage. Ces contraintes peuvent en partie justifier le faible investissement technique dans les productions mésolithiques de Corse.

Les nucléus ont en effet été débités pour l'obtention d'éclats, selon des techniques et des méthodes de production assez simples. Les galets ont souvent été fractionnés en deux, probablement par percussion sur enclume, puis débités par percussion directe dure, la face de fracture du galet pouvant faire office de plan de frappe ou de plan de débitage, selon la morphologie du nucléus (Costa 2004b). Les éclats sont détachés le plus souvent selon une même direction. Près de 30 % des nucléus sur galet conservent ainsi des enlèvements parallèles jusqu'à la fin de leur exploitation (fig. 8). Les autres nous sont parvenus très abîmés, portant de multiples négatifs d'éclat sans agencement particulier.

Matériaux	Sites	Gritulu	Torre d'Aquila	Strette	Curac-chiaghju	Araguina-Sennola	Monte Leone
Quartz filoniens grenus	Nombre total de fragments	0	277	460	144	0	583
	Pièces corticales (galets) en %	-	9 %	7 %	0 %	-	1 %
Quartz fins (opalescents)	Nombre total de fragments	4	18	9	8	129	82
	Pièces corticales (galets) en %	-	72 %	22 %	30 %	12 %	18 %
Quartz hyalin	Nombre total de fragments	0	0	0	0	2	39
	Pièces corticales (galets) en %	-	-	-	-	-	10 %
Diorites	Nombre total de fragments	0	0	0	15	0	0
	Pièces corticales (galets) en %	-	-	-	0 %	-	-
Gabbros et basaltes métamorphisés	Nombre total de fragments	0	123	29	0	0	0
	Pièces corticales (galets) en %	-	78 %	48 %	-	-	-
Roches sédimentaires métamorphisées (schistes lustrés)	Nombre total de fragments	0	68	72	0	0	0
	Pièces corticales (galets) en %	-	66 %	35 %	-	-	-
Serpentinites	Nombre total de fragments	5	43	398	0	0	0
	Pièces corticales (galets) en %	-	70 %	41 %	-	-	-
Roches volcaniques recristallisées (rhyolites, etc.)	Nombre total de fragments	0	0	8	101	9	316
	Pièces corticales (galets) en %	-	-	87 %	55 %	45 %	55 %
Granitoïdes	Nombre total de fragments	0	0	0	6	0	174
	Pièces corticales (galets) en %	-	-	-	-	-	0 %
Nombre total de vestiges lithiques		9	529	976	268	140	1194

Tableau 3: Matières premières exploitées dans les sites mésolithiques de Corse. Toutes les pièces corticales recensées présentent des cortex usés et correspondent à des fragments de galets.

Lorsque le bloc n'est pas un galet, le débitage est réalisé directement par percussion directe dure, selon une méthode unipolaire ou sans orientation préférentielle.

La dimension des vestiges suggère que les blocs exploités dépassaient très rarement 10 cm de long. Ce fait ne résulte pas d'une sélection particulière opérée par les populations mésolithiques, mais tout simplement de la nature des matériaux directement accessibles aux abords des sites. Ainsi, plus de 80 % des vestiges lithiques ont une longueur inférieure à 3 cm et les nucléus portent des enlèvements de petites dimensions, souvent inférieurs à 2 cm de long.

La rareté des supports retouchés est équivalente pour toutes les collections étudiées, quelle que soit la superficie des fouilles ou leur ancienneté (tabl. 4). Comme ce déficit ne peut être imputé à un défaut de tamisage, en particulier pour les sites récemment fouillés, nous devons conclure à la production d'éclats bruts.

L'examen détaillé de nombreux petits éclats nous a permis de sélectionner plusieurs dizaines de petits supports tranchants, de forme presque rectangulaire, présentant un ou plusieurs bords abrupts. Or, le débitage d'éclats par percussion directe dure, selon des méthodes simples, ne produit des pièces aux bords abrupts « naturels » que dans deux seuls cas : lorsque les éclats débités emportent une partie du bord anguleux du nucléus, ou lorsqu'ils se fracturent en deux, le bord abrupt étant alors formé par la cassure. Dans les collections étudiées, les blocs exploités sont principalement des galets (voire exclusivement des galets dans certains sites), c'est-à-dire des nucléus dépourvus de bords anguleux. Les éclats ne devraient être dotés de bords abrupts que dans des conditions assez exceptionnelles. En revanche, le débitage de matériaux grenus produit souvent un nombre important d'accidents de taille de type Siret (Jaubert 1990 ; Mourre 1996). Il est donc fort probable que de nombreuses pièces munies d'un bord abrupt correspondent à des parties d'éclats fracturés. Cependant, ce type d'accident ne peut produire que deux bords abrupts par éclat, c'est-à-dire un sur chaque fragment, et ne peut en aucun cas expliquer la présence de plusieurs dizaines de pièces munies de deux ou trois bords abrupts. Aussi, nous pensons que dans un certain nombre de cas, les bords abrupts observés sont le résultat d'une fracturation intentionnelle des pièces, peut-être par flexion (Costa 2004b). Cette hypothèse est renforcée par la présence au Monte Leone de deux petits éclats tranchants présentant un bord visiblement retouché abrupt, formant une sorte de dos opposé au tranchant (fig. 9). Or, dans la même collection, 25 pièces tranchantes munies d'un ou plusieurs bords abrupts non retouchés présentent néanmoins une similitude morphométrique avec ces deux éclats retouchés et pourraient avoir été intentionnellement produites pour un usage similaire.

L'utilisation de petits éclats tranchants non retouchés, si elle s'avère effective, pourrait être lié aux propriétés particulières des matériaux exploités. En effet, l'action de retoucher un bord tranchant sur une matière grenue a pour effet de casser ce bord en lui ôtant une partie de son pouvoir tranchant. La retouche d'un tel bord est donc appropriée si le tailleur désire modifier la délinéation ou l'angle de coupe du bord, afin d'obtenir par exemple des coches, des denticulés ou des racloirs, ou encore pour réaliser un dos (bord retouché abrupt). Elle est en revanche totalement inopérante si l'on veut obtenir un tranchant efficace.

Les supports retouchés rassemblent essentiellement des pièces à coche(s), des denticulés et des pièces à retouche latérale, souvent très courte. La majorité de ces pièces possède une morphologie assez peu standardisée. Elles sont principalement caractérisées par leur partie active et leur relative grande dimension. Ce sont d'ailleurs ces paramètres dimensionnels qui semblent avoir guidés les tailleurs dans leur choix de débiter telle roche plutôt que telle autre. En effet, aucune adéquation nette entre les groupes d'outils typologiques et les matières exploitées n'a été recensée et ce, en dépit d'évidentes variations dans les propriétés mécaniques de ces matériaux. La seule relation univoque entre matière et outil concerne la dimension des

Vestiges lithiques	Sites	Torre d'Aquila	Strette	Curac-chiaghju	Araguina-Sennola	Monte Leone
Quartz	Débris	122	167	34	16	314
	Éclats	168	291	107	111	364
	Nucléus	5	8	8	2	21
	Supports retouchés	0	3	3	2	5
Roches grenues diverses	Débris	196	278	36	0	144
	Éclats	26	216	68	9	298
	Nucléus	8	3	8	0	24
	Supports retouchés	4	10	4	0	24
Nombre total de vestiges lithiques		**529**	**976**	**268**	**140**	**1194**

Tableau 4 : nombre total de vestiges lithiques des sites mésolithiques de Corse, par groupes de matériaux et par collections.

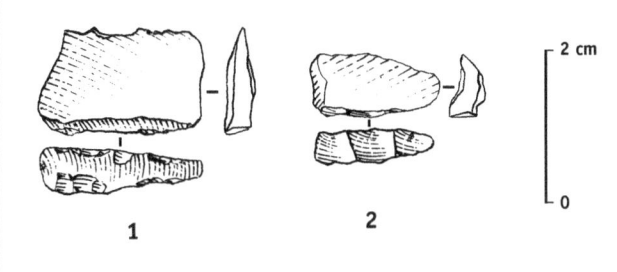

Figure 9 : petits éclats tranchants à dos (type 6.1.1), Monte Leone, rhyolite recristallisée (dessin L.J. Costa / G. Devilder).

supports : le macro-outillage (certaines pièces à retouches latérales et certains denticulés) ayant été manufacturé sur des supports dont la longueur excède 5 cm ; ce qui exclut les éclats issus du débitage des petits galets.

Ce macro-outillage a été manufacturé à partir de fragments de blocs ou de galets ou de certains grands éclats produits lors des premières phases du débitage (Costa 2004b). En revanche, les petits éclats n'ont été retouchés que de manière exceptionnelle, pour la fabrication de quelques pièces à bord abattu.

Quoi qu'il en soit, cet outillage particulièrement limité correspond indubitablement à des activités peu diversifiées.

Il devait vraisemblablement être complété par un outillage autre que lithique. Toutefois aucun outil en os ou obtenu à partir de dents n'a été trouvé. En revanche, l'étude des restes végétaux recueillis dans les sédiments du site de Monte Leone laisse supposer la confection d'objets tels que paniers, nasses et filets, à partir de fibres végétales ; plusieurs sites sont d'ailleurs proches de zones humides pouvant fournir de tels matériaux. De même, l'usage d'outils en bois est suggéré par l'abondance du micocoulier (*Celtis*) parmi les divers charbons recueillis (près de 40 %). Cet arbuste, appartenant à la flore méditerranéenne, mais assez peu répandu, fournit un bois souple et tenace utilisé encore de nos jours pour fabriquer certains outils.

Description de l'outillage lithique

Un total de 53 supports retouchés a été recensé dans les collections archéologiques de Corse, dont 13 en quartz et 40 en matériaux grenus (tabl. 5 et 6).

Le support retouché est toujours un élément débité, le plus souvent à partir d'un galet : il s'agit d'un éclat ou d'un fragment, jamais d'un bloc façonné. Enfin, tous ces outils ne semblent être définis que par leur seule partie retouchée, le reste du support étant très peu standardisé, si ce n'est par des caractères morphométriques dépendants de la nature

Supports retouchés		Sites	Torre d'Aquila	Strette	Curac-chiaghju	Araguina-Sennola	Monte Leone
Roches grenues	Groupe 5	Classe 5.1	1	2			7
		Classe 5.5		1	1		
	Groupe 6	Classe 6.1					2
	Groupe 7	Classe 7.1		2	1		7
		Classe 7.4		2	2		5
		Classe 7.5	1	2			3
	Groupe 8	Classe 8.4	2	1			
	Groupe 10						1

Tableau 5 : présentation des supports retouchés en roches grenues du Mésolithique par groupes et classes.

Supports retouchés		Sites	Torre d'Aquila	Strette	Curac-chiaghju	Araguina-Sennola	Monte Leone
Quartz	Groupe 7	Classe 7.1		2	2	1	2
	Groupe 8	Classe 8.2			1	2	1
		Classe 8.4	1				1

Tableau 6 : présentation des supports retouchés en quartz du Mésolithique par groupes et classes.

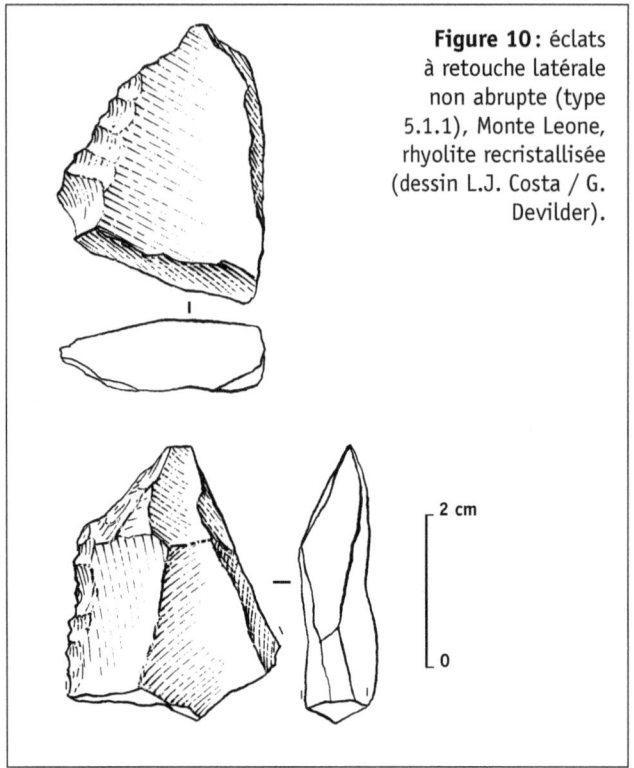

Figure 10: éclats à retouche latérale non abrupte (type 5.1.1), Monte Leone, rhyolite recristallisée (dessin L.J. Costa / G. Devilder).

des supports utilisés, à savoir des fragments de galets de dimensions relativement semblables.

Autant l'avouer de suite, cet outillage très peu investi ne se prête guère à une classification typologique, d'autant que les types pouvant être définis, ne sont le plus souvent représentés que par un seul individu. La liste qui suit doit être avant tout considérée comme une proposition.

Les outils en roches grenues

Sont regroupés sous cette appellation, des serpentinites, des gabbros et des basaltes métamorphisés, ainsi que différentes roches volcaniques recristallisées (tabl. 5).

Les 40 outils étudiés se répartissent entre les groupes 5, 6, 7 et 8 ; c'est-à-dire des pièces présentant des enlèvements latéraux non abrupts, abrupts, en coche, denticulés ou irréguliers.

Groupe 5 :
pièces à retouche latérale non abrupte

Classe 5.1 : racloirs simples sur éclats

-Type 5.1.1 : éclats à retouche latérale non abrupte

Au total 10 éclats présentant un bord latéral à retouche courte directe, parallèle ou subparallèle, et de délinéation rectiligne ou convexe ont été recensés (7 au Monte Leone, 2 à Strette et 1 à Torre d'Aquila). La retouche, légèrement denticulée, ne modifie pas la délinéation du bord. Elle semble, en revanche, le renforcer en modifiant l'angle du tranchant (angle supérieur à 45°). Les pièces identifiées mesurent entre 2 et 4 cm de long (fig. 10).

Classe 5.5 : becs

Deux éclats retouchés pourraient être réunis dans cette classe. Le premier est toutefois très douteux. Provenant de la série de Strette, il présente un petit bec de 4 mm de long dégagé par deux enlèvements concaves (coches). Le matériau est une serpentinite friable et l'intentionnalité de cette retouche n'est pas assurée. Seul un éclat en diorite, trouvé à Curacchiaghju, est indiscutablement un bec : il a également été dégagé par deux coches inverses et plusieurs (4) enlèvements directs, courts et rasants (fig. 11).

Groupe 6 :
Pièces à retouche latérale abrupte

Classe 6.1 : petites pièces à dos

-Type 6.1.1 : petits éclats à dos

Deux pièces en rhyolite recristallisée, trouvées au Monte Leone, pourraient être rangées dans cette classe : l'une, très nette, possède un bord retouché abrupt formé par trois enlèvements (fig. 9, n° 2) ; l'autre, douteuse, présente un bord droit, obtenu par un enlèvement de type « coup de burin », sur lequel quelques petits enlèvements abrupts, très courts et irréguliers sont visibles (fig. 9, n° 1).

Il convient toutefois de rester prudent, car ces deux seuls éclats sont petits et il n'est pas certain que la retouche soit totalement intentionnelle. Leurs modalités d'obtention sont distinctes, ce qui ne permet pas, dans tous les cas, de considérer qu'il s'agit réellement de types d'outils.

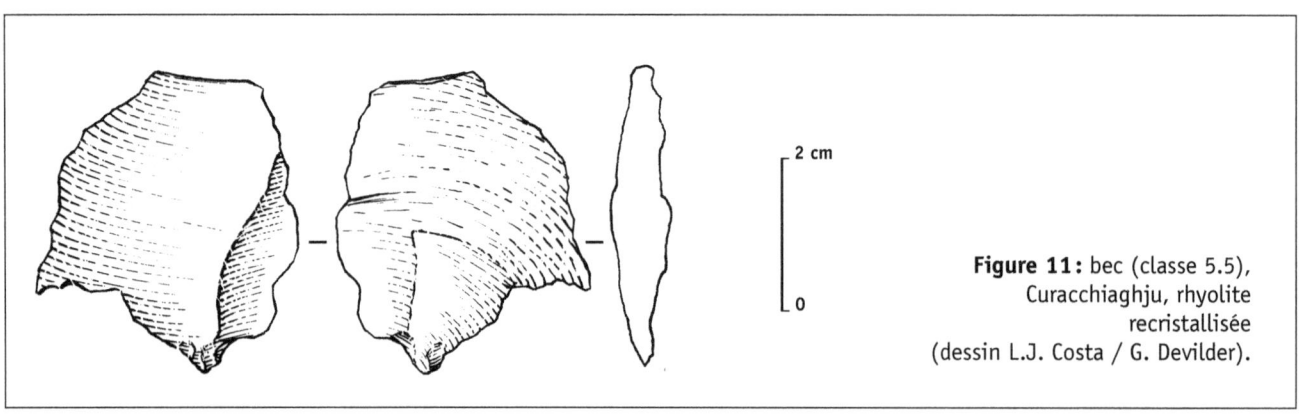

Figure 11: bec (classe 5.5), Curacchiaghju, rhyolite recristallisée (dessin L.J. Costa / G. Devilder).

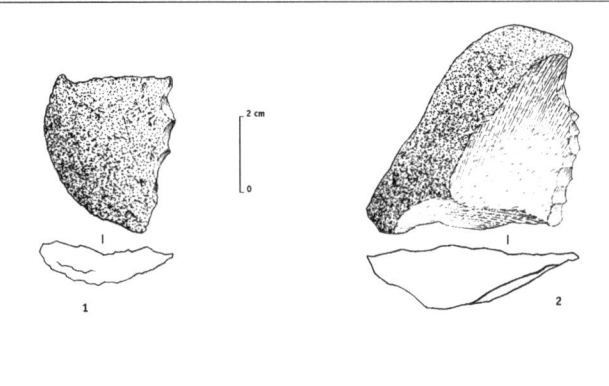

Figure 12: denticulés sur bords minces (classe 7.5), n° 1, Torre d'Aquila, n° 2, Strette, gabbros métamorphisés (dessin L.J. Costa / G. Devilder).

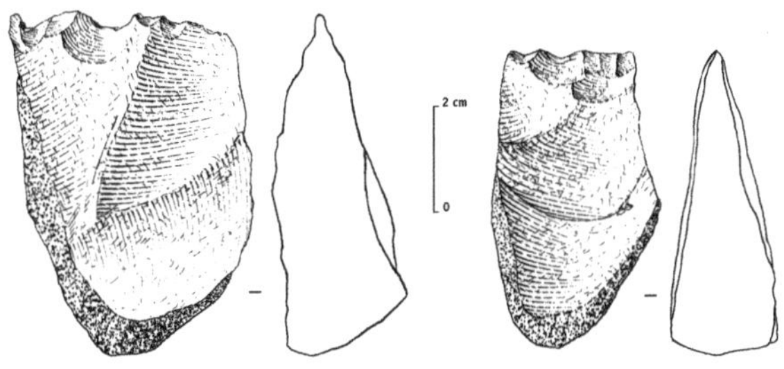

Figure 13: éclats épais à retouches irrégulières distales ou proximales (classe 8.4), Torre d'Aquila, gabbros métamorphisés (dessin L.J. Costa / G. Devilder).

Groupe 7 : coches et denticulés

Il s'agit de toute évidence du groupe d'outils le mieux représenté avec 38 pièces, dont 24 en roches grenues.

Classe 7.1 : pièces à coche unique sur supports épais

Dix pièces appartenant à cette classe ont été recensées (1 à Curacchiaghju, 7 au Monte Leone, 2 à Strette). Elles sont profondes et mesurent de 6 à 18 mm de large.

Classe 7.4 : denticulés sur bords épais

-Type 7.4.1 : denticulés convexes semi abrupts

J'en ai recensé neuf (2 à Curacchiaghju, 5 au Monte Leone, 2 à Strette), formés de trois à cinq coches peu régulières, souvent larges. Le bord retouché est semi abrupt, de délinéation convexe.

Classe 7.5 : denticulés sur bords minces

-Type 7.5.1 : grands éclats à retouche denticulée

Six denticulés (3 au Monte Leone, 1 à Torre d'Aquila, 2 à Strette) ont été manufacturés sur de grands éclats corticaux. Certains sont formés de quatre ou cinq coches assez larges (fig. 12, n° 1), d'autres d'une multitude de petites coches (fig. 12, n° 2).

Groupe 8 : pièces à enlèvements irréguliers

Classe 8.4 : éclats épais à retouches irrégulières, distales ou proximales

Cette classe est représentée par cinq outils, dont trois en roches grenues (2 à Torre d'Aquila ; 1 à Strette). Il s'agit de fragments de galets, dont la forme évoque un coin et dont la retouche, formée de quelques coches clactoniennes et enlèvements irréguliers, se situe en partie distale (fig. 13). Elle peut résulter de l'usage de la pièce.

Groupe 10 : outil sur bloc

Un seul outil sur bloc a été recensé (Monte Leone). Il présente un bord à retouches bifaciales (fig. 14).

Les outils en quartz

Les treize outils en quartz identifiés ne sont pas foncièrement différents de ceux en roches grenues, si ce n'est qu'ils semblent encore moins diversifiés (tabl. 6).

Groupe 7 : coches et denticulés

Classe 7.1 : pièces à coche unique sur supports épais

Sept pièces (1 à Araguina-Sennola, 2 à Curacchiaghju, 2 au Monte leone et 2 à Strette) présentent une profonde coche mesurant de 6 à 18 mm de large.

Groupe 8 : pièces à enlèvements irréguliers

Classe 8.2 : éclats minces à retouches latérales irrégulières

Quatre éclats tranchants (Araguina-Sennola, Curacchiaghju, Monte Leone) présentent des bords sinueux, dont la retouche vaguement denticulée est discontinue.

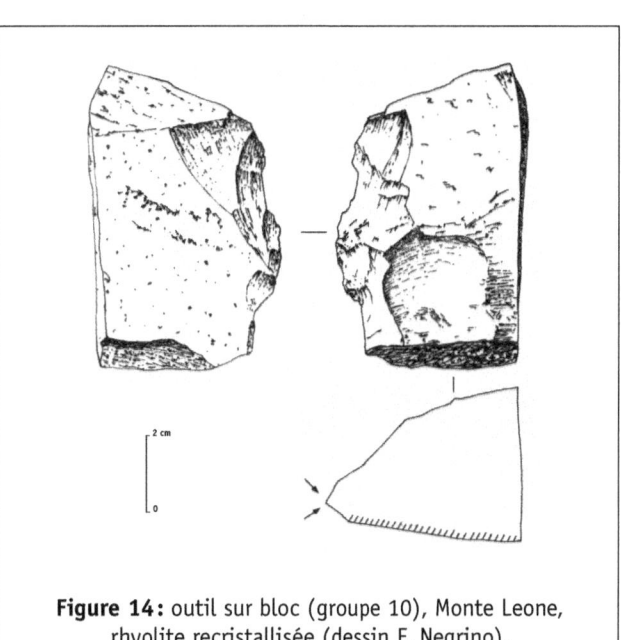

Figure 14: outil sur bloc (groupe 10), Monte Leone, rhyolite recristallisée (dessin F. Negrino).

Classe 8.4 : éclats épais à retouches irrégulières, distales ou proximales

Deux fragments de galets en quartz (Strette, Monte Leone) possèdent les mêmes caractéristiques que les trois outils en roches grenues précédemment décrits, à savoir une forme qui évoque celle d'un coin dont la partie distale présente quelques enlèvements irréguliers.

Conclusion : des choix plus opportunistes que spécifiques

L'absence de microlithe et de lamelle dans les assemblages mésolithiques de Corse et de Sardaigne a souvent été considérée comme un trait original, suffisamment discriminant pour représenter un trait culturel spécifique à ces îles. C'est ainsi que furent successivement proposées différentes appellations, destinées à différencier ces cultures insulaires du reste de la Méditerranée : le « *Prénéolithique* » (Lanfranchi et Weiss 1977) ; « l'Épipaléolithique tyrrhénien » F. Martini (1993) ou, plus récemment, le « *Mésolithique insulaire* » F. de Lanfranchi (1998). Toutes ces appellations ne reposent en réalité que sur une seule constatation : la carence de ces productions en outils « typiques » du Mésolithique et leur faible investissement technique ; caractéristiques considérées comme induites par l'insularité (Camps 1988 ; Bonifay *et al.* 1990 ; Lanfranchi *et al.* 1999).

Il convient toutefois de nuancer le propos et de se rappeler que nombre de sites européens, insulaires ou continentaux, présentent des assemblages assez similaires, fondés sur des industries expédientes, très peu investies, ne comptant que de très rares supports retouchés. C'est par exemple le cas de plusieurs sites côtiers, spécialisés dans l'exploitation de ressources halieutiques, comme ceux de Muge au Portugal (Roche 1975), de Franchthi en Grèce (Perlès 1991) ou encore, ceux du *Later Mesolithic* d'Irlande (Woodman 1978 ; Costa *et al.* 2005). Mais, de tels assemblages existent également dans des zones éloignées des milieux littoraux et plusieurs ensembles pyrénéens sont caractérisés par des matières premières peu aptes à la taille, notamment des galets de quartz, et un outillage pauvre en microlithes et lamelles (Barbaza *et al.* 1984). Aucun d'eux ne montre toutefois la totale absence de microlithe et de lamelle, mais ils présentent des ensembles atypiques où dominent les éclats et les fragments de galets à retouche latérale, les denticulés, les coches, les choppers ou les *chopping-tools* et ont, à ce titre, d'indiscutables points communs avec les industries de Corse et de Sardaigne.

M. Barbaza et ses collaborateurs présentent ces faciès pyrénéens comme « *une adaptation aux conditions locales, (...) des faciès de circonstance en quelque sorte* » (Barbaza *et al.* 1984, p. 363), c'est-à-dire des productions induites par la mauvaise qualité des matières premières localement disponibles et probablement liées à des activités ne nécessitant pas un outillage très spécialisé. Ainsi formulée, cette explication pourrait tout à fait s'appliquer à la plupart des sites corso-sardes, qui se trouvent dans des zones totalement dépourvues de silex ou d'obsidienne. Il est en effet plausible que, dans un contexte où les besoins en outils de pierre sont assez limités, les communautés n'investissent pas outre mesure dans la recherche de matériaux très siliceux, mais se contentent de ce qu'elles trouvent aux abords des sites. Il est fort probable que la forte mobilité des groupes et la brièveté de leurs séjours dans les sites aient ainsi joué un rôle décisif, incitant les groupes à opter pour des solutions simples, en évitant les contraintes inhérentes à l'acquisition de matériaux particuliers, nécessaires pour la production d'un outillage spécialisé (Costa 2004b).

Ainsi, plutôt que de considérer ces productions peu investies comme la marque d'une identité culturelle spécifique, il semble plus plausible de lier le caractère atypique de ces industries à un choix de vie, fondé sur la fréquence des déplacements et la brièveté des séjours.

Notes

[1] Toutes les datations des sites mésolithiques de Corse sont centrées sur le VIIIe millénaire av. J.-C. Une seule occupation datant du VIIe millénaire est pour l'instant connue, à Su Coloru au nord de la Sardaigne (Fenu *et al.* 2000). Deux autres sites avaient également livré des charbons datés du VIIe millénaire : Curacchiaghju et Torre d'Aquila, en Corse, mais l'examen de la stratigraphie de ces deux sites a montré la présence de perturbations liées à des occupations postérieures, à l'endroit même où avaient eu lieu ces deux prélèvements (Costa 2004a).

[2] Il s'agit de 2 nucléus et 3 éclats en serpentinite, 3 petits éclats et un débris en quartz (Costa 2004b).

[3] Il s'agit d'un niveau contenant quelques ossements de *Prolagus*, brûlés, localisé sous un empierrement daté du Néolithique ancien : LGQ 617 : 6320 ± 140 B.P., soit 5500 – 4900 cal. B.C. (Lanfranchi 1995).

[4] En 1988, J.-D. Vigne signalait que 9 restes osseux de gros mammifères, présentés comme provenant de la couche mésolithique, témoignaient d'une petite perturbation du niveau archéologique. Nous savons aujourd'hui que ces ossements avaient été attribués par erreur à la couche Mésolithique (erreur d'étiquetage d'un sachet) et provenaient bien de la couche datée du Néolithique ancien (Vigne : communication personnelle).

[5] Aujourd'hui la zone littorale est drainée et le fleuve canalisé.

[6] Sur 3 926 restes osseux déterminés, 3 918 appartiennent à des *Prolagus* (NMI = 207). Le reste se répartissant entre les poissons (3 os), les oiseaux (1 os) et les rongeurs (4 os) (Vigne 1995a).

Chapitre II :
Les industries du Néolithique ancien de type cardial (VIe millénaire)

Au début du VIe millénaire, d'importants changements interviennent dans le mode de vie des populations de la Méditerranée occidentale, avec l'avènement des premières communautés agropastorales. En Corse, ces transformations sont perceptibles dans les couches archéologiques à travers l'introduction simultanée de vestiges céramiques, de roches d'importation et de restes d'animaux domestiques jusque-là inconnus dans l'île[1] (Lanfranchi et Weiss 1973 ; Guilaine 1976 ; Vigne 1988 ; Camps 1988 ; etc.). La date précise de cet événement en Corse n'est toutefois pas connue, les datations disponibles sont toutes trop imprécises pour permettre d'établir une chronologie fine de ce premier Néolithique insulaire. De plus, certaines d'entre-elles, à Basi et à Curacchiaghju, sont vraisemblablement trop anciennes, en regard de ce qui est connu et attesté par ailleurs dans le bassin occidental de la Méditerranée (Guilaine et al. 1987 ; Vigne 1988 ; Binder 1995 ; Manen 2000). L'ensemble de ces datations permet seulement de supposer une introduction du Néolithique aux environs du premier quart du VIe millénaire avant J.-C. (tabl. 7).

On dénombre aujourd'hui 22 sites ayant livré des vestiges attribuables aux toutes premières implantations néolithiques, mais il s'agit pour la plupart de lieux où l'on a découvert quelques tessons céramiques décorés d'impressions de coquilles (céramique cardiale) dans des

Site	couche	identification	nature	datation B.P.	datation calibrée (BC)
A Petra	II.c	Gif 7368	charbons	6430 ± 130	5563 - 5072
	II.d	Ly 6087	charbons	5945 ± 160	5202 - 4475
Araguina-Sennola	XVII.c	Gif 2324	charbons	6430 ± 140	5588 - 5063
	XVII.e	Gif 2325	charbons	6650 ± 140	5742 - 5283
A Revellata	III	Ly 6085	charbons	6280 ± 75	5430 - 5040
Basi	7	Gif 1851	charbons	7700 ± 150	6999 - 6208
Curacchiaghju	6	Gif 796	charbons	7300 ± 160	6423 - 5814
	6.a	Gif 1961	charbons	7310 ± 170	6453 - 5811
	6.c	Gif 1962	charbons	7600 ± 150	6995 - 6020
Gritulu	us.46	Ly 824 (OxA)	charbons	6840 ± 60	5787 - 5597
Longone	4.a.2	LGQ 617	charbons	6320 ± 140	5550 - 4900
Renaghju	us.61	Ly 9519	charbons	6769 ± 41	5728 - 5620
	us.104	Ly 8327	charbons	6525 ± 60	5615 - 5365
	us. 66	Ly 8328	charbons	6095 ± 45	5207 - 5111
Strette	XX.b	Ly 2835	charbons	6420 ± 300	5995 - 4612
	XX.b	Ly 2836	charbons	6480 ± 480	6397 - 4305
Terrina I	foyer	MC 2243	charbons	6670 ± 130	5850 - 5250

(Calibration à 2 sigma, Stuiver et Reimer : 1998)

Tableau 7 : Principales datations absolues des sites du Néolithique ancien.

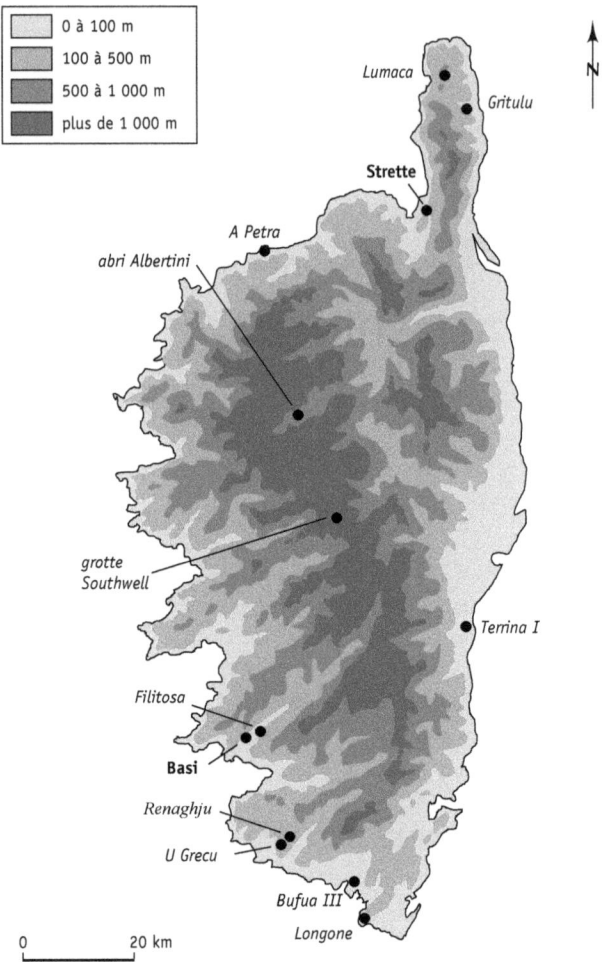

Figure 15: localisation des sites ayant livré des céramiques du Néolithique ancien cardial (en italique, ceux écartés après étude).

Présentation des sites retenus dans l'étude

Strette (Barbaggio) : L'abri est localisé sur une falaise de molasses miocènes, en bordure d'une rivière, à l'entrée d'un petit défilé reliant le golfe de Saint-Florent à la plaine de Poggio-d'Oletta (voir chapitre I). L'abri a été occupé de manières discontinues durant tout le Néolithique et les âges des métaux, par des groupes de taille vraisemblablement restreinte (Costa *et al.* 2004).

Les fouilles ont été conduites sur deux secteurs disjoints (Strette 1 et Strette 2), de part et d'autre d'une zone détruite. Chacun des secteurs a livré les vestiges d'une importante occupation datée du Néolithique ancien cardial (couches XIV et XX). Aucune différence significative n'a été observée dans le contenu archéologique des zones fouillées. Elles rassemblent 1 118 tessons céramiques (couche XIV : 654 tessons ; couche XX : 464), dont les fragments de quatre à six grands récipients d'un diamètre supérieur à 50 cm. Ils étaient situés côte à côte à demi enterrés, dans un coin de l'abri, et devaient vraisemblablement servir au stockage de denrées. Plusieurs de ces fragments portent des trous de réparation qui témoignent d'une certaine durée d'utilisation. Les autres vestiges récoltés se composent de près de 80 kg de coquilles, principalement des huîtres, de 299 fragments osseux[5], de deux meules portatives et de 1 036 pièces lithiques. L'analyse des formes et des décors céramiques a montré de nettes convergences avec le site de Basi (style « BFP »[6] également nommé *Cardial géométrique*), mais également une plus grande diversité des décors avec des cordons imprimés de ponctuations et des impressions de coups d'ongle, de coquilles de moule et de poinçons de sections diverses (Magdeleine et Ottaviani 1986 ; Camps 1988 ; Paolini-Saez 2002). H. Paolini-Saez (2002) a identifié des motifs rappelant l'*Impressa* de Pendimoun[7], le *Cardial géométrique* et le *Cardial provençal*. La diversité des thèmes décoratifs témoigne de différences chronologiques (Costa *et al.* 2002a). La couche archéologique, épaisse d'environ 20 cm, représente donc un palimpseste et résulte de plusieurs occupations discontinues, s'étalant vraisemblablement sur plusieurs siècles (Costa *et al.* 2004).

Type de site : *abri*
Contexte : *littoral*
Surface fouillée : *13 m²*
Remaniements : *faibles (mais présence d'un palimpseste sur plusieurs siècles)*
Nombre de pièces lithiques : *1 036 ?* ; **étudiées :** *1 036*
Nombre de pièces céramiques : *1 118 dont les fragments de 6 récipients de stockage*
Nombre de restes osseux : *299*
Autres vestiges : *80 kg de coquilles marines, 2 meules, 2 molettes.*

---

assemblages de vestiges très hétérogènes (fig. 15). Les sites fouillés sont assez rares et aucun n'a livré de niveau attribuable exclusivement aux seules premières phases du Néolithique ancien tyrrhénien, c'est-à-dire au Néolithique *impressa* et *cardial stricto sensu* (fig. 16). En effet, les séries archéologiques les plus étoffées – celles d'A Petra, de Basi, de Renaghju et de Strette – contiennent toutes des éléments associant différents styles céramiques, ceux du début du Néolithique ancien[2] mais aussi ceux de la fin du Néolithique ancien[3], c'est-à-dire datables de la fin du VIe ou du début du Ve millénaire (Costa 2004a). Ce point est fondamental dans notre étude, car certains éléments issus de ces collections archéologiques pourraient ne pas dater du Néolithique cardial, mais se rattacher aux productions de la fin de la période (voir chapitre suivant). J'ai toutefois cherché à limiter au maximum ces problèmes de « mélanges diachroniques » en ne sélectionnant pour l'étude que les deux seules séries qui semblaient les plus homogènes : Basi et Strette[4].

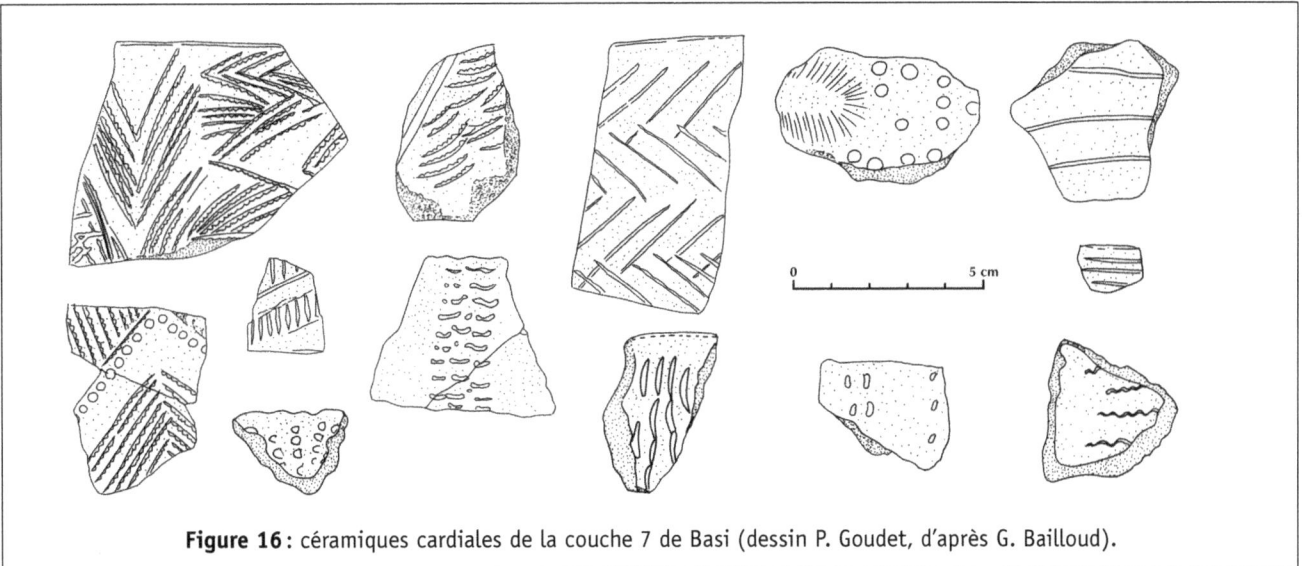

Figure 16 : céramiques cardiales de la couche 7 de Basi (dessin P. Goudet, d'après G. Bailloud).

Basi (Serra di Ferro) : Le site occupe une petite terrasse sur une butte à près de 6 km du rivage actuel, dans la vallée du Taravo, légèrement en retrait de la plaine formée par l'ancien delta du fleuve et aujourd'hui drainée (fig. 17). L'occupation du Néolithique ancien a été découverte suite à la mise en carrière d'un vaste chaos granitique présentant plusieurs cavités. Fortement endommagé par le travail des carriers, le site a été fouillé entre 1969 et 1971 par G. Bailloud sur environ 13 m² dans la zone la plus menacée, au sud de la carrière. Le niveau daté du Néolithique ancien a été trouvé à près de 3 m de profondeur, en partie scellé sous une épaisse couche humifère stérile. Il correspond en réalité à une accumulation de vestiges céramiques, lithiques et osseux, dans une anfractuosité entre des blocs rocheux (Bailloud 1969b). Il ne s'agit donc pas d'un sol d'habitat mais d'une zone de rejets, où les vestiges osseux sont très fragmentés et calcinés. Nous avons également remarqué lors de l'étude du matériel lithique que de nombreuses pièces présentaient des concrétions cendreuses, mais que peu étaient réellement brûlées (rareté des cupules thermiques).

Dans la zone Est, le mobilier néolithique ancien était mélangé avec des vestiges datant du IVe millénaire, dans des proportions très importantes (Bailloud 1969a, 1969b). Nous avons exclu cette zone de notre étude et conservé le seul secteur Sud, fouillé sur environ 7 m². Ce secteur a ainsi livré de nombreux restes d'animaux domestiques[8], 617 pièces lithiques, un outil de percussion lancée en pierre polie, deux meules, quelques molettes, plus de 1 500 tessons céramiques et quelques restes de clayonnage en terre cuite qui suggèrent l'existence d'habitations construites (Bailloud 1969b). Les tessons appartiennent en grande majorité au style « B-F-P » (*Cardial géométrique*), mais toutes les phases du *Cardial* sont représentées, dans des proportions plus faibles (fig. 16). Il faut également noter la présence de quelques céramiques poinçonnées datant de la fin du Néolithique ancien (Paolini-Saez 2002).

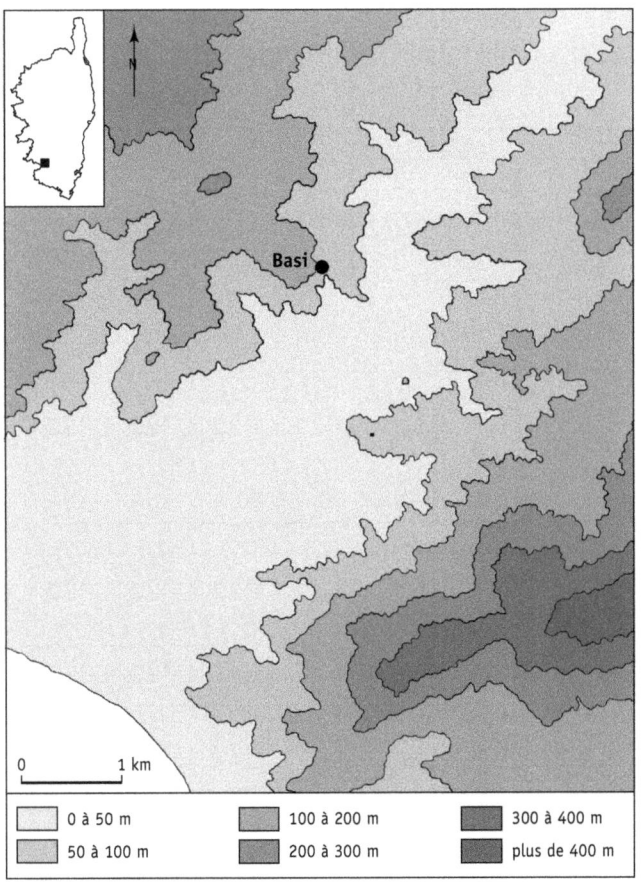

Figure 17 : localisation du site de Basi (Serra di Ferro, Corse-du-Sud).

Type de site : *abri et site de plein air (hameau villageois ?)*
Contexte : *vallée*
Surface fouillée : *13 m², retenue 7 m²*
Remaniements : *faibles dans le secteur retenu*
Nombre de pièces lithiques : *617* ; **étudiées :** *617*

Nombre de pièces céramiques : ~ *1 500*
Nombre de restes osseux : *5 163*
Autres vestiges : *quelques restes de clayonnage ; un outil de percussion lancée en pierre polie, deux meules et quelques molettes.*

La production lithique

À Basi, les productions lithiques sont en grande partie fondées sur l'exploitation du silex, qui représente environ 72 % des pièces trouvées (tabl. 8). Ce silex regroupe en réalité plusieurs faciès. Les principaux types (litage de couleur beige à brun avec des marbrures) représentent près de 90 % des effectifs. Ils sont selon toute vraisemblance originaires du nord de la Sardaigne, plus exactement de la région de Perfugas[9]. La collection comprend également un peu plus de 20 % de quartz de structure fine et homogène, dont certaines surfaces très érodées indiquent une provenance côtière ou fluviale. Nous pensons tout particulièrement aux terrasses fluviatiles qui bordent la plaine du Taravo et dans lesquelles nous avons repéré des nodules de quartz d'aspect semblable à ceux débités sur le site. Les autres roches sont très faiblement représentées. Deux échantillons d'obsidienne ont fait l'objet d'une analyse de provenance (Tykot 1996) et ont pour origine le Monte Arci en Sardaigne, coulées SA et SC.

À Strette, au nord de l'île, 85 % des matières exploitées sont indigènes. Parmi celles-ci, 70 % ont une origine strictement locale et proviennent des galets charriés par la rivière Strutta (tabl. 8). La collection compte également 9 % de rhyolites recristalisées très fines, de couleur noire-violacée, originaires des filons situés autour de la caldeira du Monte Cinto, dans la zone montagneuse de l'île. Les fragments étudiés ne présentent pas de « néocortex » fluviatile. Comme nous n'avons pas retrouvé cette matière dans la rivière Strutta lors de nos prospections, nous pensons qu'elle a été prélevée en situation primaire (ou « proche primaire »), dans une zone assez éloignée du site. L'obsidienne y représente environ 11 % des effectifs et le silex un peu moins de 5 %. Les échantillons d'obsidienne analysés ont pour origine les coulées SB et SC du Monte Arci en Sardaigne[10] (Tykot 1996). Les silex, de couleur brune, grise ou beige très claire, ne présentent pas de structure litée et sont très différents de ceux de Basi. Nous ne connaissons pas leur région d'origine.

Les deux sites montrent des gestions de matières premières totalement différentes, puisque les silex dominent à Basi et les roches indigènes à Strette. Cette divergence est probablement liée à la situation géographique de ces sites et résulte vraisemblablement de l'éloignement des

Vestiges lithiques	Sites	Basi	Strette
Quartz	Débris	36	177
	Éclats	88	478
	Nucléus	1	19
	Supports retouchés	5	30
Roches grenues	Débris	2	24
	Éclats	12	39
	Nucléus	0	4
	Supports retouchés	1	7
Rhyolites fines	Débris	0	10
	Éclats	0	57
	Lames	0	14
	Nucléus	0	1
	Supports retouchés	1	9
Obsidienne	Débris	3	4
	Éclats	16	94
	Lames	6	5
	Nucléus	0	0
	Supports retouchés	1	13
Silex	Débris	12	2
	Éclats	346	35
	Lames	50	5
	Nucléus	5	2
	Supports retouchés	36	7
Nombre total de vestiges lithiques		**621**	**1036**

Tableau 8 : nombre total de vestiges lithiques des sites du Néolithique cardial de Corse, par groupes de matériaux et par collections.

gîtes de silex sardes pour les sites du nord. Nous avons en effet constaté les mêmes différences dans tous les sites de Corse : les produits laminaires et de nombreux outils, réalisés en silex dans le sud de l'île, sont fabriqués dans des roches volcaniques au nord. Ces roches, qui sont pratiquement absentes des collections du sud, remplacent donc, au moins en partie, le silex dans le nord de l'île.

Les roches grenues

Les productions en roches grenues sont très rares et concernent principalement certains sites spécialisés du littoral nord de la Corse (Strette, mais aussi A Revellata pour le Néolithique ancien poinçonné). Elles visent l'obtention de quelques éclats par percussion directe dure, à partir de galets d'origine strictement locale. Les chaînes opératoires sont très courtes, les nucléus retrouvés présentent le plus souvent deux ou trois enlèvements. La méthode la plus couramment utilisée consiste à fracturer le galet en deux, probablement par percussion sur enclume, puis à détacher quelques éclats en utilisant le plan de fracture comme plan de frappe ou comme surface de débitage, selon la morphologie du galet.

Les quartz filoniens

À l'instar des roches grenues, les quartz sont surtout exploités dans le site de Strette. Il s'agit le plus souvent de petits galets débités par percussion pour la production d'éclats. Plusieurs petits nucléus en quartz portent les stigmates d'une percussion sur enclume, à savoir deux pôles de débitage opposés fortement écrasés (débitage bipolaire). Dans certains cas, un des pôles de débitage porte des points d'impact visibles, matérialisés par des sortes « d'étoilures » blanchâtres. Dans tous les cas, la surface de débitage de ces nucléus est fortement esquillée à ses deux extrémités.

L'obsidienne

Les sites de Basi et de Strette ont livré quelques éclats et fragments de lamelles en obsidienne, ainsi que deux petits débris, esquillés sur tous leurs côtés. Ces débris pourraient correspondre à des fragments de nucléus, débités sur enclume en fin d'exploitation, pour la production d'éclats de très petites dimensions. Aucun nucléus vrai n'a en revanche était trouvé dans ces deux sites. De même, Aucun élément indiquant une quelconque mise en forme ou entretien d'un nucléus à lamelles n'a été retrouvé, les lamelles mise au jour appartenant toutes à une phase de plein débitage. En revanche, un éclat détaché par percussion directe dure (Strette 2, couche XX) présente sur sa face dorsale des nervures parallèles indiquant la reprise d'un nucléus à lamelles. Dans ce site, le débitage d'éclats par percussion succède donc, au moins en partie, au débitage laminaire.

L'ensemble de ces données suggère l'introduction, à Strette, d'au moins un nucléus à lamelles déjà partiellement débité et le détachement de quelques lamelles avant la reprise du nucléus pour la production d'éclats ; à moins que les lamelles y aient été acheminées déjà débitées. Dans tous les cas, la rareté des fragments de lamelles (11 fragments au total des deux séries) et la morphologie des vestiges indiquent que la principale finalité de l'exploitation de l'obsidienne, à Strette comme à Basi, résidait dans l'obtention de petits éclats. En effet, sur les 44 éclats bruts ou retouchés que comptent ces deux collections, 41 ont une longueur inférieure à 20 mm. Il en est de même pour les fragments de lamelles recensées. La rareté de ces lamelles et leur grande fragmentation ne favorisent pas la reconnaissance de la technique employée pour leur détachement, qui peut être soit la percussion directe à l'aide d'un percuteur minéral tendre, soit la percussion indirecte, soit la pression.

Le silex

Le silex a été employé pour la production d'éclats et de lames. La morphologie des lames témoigne d'une technique de détachement par percussion indirecte. En effet, les stigmates caractéristiques de la percussion directe dure ou tendre ne sont pas visibles sur ces lames (absence

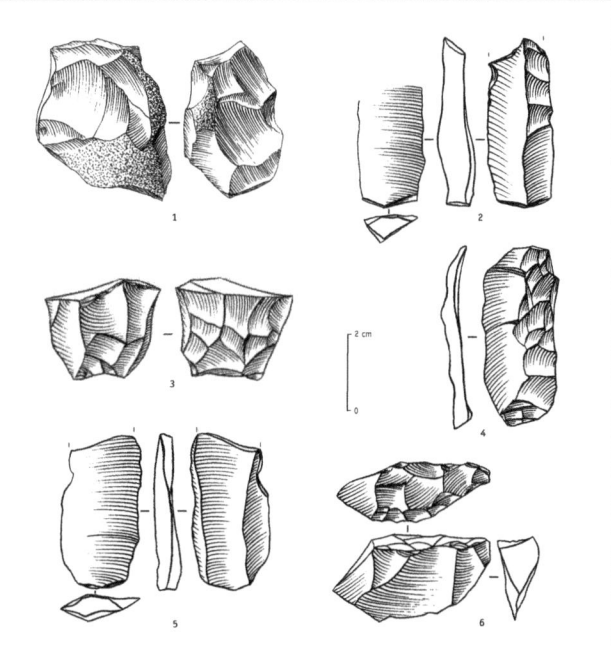

Figure 18 : pièces techniques en silex, Néolithique ancien cardial : n° 1, nucléus à éclats, Strette ; n° 2, lame sous crête débitée par percussion indirecte, Basi ; n° 3 nucléus à lames en fin d'exploitation, Basi ; n° 4, lame sous crête, Basi ; n° 5, lame débitée par percussion indirecte, Basi ; n° 6 tablette de nucléus à lames, Basi (dessin L.J. Costa / G. Devilder).

de fissuration du talon, d'esquillements, de rides fines et serrées, etc.). Leur section est souvent légère, les talons sont plutôt minces et certains, fortement concaves, rendent impossibles toutes techniques de percussion directe. Ces lames sont rectilignes, légèrement arquées, leurs bords et leurs nervures sont pratiquement alignées et parallèles, sans toutefois atteindre la régularité des débitages par pression. De plus, la largeur de certaines lames est nettement supérieure aux dimensions maximales que peuvent produire des débitages par pression à l'aide d'une béquille[11] (fig. 18).

Le silex n'a pas été introduit sous la même forme à Basi et à Strette. À Basi, une petite plaquette non débitée[12], une tablette de nucléus à lames, deux petits fragments de lames sous-crête et deux éclats débités par percussion indirecte (talon concave) témoignent d'un débitage laminaire *in situ* (fig. 18). Cette observation est renforcée par la présence des deux éclats débités par percussion indirecte, dans la mesure où cette technique n'a été diagnostiquée que pour la seule production laminaire : son emploi sur le site est vraisemblablement lié à la mise en forme ou à l'entretien d'un nucléus laminaire, en particulier la réalisation de crêtes. Dans cette série, trois éclats portant des nervures parallèles et deux petits nucléus témoignent également de la reprise d'un nucléus à lames dans un débitage d'éclats au percuteur dur. La production d'éclats est d'ailleurs bien attestée, notamment par le nombre d'éclats trouvés, cinq fois supérieur à celui des fragments de lames. Les talons des éclats sont pratiquement tous lisses, ne montrant aucune préparation particulière des plans de frappe.

À Strette, les fouilles ont livré deux petits nucléus à éclats débités selon une méthode unipolaire, ainsi que des éclats provenant de ces blocs (fig. 18). Nous avons ainsi pu remonter deux éclats sur un même nucléus. En revanche, quatre des six lames trouvées ont été débitées dans des types de silex différents et constituent des pièces uniques, probablement importées sous forme de produits finis. Nous en déduisons que les petits blocs et les lames ont été introduits séparément dans le site.

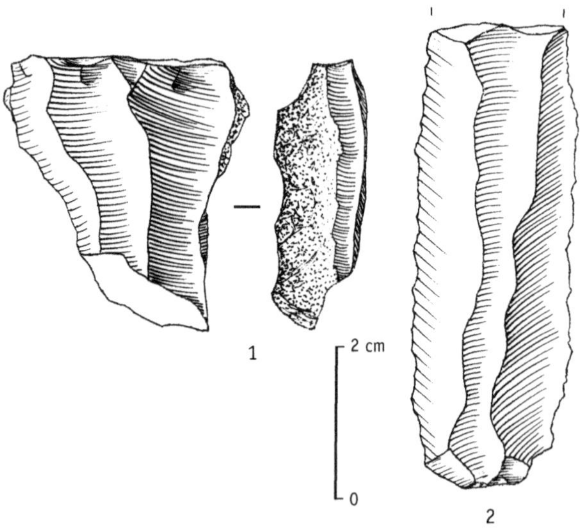

Les rhyolites fines

Dans les sites de la zone montagneuse ou du littoral nord de la Corse, les rhyolites fines ont souvent été exploitées, vraisemblablement en remplacement du silex qui faisait défaut. Ainsi, de nombreuses lames ont été retrouvées dans les sites de Southwell, Albertini, A Petra et Strette. Dans ce dernier, les vestiges contenaient seize fragments de lames et un fragment de nucléus à lames présentant de nombreuses cupules thermiques et craquelures (fig. 19). Ces pièces peuvent laisser penser à l'existence d'un débitage laminaire sur place, mais nous n'avons pas retrouvé de lames d'entame (lame corticale, lame à crête et lame sous-crête) ni de pièces techniques pouvant confirmer la réalisation de ces débitages dans l'abri. Le pourcentage de produits possédant une plage corticale est très faible (inférieur à 10 %) et les phases de dégrossissage et de mise en forme des blocs n'ont vraisemblablement pas eu lieu sur place. En fait, rien ne prouve que le détachement des lames a bien été effectué sur le site et qu'elles n'ont pas été acquises déjà débitées, accompagnées d'un ou plusieurs nucléus en cours ou en fin d'exploitation. La nature de ce site, vraisemblablement occupé de manière épisodique lors d'activités liées à l'exploitation du littoral, pourrait parfaitement expliquer la rareté des vestiges en rhyolites et l'absence d'une grande partie des phases de production.

Si les méthodes de débitage ne nous sont pas connues, la technique employée est sans conteste la percussion indirecte (légèreté de la section des lames, assez bonne rectitude des produits, nervures et bords assez bien alignés et relativement parallèles, bulbe caractéristique et talon non fissuré, etc.). Outre la présence de quelques talons concaves – qui sont autant de signes de l'utilisation d'un punch – nous avons remarqué l'existence de talons dièdres sur quelques lames, à Strette et à Southwell. Ces derniers sont constitués d'une nervure centrale, formée par deux enlèvements, abrasée et même écrasée par petites percussions répétées. Il est probable que la réalisation de cette nervure avait pour objectif de faciliter le détachement des lames. En effet, celui-ci nécessite une force moins importante lorsque le punch est placé sur une nervure que lorsqu'il est posé sur une surface lisse, plane ou concave. Ce procédé technique permet alors un meilleur contrôle du débitage et contribue sûrement à diminuer les risques d'accidents (expérimentation J. Pelegrin). Quant au « piquetage » de la nervure, il permet d'initialiser la fracture en créant des microfissures, mais est surtout destiné à protéger le punch, qui risquerait de se fendre en deux s'il était directement posé sur une nervure vive. Cette préparation très particulière du plan de frappe

Figure 19 : pièces techniques en rhyolites fines, Néolithique ancien cardial : n° 1, nucléus à lames ; n° 2, lame, Strette, (dessin L.J. Costa / G. Devilder).

Supports retouchés			Sites	Basi	Strette
Quartz	Groupe 6	Classe 6.1	Type 6.1.1		3
	Groupe 7	Classe 7.1			2
		Classe 7.4	Type 7.4.1	1	2
		Classe 7.5	Type 7.5.1		5
	Groupe 8	Classe 8.2		2	4
	Groupe 9	Classe 9.1		1	8
		Classe 9.2		1	6

Tableau 9: présentation des types de supports retouchés en quartz du Néolithique cardial de Corse.

n'a été repérée que sur rhyolites et son emploi est peut-être lié à l'exploitation de ces roches particulièrement difficiles à débiter. En effet, l'onde de choc se propage avec difficulté dans ce type de matière peu homogène et les rebroussés sont fréquents lorsque la percussion n'est pas suffisamment violente. La réalisation d'un plan de frappe dièdre présenterait alors l'avantage de permettre un meilleur contrôle du détachement des produits laminaires, en diminuant la force requise, ce qui favoriserait par conséquent le degré de précision du coup.

Sur six talons conservés à Strette, trois sont dièdres et trois ne montrent pas de préparation particulière des plans de frappe (talons lisses).[13]

Description de l'outillage lithique

Les deux séries étudiées réunissent un total de 108 supports retouchés, dont 35 en quartz, 7 en roches grenues, 9 en rhyolites fines, 14 en obsidienne et 43 en silex (tabl. 8).

Les outils en quartz

Il s'agit de pièces ne pouvant être rangées que dans les groupes 6 à 9, la retouche étant denticulée et souvent irrégulière (tabl. 9). Ces quelques outils peu standardisés n'ont pas permis la reconnaissance de types précis. Les pièces esquillées (groupe 9) représentent presque la moitié des effectifs (16 artéfacts).

Groupe 6: pièces à retouche latérale abrupte

Classe 6.1: petites pièces à dos

-Type 6.1.1: petits éclats à dos

Trois petits éclats de quartz (Strette), d'environ 3 cm de long, présentent une série de retouches abruptes le long de leur bord latéral le plus épais; celui-ci étant opposé à un bord tranchant laissé brut de débitage (fig. 20, n° 1).

Groupe 7: pièces à coche(s) et denticulés

Classe 7.1: pièces à coche unique sur support épais

Deux pièces manufacturées sur débris de quartz (Strette) entrent dans cette classe.

Classe 7.4: denticulés sur bords épais

-Type 7.4.1: denticulés convexes semi abrupts

Trois fragments de quartz (1 à Basi, 2 à Strette) présentent une série de petites coches assez irrégulières, semi abruptes à abruptes.

Classe 7.5: denticulés sur bords minces

-Type 7.5.1: larges éclats à retouche denticulée

Cinq éclats (Strette) assez large et d'une longueur comprise entre 3 et 5 cm présentent une série de 3 à 5 coches sur un de leurs bords latéraux. La retouche est directe ou inverse. Les coches sont souvent peu profondes.

Groupe 8: pièces à enlèvements irréguliers

Classe 8.2: éclats minces à retouches latérales irrégulières

Six éclats tranchants présentent des bords sinueux, dont la retouche vaguement denticulée est discontinue (2 à Basi, 4

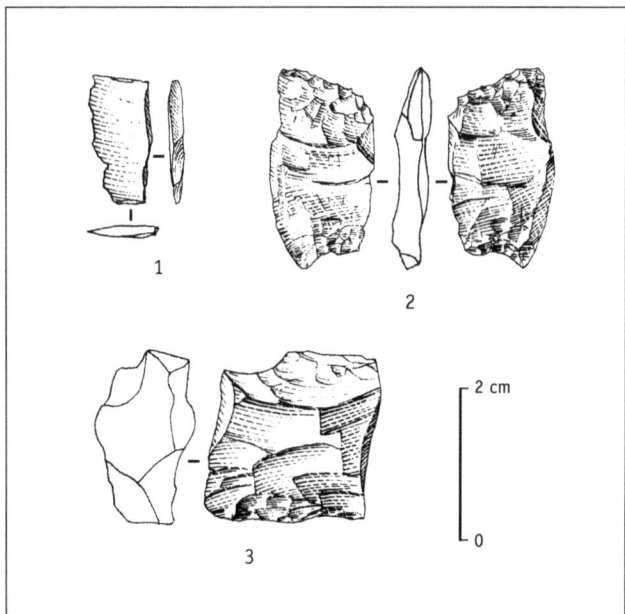

Figure 20: outils en quartz, Néolithique ancien cardial: n° 1, petit éclat à dos (type 6.1.1); n° 2, pièce esquillée sur support mince (classe 9.1); n° 3, pièce esquillée sur support épais (classe 9.2), Strette (dessin L.J. Costa / G. Devilder).

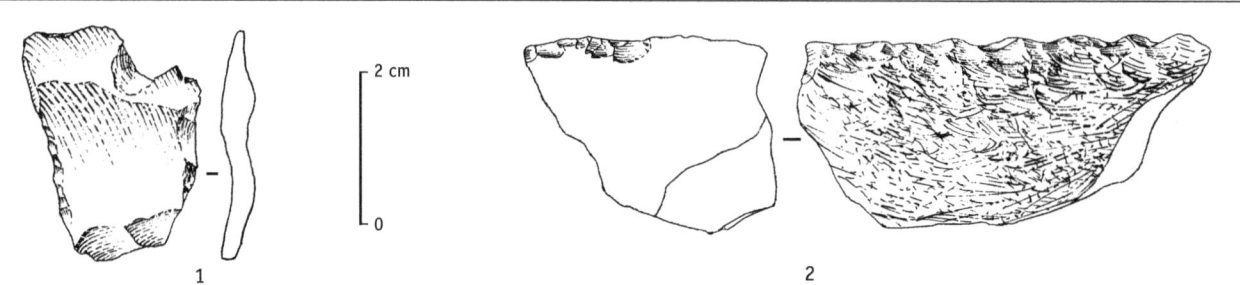

Figure 21: outils en roches grenues (rhyolite recristallisée), Néolithique ancien cardial : n° 1, grande pièce bitronquée trapézoïdale (type 1.7.1), Strette ; n° 2, outil sur bloc (groupe 10), Basi (dessin L.J. Costa / G. Devilder).

à Strette). J'ai hésité à ranger ces outils dans la classe 7.5, mais ai finalement considéré l'irrégularité de la retouche comme critère discriminant.

Groupe 9 : pièces esquillées

Il existe deux types de pièces esquillées dans ces collections : les épaisses et les minces.

Classe 9.1 : pièces esquillées sur supports minces

Il s'agit de petits éclats, d'environ 2 cm de long, pour 1 cm de large et 0,5 cm d'épaisseur, dont les bords distal et proximal sont fortement esquillés (fig. 20, n° 2). Neuf pièces ont été comptabilisées, dont huit dans la série de Strette.

Classe 9.2 : pièces esquillées épaisses

Ce sont des fragments d'épaisseur souvent supérieure à 8 mm et dont la forme est plus ou moins cubique (fig. 20, n° 3). Sept pièces ont été recensées (1 à Basi et 6 à Strette). Il est possible qu'elles correspondent à des nucléus débités sur enclume.

L'outillage en roche grenue

Sept seuls supports retouchés en matériaux grenus (rhyolites) ont été trouvés, un à Basi et huit à Strette. Il s'agit d'outils appartenant aux classes 8 et 9, à l'exception de deux pièces, rangées dans le groupe 1 (tabl. 10).

Groupe 1 : pièces géométriques

Classe 1.4 : géométriques à troncature(s) inverse(s)

Une pièce trapézoïdale (Strette) présente deux troncatures alternes, l'une très légèrement concave retouchée inverse, l'autre légèrement convexe (retouche directe).

Classe 1.7 : grandes pièces bitronquées

L'examen des séries du Néolithique ancien de Corse, notamment celles datées de la fin du VIe millénaire, montre qu'il existe plusieurs formes de grandes pièces bitronquées : des pièces rectangulaires et trapézoïdales.

-Type 1.7.1 : grandes pièces bitronquées trapézoïdales

Un outil de forme trapézoïdale (Strette) présente deux troncatures directes, une très légèrement concave, l'autre un peu convexe. Cette grande pièce bitronquée mesure 3,1 cm de long, pour 2,4 cm de large (fig. 21, n° 1).

Groupe 8 : pièces à enlèvements irréguliers

Classe 8.2 : éclats minces à retouches latérales irrégulières

Trois éclats (Strette) présentent quelques enlèvements, plus ou moins denticulés, sur un bord tranchant. La retouche est toutefois discontinue.

Classe 8.3 : éclats épais à retouches latérales irrégulières

Deux éclats de galets (Strette), épais, présentent quelques enlèvements semi abrupts.

Groupe 10 : outils sur blocs

Un fragment de galet de roche très grenue (Basi) présente une série d'enlèvements très courts, semi abrupts à abrupts, sur un bord de délinéation semi circulaire, formant ainsi une sorte de front (fig. 21, n° 2).

Supports retouchés			Sites	Basi	Strette
Roches grenues	Groupe 1	Classe 1.4			1
		Classe 1.7	Type 1.7.1		1
	Groupe 8	Classe 8.2			3
		Classe 8.3			2
	Groupe 10			1	

Tableau 10 : présentation des types de supports retouchés en roches grenues du Néolithique cardial de Corse.

Supports retouchés			Sites Basi	Strette
Rhyolite fine	Groupe 1	Classe 1.2		1
		Classe 1.4		2
		Classe 1.6	Type 1.6.1	1	
	Groupe 7	Classe 7.2	Type 7.2.1		1
		Classe 7.4	Type 7.4.1		2
		Classe 7.5	Type 7.5.3		1
		Classe indéterminée		1
	Groupe 8	Classe 8.1		1

Tableau 11 : présentation des types de supports retouchés en rhyolite fine du Néolithique cardial de Corse.

Les outils en rhyolites fines

Ils sont surtout issus de la collection de Strette et manufacturés dans une rhyolite très siliceuse, de grains très fins, de couleur noire violacée et provenant des flancs du Monte Cinto. Ces neufs outils se répartissent dans les groupes 1, 7 et 8 (tabl 11).

Groupe 1 : pièces géométriques

Classe 1.2 : trapèzes isocèles

Un trapèze à deux troncatures directes, rectilignes, a été trouvé dans l'assemblage de Strette.

Classe 1.4 : géométriques à troncature(s) inverse(s)

Deux pièces trapézoïdales (Strette) présentent deux troncatures alternes, rectilignes et de même obliquité (fig. 22, n° 1).

Classe 1.6 : autres pièces géométriques

-Type 1.6.1 : pièces à bitroncature partielle

Une pièce trapézoïdale (Basi) présente une troncature directe, très légèrement convexe, et un bord proximal droit concave, formé par le talon de la lame et partiellement retouché abrupt (fig. 22, n° 2).

Groupe 7 : pièces à coche(s) et denticulés

Classe 7.2 : pièces à coche unique sur supports minces

-Type 7.2.1 : lame à coche unique

Un fragment de lame de 3 cm de long (Strette) présente une coche de 6 mm de large, sur un bord latéral tranchant.

Classe 7.4 : denticulés sur bords épais

-Type 7.4.1 : denticulé convexe semi abrupt

Une pièce (Strette) présente un denticulé semi abrupt, aménagé par une longue série de petites coches sur un éclat épais de forme subcirculaire (fig. 22, n° 3).

-Type 7.4.1 (variante ?)

Un fragment d'éclat épais (Strette) présente quant à lui, quatre larges coches sur un bord convexe semi circulaire. Cet outil est toutefois cassé et sa forme complète n'est pas connue (fig. 22, n° 4).

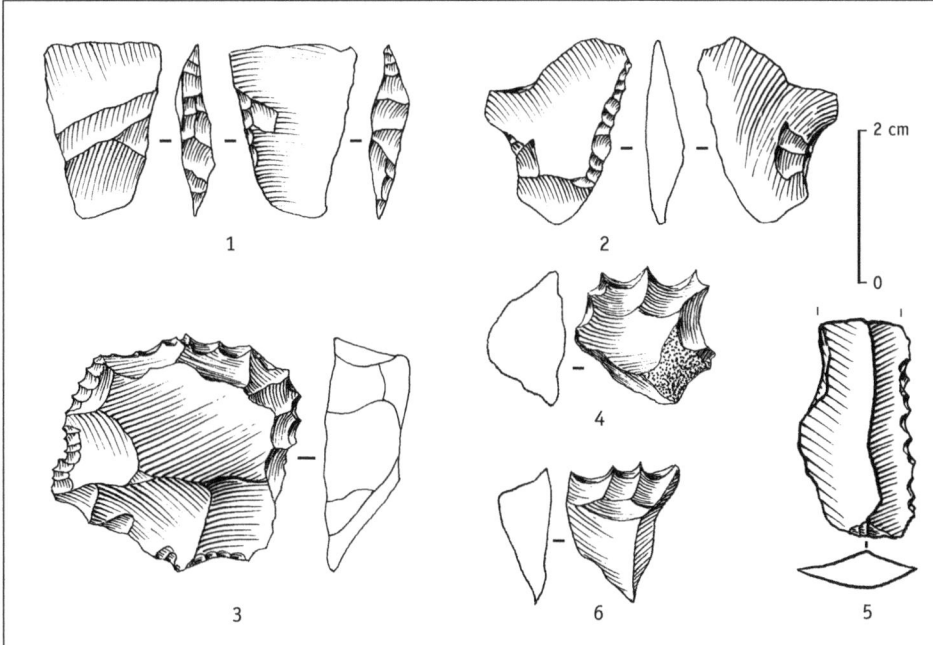

Figure 22 : outils en rhyolites fines, Néolithique ancien cardial : n° 1, géométrique à troncatures inverses (type 1.4), Strette ; n° 2, pièce à bitroncature partielle (type 1.6.1), Basi ; n° 3, denticulé convexe semi abrupt (type 7.4.1), Strette ; n° 4, denticulé convexe semi abrupt (type 7.4.1, variante), Strette ; n° 5, lame à retouche denticulée (type 7.5.3), Strette ; n° 6, fragment de denticulé (indéterminé), Strette (dessin L.J. Costa / G. Devilder).

Supports retouchés				Sites Basi	Strette
Obsidienne	Groupe 1	Classe 1.5	Type 1.5.1		2
	Groupe 8	Classe 8.2			9
		Classe 8.3			1
	Groupe 9	Classe 9.2		1	1

Tableau 12 : présentation des types de supports retouchés en obsidienne du Néolithique cardial de Corse.

Classe 7.5 : denticulés sur bords minces

-Type 7.5.3 : lames à retouche denticulée

Un fragment de lame (Strette) présente une série de petites coches sur un bord latéral tranchant (fig. 22, n° 5).

-Type indéterminé

Un fragment de denticulé, formé d'au moins trois coches adjacentes, a été trouvé à Strette. Le bord retouché est rectiligne et semi abrupt (fig. 22, n° 6).

Groupe 8 : pièces à enlèvements irréguliers

Classe 8.1 : lames à retouches latérales irrégulières

Un fragment de lame possède un bord latéral très sinueux, avec des retouches discontinues, de morphologie et d'inclinaisons variées.

Les outils en obsidienne

Si 14 supports retouchés ont été recensés, seuls deux ont réellement une valeur informative, les autres étant rangés dans les classes des groupes 8 et 9 (tabl. 12).

Groupe 1 : pièces géométriques

Classe 1.5. : géométriques à retouches bifaciales

-Type 1.5.1 : géométriques sur éclats à retouches bifaciales

Deux pièces, trouvées à Strette, entrent dans cette catégorie. À noter que la retouche est majoritairement bifaciale, mais pas totalement, pouvant ainsi être partiellement directe sur de courtes portions de bords (fig. 23, n° 1 et 2).

Groupe 8 : pièces à enlèvements irréguliers

Classe 8.2 : éclats minces à retouches latérales irrégulières

Neuf petits éclats (Strette) présentent de petits enlèvements irréguliers et discontinus sur un bord latéral tranchant, parfois même sur les deux bords latéraux.

Classe 8.3 : éclats épais à retouches latérales irrégulières

Un petit débris d'éclat (Strette), assez épais, possède également des retouches latérales irrégulières.

Groupe 9 : pièces esquillées

Classe 9.2 : pièces esquillées épaisses

Deux fragments d'épaisseur supérieure à 8 mm et de forme est plus ou moins cubique ont été trouvés, un à Strette et un à Basi (fig. 23, n° 3).

L'outillage en silex

C'est l'outillage qui regroupe le plus de pièces caractéristiques de la période (tabl. 13).

Groupe 1 : pièces géométriques

Ce groupe est représenté par 22 outils, dont 21 proviennent de la seule série de Basi.

Classe 1.1 : trapèzes à bitroncatures concaves

-Type 1.1.1 : trapèzes allongés à bitroncatures concaves

Trois armatures correspondent à cette définition. Elles ont été manufacturées par retouche directe.

Notons toutefois, qu'une d'entre-elles (Basi) mesure 2,8 cm de long (longueur entre les deux bases) pour 1,5 de large. Je l'avais initialement rangées dans la classe 1.7,

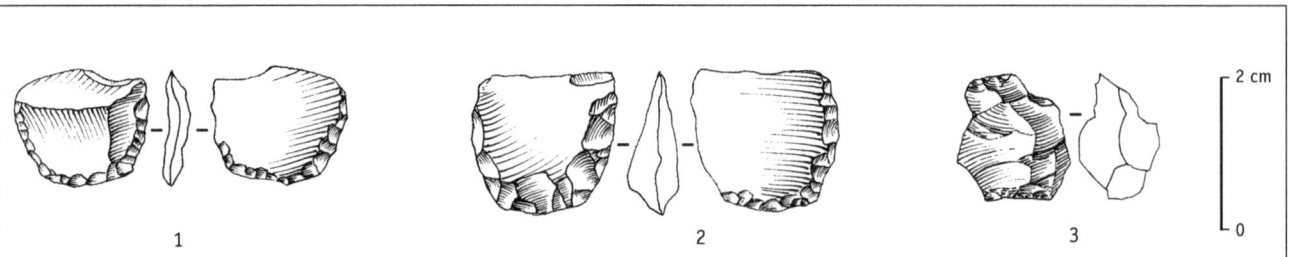

Figure 23 : outils en obsidienne, Néolithique ancien cardial : n° 1 et 2, géométriques sur éclats à retouches bifaciales (type 1.5.1), Strette ; n° 3, pièce esquillée épaisse (classe 9.2), Strette (dessin L.J. Costa / G. Devilder).

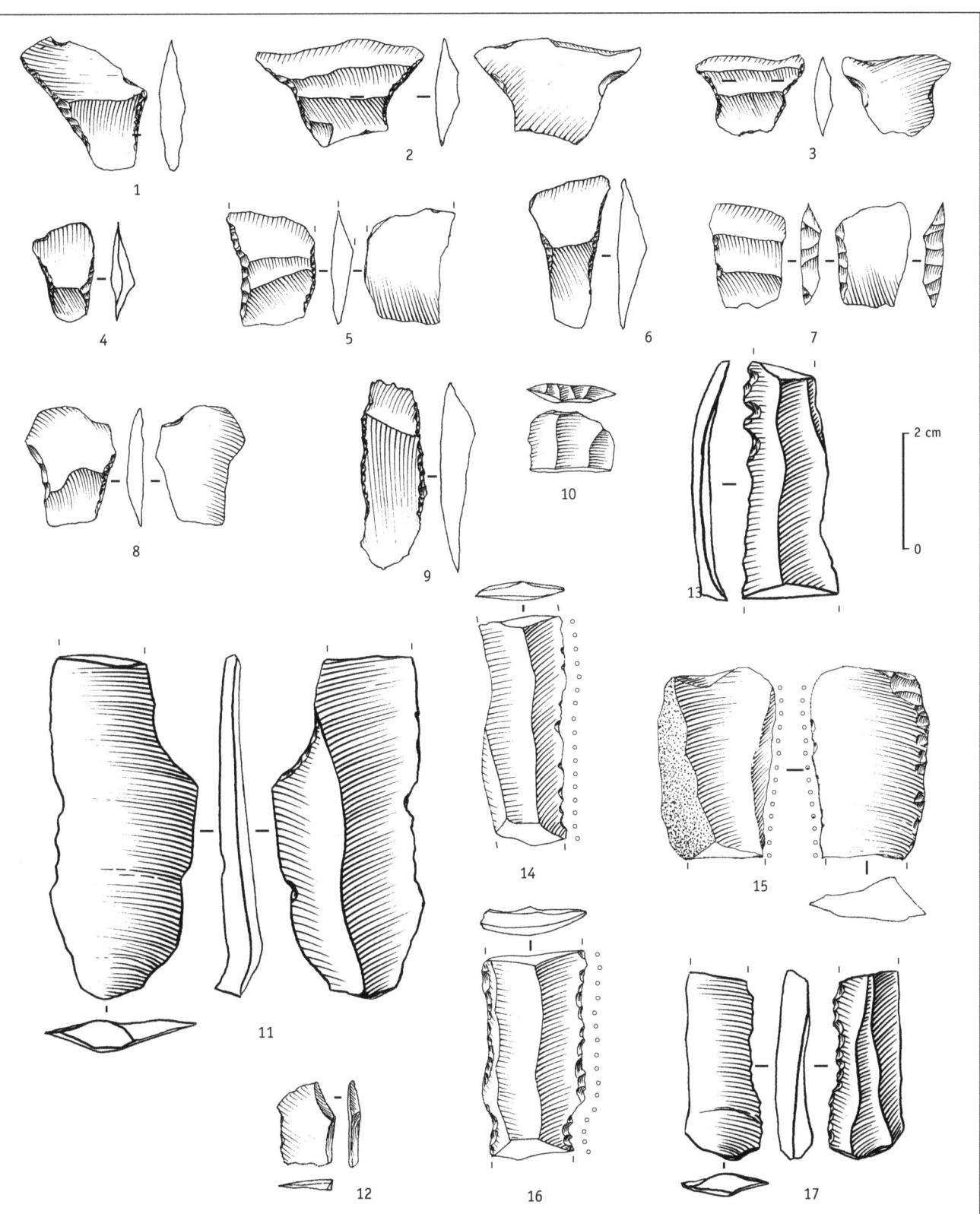

Figure 24: outils en silex, Néolithique ancien cardial: n° 1, trapèze allongé à bitroncature concave (type 1.1.1), Basi; n° 2 et 3, trapèzes larges à bitroncature concave avec une coche inverse (type 1.1.2), Basi; n° 4 et 5, trapèzes isocèles courts (type 1.2.1), Basi; n° 6, trapèze isocèle allongé (type 1.2.2), Basi; n° 7, géométrique à troncatures inverses (classe 1.4), Strette; n° 8, pièce géométrique à deux bords retouchés abrupts (type 1.6.2), Basi; n° 9, grande pièce bitronquée rectangulaire (type 1.7.2), Basi; n° 10, court fragment de lame à une troncature (type 4.2.1), Basi; n° 11, lame à troncature concave (type 4.2.2), Basi; n° 12, petit éclat à dos (type 6.1.1), Basi; n° 13, lame à retouche denticulée (type 7.5.3), Basi; n° 14 à 17, lames lustrées (type 8.1.1), Basi (dessin L.J. Costa / G. Devilder).

Supports retouchés			Sites	Basi	Strette
Silex	Groupe 1	Classe 1.1	Type 1.1.1	2	1
			Type 1.1.2	2	
		Classe 1.2	Type 1.2.1	9	
			Type 1.2.2	1	
		Classe 1.4		1	1
		Classe 1.6	Type 1.6.1	2	
			Type 1.6.2	2	
		Classe 1.7	Type 1.7.2	1	
	Groupe 4	Classe 4.2	Type 4.2.1	2	1
			Type 4.2.2	3	
	Groupe 5	Classe 5.4	Type 5.4.1	1	
	Groupe 6	Classe 6.1	Type 6.1.1	2	
	Groupe 7	Classe 7.5	Type 7.5.3	1	
	Groupe 8	Classe 8.1	Type 8.1.1	5	
		Classe 8.2		2	4

Tableau 13 : présentation des types de supports retouchés en silex du Néolithique cardial de Corse.

en raison de sa dimension supérieure à 2,5 cm ; mais après avoir étudié plus de 300 armatures corses (notamment 145 provenant d'A Petra et 95 de Southwell) je n'ai pas trouvé ce classement judicieux, dans la mesure où aucune des grandes pièces bitronquées de la classe 1.7 ne présente de bitroncature concave. J'ai donc préféré ne pas tenir compte de ces 3 mm de trop, plutôt que de créer un nouveau type de pièce bitronquée, représenté par un seul individu (fig. 24, n° 1).

-Type 1.1.2 : trapèzes larges à bitroncatures concaves avec une coche inverse

Il s'agit d'un type de géométriques très particulier, qui ne compte aujourd'hui que quatre représentants dans les assemblages de l'île, dont deux à Basi. Ils se caractérisent par une largeur (mesurée entre les deux troncatures) supérieure ou égale à la longueur de la pièce et la présence systématique d'une petite coche inverse, destinée à accentuer la concavité des troncatures ; celles-ci ayant été réalisées par retouche directe (fig. 24, n° 2 et 3).

Classe 1.2 : trapèzes isocèles

Dix armatures entrent dans cette catégorie d'objets. Deux types ont été définis, sur le seul critère de l'allongement des pièces. Les autres caractères, notamment ceux de la retouche, variant très peu.

-Type 1.2.1 : trapèzes isocèles courts

Ce sont les plus nombreux. Ils mesurent moins de 2 cm de long, le plus souvent entre 1 et 1,5 cm. Les troncatures sont presque toujours réalisées par une retouche directe. La série de Basi en compte neuf (fig. 24, n° 4 et 5).

-Type 1.2.2 : trapèzes isocèles allongés

Plus rares, ces pièces, techniquement similaires aux précédentes, possèdent une forme plus allongée, leur longueur avoisinant souvent 2,5 cm. Une seule pièce a été recensée à Basi (fig. 24 n° 6), mais d'autres assemblages, tel celui d'A Petra, en possèdent plusieurs.

Classe 1.4 : géométriques à troncature(s) inverse(s)

Une pièce trapézoïdale (Basi), allongée (2,1 x 1,2 cm), présente deux troncatures inverses, de délinéation concave.

Une autre pièce (Strette), un petit trapèze isocèle court, présente une bitroncature alterne (fig. 24, n° 7).

Classe 1.6 : autres pièces géométriques

-Type 1.6.1 : pièces à bitroncature partielle

Deux trapèzes isocèles (Basi) présentent une troncature directe et un bord droit, partiellement retouché abrupt.

-Type 1.6.2 : pièces géométriques à deux bords retouchés abrupts

Deux pièces (Basi) entrent dans cette catégorie. Manufacturées sur un éclat de reprise d'un nucléus laminaire, ces pièces ont une morphologie tout à fait identique à celle des géométriques, si ce n'est une localisation latérale des bords retouchés abrupts, et non distale et proximal comme c'est le cas pour les troncatures (fig. 24, n° 8).

Classe 1.7 : grandes pièces bitronquées

-Type 1.7.2 : grandes pièces bitronquées rectangulaires

Une seule de ces grandes pièces a été trouvée à Basi. Il s'agit d'un outil de forme rectangulaire muni de deux troncatures directes, de délinéation presque rectilignes. Il mesure 3,3 cm de long, pour à peine 1 cm de large (fig. 24, n° 9).

Groupe 4 : troncatures

Classe 4.2 : lames tronquées

-Type 4.2.1 : courts fragments de lames à une troncature

Trois outils de ce type ont été recensés, deux à Basi et un à Strette. Ils pourraient correspondre à des fragments de géométriques (fig. 24, n° 10). Dans le cas présent, les troncatures sont façonnées par des enlèvements directs et ont une délinéation légèrement convexe, mais pratiquement toutes les combinaisons sont en réalité possibles pour ce type d'outil.

-Type 4.2.2 : lames à troncature concave

Trois lames (Basi) présentent une longue troncature oblique et concave, à retouches inverses, sur bord distal. À la différence du type précédent, la troncature pourrait correspondre à la partie active de l'outil (fig. 24, n° 11).

Groupe 5 :
pièces à retouche latérale non abrupte

Classe 5.4 : pointes

-Type 5.4.1 : lames appointées

Un fragment de lame (Basi) présente une petite pointe en partie distale, formée de deux bords convergents, légèrement convexes, retouchés par des enlèvements directs, semi abrupts et très courts.

Groupe 6 :
les pièces à retouche latérale abrupte

Classe 6.1 : petites pièces à dos

-Type 6.1.1 : petits éclats à dos

Deux petits éclats tranchants (Basi) présentent un bord abattu, opposé à un tranchant (fig. 24, n° 12).

Groupe 7 : pièces à coche(s) et denticulés

Classe 7.5 : denticulés sur bords minces

-Type 7.5.3 : lames à retouche denticulée

Un fragment de lame (Basi) présente trois petites coches adjacentes sur la partie distale d'un de ces bords latéraux tranchants (fig. 24, n° 13).

Groupe 8 : pièces à enlèvements irréguliers

Classe 8.1 : lames à retouches latérales irrégulières

-Type 8.1.1 : lames lustrées

Cinq fragments de lame (Basi) possèdent un bord latéral présentant un lustre d'utilisation assez marqué (fig. 24 n° 14 à 17).

Classe 8.2 : éclats minces à retouches latérales irrégulières

Six petits éclats à enlèvements irréguliers et discontinus entrent dans cette classe, quatre trouvés à Strette et deux à Basi.

Conclusion : des outils similaires dans des proportions différentes

Si l'on retrouve globalement les mêmes groupes et classes d'outils dans ces deux collections, leurs effectifs ne sont pas toujours équivalents et quelques types d'outils ne se retrouvent que dans un seul assemblage.

Ainsi, la série de Strette contient six fois plus de denticulés et coches (groupe 7) et cinq fois plus de pièces esquillées (groupe 9) que celle de Basi, pour un effectif total supérieur d'à peine 50 % (66 outils contre 44). À l'inverse, la collection de Basi a livré 2,5 fois plus d'armatures (groupe 1) que celle de Strette. Ces différences résultent vraisemblablement de la nature de ces occupations : un abri littoral fréquenté de manière épisodique à Strette ; un habitat principal dans une plaine alluviale à Basi. Il est en effet probable que les activités réalisées à Strette – en l'occurrence une exploitation principale des biotopes littoraux et marins – aient occasionné une utilisation accrue des denticulés et des pièces esquillées, au détriment d'outils plus spécialisés dans la gestion de milieux plus terrestres, notamment la réfection des outils agricoles. Il n'est donc pas surprenant que les lames lustrées recensées (groupe 8, type 8.1.1) aient toutes été trouvées dans l'assemblage de Basi.

Les variations de quantité de certains types d'armatures semblent également dépendre de la nature des supports utilisés. Ainsi, les types manufacturés sur supports laminaires (classes 1.1 ; 1.2 ; 4.3) sont beaucoup plus présents à Basi, où le silex est abondant et la production laminaire importante, qu'à Strette où de telles productions sont rares. Mais il faut néanmoins remarquer que la plupart des outils manufacturés en silex à Basi, ont été produits dans des matériaux locaux à Strette et qu'en définitive, les variations concernent davantage les quantités d'outils que les types : les silex dans le sud et les rhyolites fines dans le nord ont vraisemblablement été exploités dans un but similaire.

Enfin, je ne puis terminer ce chapitre sans évoquer la présence problématique de deux géométriques à retouches bifaciales (classe 1.5), en obsidienne, dans la série de Strette. Ces objets sont en effet très rares dans les assemblages du Néolithique ancien, mais fréquents dans ceux du Néolithique moyen (Ve et IVe millénaire). Il convient donc de se demander si leur présence dans cette couche n'est pas le résultat d'une migration verticale d'artéfacts en provenance des strates supérieures de l'abri.

Notes

[1] Au cours du VIe millénaire, les ovins, les caprins, les porcins et les renards font leur apparition dans l'île. Ces espèces ne possédaient pas d'ancêtre sauvage sur l'île et ont été introduites par l'homme (Poplin 1979; Poplin et Vigne 1983; 1988; etc.).

[2] Quelques éléments *Impressa* à Basi et à Strette, des décors attribuables au *Cardial géométrique*, au *Cardial à zonation horizontale* et au *Cardial classique* dans pratiquement tous les cas (Paolini-Saez 2002, Costa 2004a).

[3] Céramiques décorées de lignes de poinçons (céramique poinçonnée), que l'on doit vraisemblablement rapprocher du style *linéaire* qui se développe sur la côte occidentale de l'Italie à la fin du Néolithique ancien.

[4] Aucun des 5 niveaux du site d'A Petra n'est exempt de céramiques dites poinçonnées, même si M.C. Weiss signale que la proportion de céramiques cardiales passe de 97 % à 47 % entre les couches IId et IIa (Weiss 1988). Notons que la date obtenue sur un charbon de la couche IId coïncide toutefois avec la fin du Néolithique ancien (tabl. 7).

Quant au site de Renaghju, les fouilles anciennes de R. Grosjean en 1964, de G. Peretti en 1975, comme celles récentes d'A. d'Anna ont montré l'existence d'une succession d'occupations, malheureusement compactées sur un même niveau dont les datations s'échelonnent sur tout le VIe millénaire (tabl. 7).

[5] Soit 219 restes déterminés pour un total de 299 ossements, comprenant : *Caprini* ind. : NR = 3, NMI = 1 ; *Sus scrofa* ssp. : NR = 1 ; *Prolagus sardus* : NR = 215, NMI = 11 (Vigne 1988).

[6] g. Camps (1979) et G. Calvi-Rezzia (1980) furent les premiers à souligner l'existence de similitudes dans les décors des céramiques cardiales de Basi (Corse), Filiestru (Sardaigne) et Pienza (Toscane). Ces auteurs définirent alors le « style B-F-P » (Basi-Filiestru-Pienza) caractérisé par des décors d'impressions réalisés à l'aide d'une coquille de *Cardium*, couvrant pratiquement tout le vase et organisés selon certains thèmes géométriques (triangles, chevrons, angles) remplis de hachures obliques ou d'impressions diverses. Depuis les années 1980, de nombreuses découvertes ont permis de reconnaître ce style dans d'autres régions méditerranéennes, en Provence (site de Pendimoun : Binder *et al.* 1993), dans l'ensemble des îles tyrrhéniennes (île de Giglio et îlot de la Scola : Ducci et Perazzi 1991, 1998; île de Pianosa : Bonato *et al.* 2000) et dans le Latium (site de La Marmotta : Fugazzola Delpino *et al.* 1993; de Settecanelle : Ucelli Gnesutta 1999; de Poggio Olivastro : Bulgarelli *et al.* 1996). Ce style céramique possède également des similitudes avec « l'horizon Guadone » du sud de l'Italie (Manen 2000) et peut-être même avec certaines productions du site des Arene Candide en Ligurie (Maggi (ed.) 1997; Manen 2000).

[7] La stratigraphie du site de Pendimoun, en Provence, a permis à D. Binder (1995) de proposer une chronologie relative des différents faciès du Néolithique ancien, dans laquelle le style « BFP » - qu'il nomme « Cardial géométrique » - succède au style *Impressa* notamment caractérisé par des décors d'impressions variées (coquilles, coups d'ongle, etc.) et précède le *Cardial provençal* et le *Cardial final*.

[8] Soit 1 132 restes déterminés sur un total de 5 163 ossements, comprenant : *Ovis sp.* et *Caprini* ind. : NR = 812, NMI = 25 ; *Sus scrofa* ssp. : NR = 304, NMI = 7 ; *Prolagus sardus* : NR = 1.

[9] Il s'agit de silex de formations tertiaires, qui présentent une structure litée très caractéristique. L'examen microscopique n'a pas permis de déceler le moindre fossile (silex azoïques), mais les nuances de couleur et l'aspect du cortex – fin, de quelques mm d'épaisseur, non roulé et de couleur jaunâtre – en font des silex tout à fait identifiables à l'examen macroscopique.

[10] Les 10 échantillons analysés par Tykot (1996) proviennent pour 9 d'entre eux des coulées SB (SB1 ou SB2), le dernier provenant de la coulée SC.

[11] Dans les séries expérimentales réalisées par P. Bodu, J. Pelegrin et P.J. Texier, les lames débitées par pression à l'aide d'une béquille abdominale ont toutes une largeur inférieure à 2 mm, alors que celles débitées par percussion directe ou indirecte peuvent aisément dépasser 2,5 cm (Pelegrin 1988; Gallet 1998).

[12] Dimensions : 59 mm de long, 25 mm de large, et 19 mm d'épaisseur.

[13] Le même pourcentage a été observé sur les lames en rhyolite débitées par percussion indirecte, trouvées dans les déblais des fouilles de la grotte Southwell : quatre talons dièdres sur neuf conservés. Cette collection, qui a été constituée par le Père Doazan, dans les déblais des fouilles conduites par Forsyth Major à la fin du XIXe siècle, ne présente aucune fiabilité quant à son appartenance chronologique : elle regroupe en effet des vestiges lithiques et céramiques datant à la fois de la fin du néolithique ancien, du néolithique moyen et du Chalcolithique (Costa 2004a). Notons toutefois que ce type de lame, en rhyolite, débitée par percussion indirecte, ne semble exister que dans les productions du Néolithique ancien, au regard des ensembles archéologiques actuellement connus.

Chapitre III :
Les industries du Néolithique ancien à céramiques poinçonnées
(fin VIe – début Ve millénaire)

Il est aujourd'hui établi que la céramique dite « poinçonnée » (autrefois nommée « Curasienne »)[1] succède à la céramique cardiale (Lanfranchi 1987 ; Camps 1988 ; Tanda 1999 ; Paolini-Saez 2002). Ce style céramique est notamment caractérisé par des formes globuleuses ou à col, à fond rond, décorées presque exclusivement de points circulaires disposés en lignes horizontales[2] dans la moitié supérieure des vases. La céramique poinçonnée a été identifiée principalement sur les sites corses de Curacchiaghju (Lanfranchi 1967), Araguina-Sennola (Lanfranchi et Weiss 1972), San Ciprianu (Pasquet 1979), A Petra (Weiss 1986), la grotte Southwell (Coco et Usai 1989), Torre d'Aquila (Magdeleine 1995) et Longone (Lanfranchi 1995) et sur les sites sardes de Grotta Maiore (Lo Schiavo 1979), Grotta Verde (Tanda 1980) et Filiestru (Trump 1983). Dans plusieurs sites (Araguina-Sennola, Curacchiaghju, grotte Southwell et Torre d'Aquila), les assemblages contenaient également quelques rares tessons décorés d'impressions de *Cardium*.

La position stratigraphique de ce style céramique dans les sites sardes (Tanda 1999) et dans le site de Longone (Lanfranchi 1995) montre qu'il est légèrement postérieur aux styles *Cardial géométrique* et *Cardial provençal*. Les datations obtenues à Araguina-Sennola, Longone et A Petra le placent néanmoins dans la seconde moitié du VIe millénaire (voir tabl. 7). Cela conduit F. de Lanfranchi (1987) et C. Manen (2000) à supposer qu'il s'agit d'un style contemporain de l'*Épicardial* languedocien ou du *Cardial final* provençal. La fourchette de datations habituellement retenue pour ces faciès chronologiques étant de 5200–4800 cal. BC (Manen 2000), il semble plausible de considérer que la céramique poinçonnée de Corse date également de la fin du VIe ou du début du Ve millénaire.

Si elle est aujourd'hui assez bien identifiée, grâce à la découverte de plusieurs assemblages, cette période est très mal documentée dans la mesure où tous les sites connus n'ont été fouillés que sur des surfaces très restreintes et surtout, ne représentent que des occupations saisonnières et spécialisées, liées à l'exploitation du littoral ou de la zone montagneuse de l'île. À l'exception d'A Revellata, localisé à l'extrémité d'une presqu'île, ce sont de petits abris dont l'exiguïté empêche l'établissement de groupes importants. Les sites du littoral ont livré des assemblages résultant d'une succession de brefs passages, durant lesquels la pêche et le ramassage des coquillages devaient constituer une activité relativement importante. Les sites de montagne semblent également avoir été formés par la succession de petites haltes de groupes peu importants.

Présentation des sites retenus dans l'étude

Si actuellement neuf sites ont livré des vestiges datant de cette période (fig. 25), quatre n'ont livré que très peu de vestiges, dans des couches fortement remaniées, et ont été de ce fait exclus de mon étude : Longone[3], Murtuli[4], San Ciprianu[5] et Southwell[6]. J'ai également choisi de ne pas inclure les données du site de Curacchiaghju, qui compte pourtant de nombreux éléments céramiques et lithiques caractéristiques du Néolithique ancien à céramiques poinçonnées mais qui présente d'importants problèmes de remaniements post-dépositionnels. D'une part, les deux datations obtenues sur des charbons trouvés dans cette couche sont beaucoup trop anciennes et attestent de mélanges avec le niveau mésolithique sous-jacent. D'autre part, de nombreuses pièces lithiques, en particulier des « segments de cercle », appartiennent indubitablement à des productions postérieures (Ve et IVe millénaires). Si je me suis résolu, après analyse détaillée du mobilier, à exclure cette collection de mon étude, c'est qu'il m'est impossible d'évaluer l'importance de ces mélanges avérés. Enfin, je n'ai pu avoir accès aux données du site d'A Petra, qui se trouve actuellement en cours de fouilles. Je n'ai donc conservé que trois sites : Araguina-Sennola, A Revelatta et Torre d'Aquila.

Araguina-Sennola (Bonifaccio) : L'abri, situé à environ 200 mètres du rivage actuel, a été fouillé entre 1969 et 1976 par F. de Lanfranchi et M.-C. Weiss (voir chapitre I). La couche XVII, datée du VIe millénaire a été

suffisamment longues pour permettre la fréquentation de l'abri par des rapaces.

Plusieurs remontages céramiques et osseux attestent de la présence de remaniements entre les cinq strates identifiées. L'installation de la sépulture a sans nul doute largement contribué à perturber ces différentes strates (Lanfranchi et Weiss 1977; Vigne 1988). Les vestiges archéologiques constituent donc un ensemble indivisible, datant de la fin du VIe millénaire. La céramique appartient au style poinçonné, à l'exception de trois tessons décorés d'impressions cardiales qui ne sont d'ailleurs peut-être pas contemporains du reste. La couche XVII a livré dans son ensemble 325 pièces lithiques, un peu plus de 1 000 tessons céramiques très fragmentés, près de 1 500 restes de petits poissons (daurades et rougets), des ossements de grands mammifères et de *Prolagus sardus*[7], une centaine de restes d'oiseaux et de très nombreuses coquilles marines (Lanfranchi et Weiss 1972, 1977; Vigne 1988).

Type de site : *abri*
Contexte : *littoral*
Surface fouillée : *4 m²*
Remaniements : *faibles (importants entre les sous-couches reconnues à la fouille)*
Nombre de pièces lithiques : *325* ; **étudiées** : *325*
Nombre de pièces céramiques : *~ 1 000*
Nombre de restes osseux : *22 778 (dont 1 500 restes de poissons)*
Autres vestiges : *3 foyers et de nombreux restes de coquilles marines, 1 sépulture.*

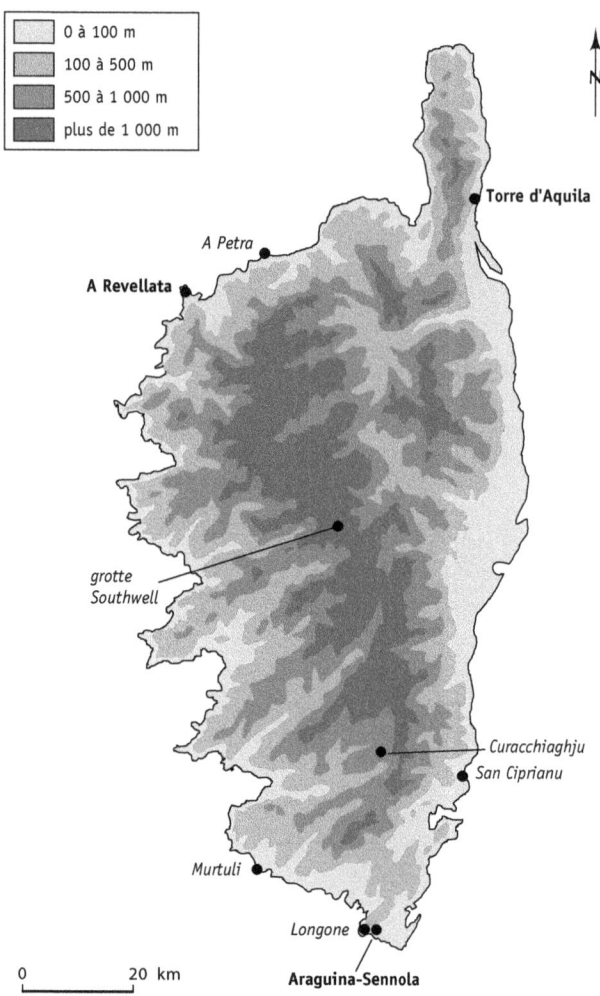

Figure 25: localisation des sites du Néolithique ancien ayant livré des céramiques poinçonnées (en italique, ceux écartés après étude).

subdivisée en cinq strates (a, b, c, d, e). Elle est encadrée par deux couches de sédiment pratiquement stériles (couches XVI et strate XVII. e), qui l'isolent des autres niveaux archéologiques. Les fouilles n'ont concerné qu'une surface de 4 m², dont une partie était occupée par les restes d'une sépulture (en XVII. c). Les vestiges mis au jour ne semblent pas liés à cette sépulture, mais résultent vraisemblablement d'activités réalisées dans l'abri par des groupes de passage. La découverte de quatre foyers de faible épaisseur pratiquement superposés (strates XVII. a, b, c et d) suggère des occupations assez brèves et répétées (Lanfranchi et Weiss 1977). L'abondance de la microfaune introduite dans l'abri sous forme de pelotes de rejection de rapaces montre également que l'occupation a été lacunaire (Vigne 1988). L'ensemble des données indique donc des occupations ponctuelles et des phases d'abandons

A Revellata (Calvi) : Situé sur une presqu'île à quelques dizaines de mètres d'une petite anse bien abritée, le site a été fouillé sur 36 m² par P. Neuville entre 1989 et 1993 (fig. 26). Il contient plusieurs structures superposées (couches II et III), composées d'une ligne de pierres formant presque un cercle et renfermant un empierrement d'éléments de petit calibre. Ces structures ont été interprétées comme les restes de huttes, faites de matières périssables, à l'instar de celles du site d'A Petra (Île Rousse). Les couches identifiées lors de la fouille ont livré un mobilier très homogène, suggérant une durée totale d'occupation relativement brève. La couche III a été datée de la fin du VIe millénaire (voir tabl. 7). La céramique mise au jour est si érodée qu'elle ne peut être rapportée à aucun style céramique connu pour la période. En revanche, l'assemblage lithique possède les caractéristiques attendues des productions du Néolithique ancien poinçonné de Corse.

En raison de la rareté du mobilier, notamment céramique (au total 325 petits tessons), de la nature des structures et de l'emplacement du site, l'auteur des fouilles suggère une utilisation saisonnière du lieu, en relation avec l'exploitation du littoral et la pêche (Neuville 1992, 1995).

Type de site : *plein air*
Contexte : *littoral*
Surface fouillée : *36 m²*
Remaniements : *faibles*
Nombre de pièces lithiques : *821* ; **étudiées** : *821*
Nombre de pièces céramiques : *325*
Nombre de restes osseux : *0*
Autres vestiges : *cercles de pierres interprétés comme des structures de calage de huttes.*

Torre d'Aquila (Pietracorbara) : Il s'agit d'un petit abri situé sur une petite colline en bordure du rivage (voir chapitre I). Surmontant la couche du Mésolithique (couche 7), la couche 6 a livré des vestiges du VIe millénaire, notamment des tessons de céramiques poinçonnées. Elle semble nettement séparée du niveau sous-jacent, à l'exception de la zone en contact avec la sépulture mésolithique. En revanche, la séparation avec le niveau sus-jacent (couche 5) semble moins nette et des mélanges sont possibles, sans pour autant atteindre des proportions importantes. À cet égard, l'analyse du mobilier lithique n'a pas révélé d'indices de mélanges, mais J. Magdeleine (1995) signale la présence dans la couche 5 de quelques tessons pouvant provenir de la couche 6. De même, une incisive lactéale de veau, découverte dans la couche 6, pourrait provenir de la couche 5, qui contenait également un reste de jeune bovin (Vigne 1995a). Quoi qu'il en soit, le mobilier trouvé dans la couche 6 est plutôt homogène. Il se compose de 72 tessons céramiques d'une dimension supérieure à 2 cm, de 401 pièces lithiques, de nombreux ossements[8] et de près de 3 000 coquilles, principalement des Patelles (Magdeleine 1995 ; Vigne 1995a).

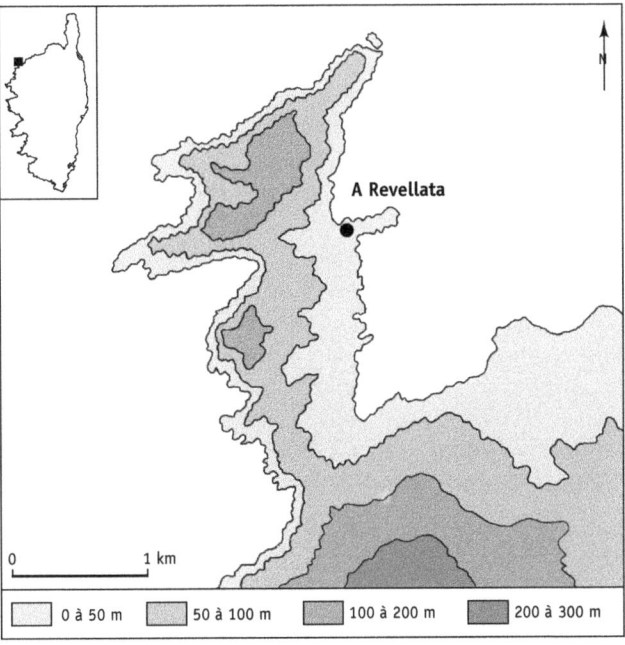

Figure 26 : localisation du site d'A Revellata (Calvi, Haute-Corse).

Type de site : *abri*
Contexte : *littoral*
Surface fouillée : *8 m²*
Remaniements : *faibles ?*
Nombre de pièces lithiques : *401* ; **étudiées** : *401*
Nombre de pièces céramiques : *72 tessons de dimension supérieure à 2 cm*
Nombre de restes osseux : *624*
Autres vestiges : *3 000 coquilles (principalement des patelles)*

Les productions lithiques

Les trois collections étudiées ne livrent pas les mêmes proportions de roches. La part des matières importées varie de 3 % pour A Revellata à 94 % pour Araguina-Sennola (tabl. 14). Les sites du littoral nord (A Revellata, Torre d'Aquila, mais aussi A Petra[9]) ne contiennent pratiquement pas de silex, alors que cette matière est majoritaire sur le littoral sud à Araguina-Sennola (53,5 % des effectifs). De même l'obsidienne est mieux représentée dans les séries du sud (Longone et Curacchiaghju compris[10]) que dans celles du nord. Ces différences sont probablement liées à la grande distance entre le nord de la Corse et la Sardaigne d'où est probablement originaire la majorité des roches utilisées à Araguina-Sennola.

Les silex de ce site sont très variés. Les types reconnus à Basi sont présents (voir chapitre II), mais ne représentent que la moitié des effectifs. Les autres pièces montrent une étonnante diversité de textures et de coloris, regroupant des silex à grains plus ou moins fins et de couleur blonde, beige, brune, grise ou noire, possédant parfois des marbrures, des zonations ou des points de couleur différente. La provenance de ces silex n'est pas déterminée, mais il est fort probable qu'ils soient en grande partie originaires de Sardaigne[11]. Toutes ces variétés ne sont représentées que par un nombre de pièces extrêmement réduit. Cette grande diversité est sans doute liée à la multiplicité des fréquentations de l'abri d'Araguina-Sennola, mais aussi à leur espacement et à la durée totale de formation de la couche archéologique, qui cumule vraisemblablement plusieurs années ou décennies. Toujours est-il que cette disparité des matériaux suggère un approvisionnement en matières premières assez diversifié. Si les proportions de roches importées laissent penser à des acquisitions régulières ou quantitativement importantes, la diversité des matériaux indique une pluralité des sources.

Au nord de la Corse, les sites de Torre d'Aquila et de A Revellata ont principalement livré des vestiges en roches indigènes (respectivement 93 % et 97 % des effectifs). Si quelques pièces en rhyolite fine (noire-violacée du Monte Cinto) ont une origine assez lointaine, la très grande majorité des matériaux exploités a été collectée aux

Vestiges lithiques		Sites	Araguina-Sennola	A Revellata	Torre d'Aquila
Quartz		Débris	1	59	49
		Éclats	13	482	236
		Lames	0	3	6
		Nucléus	2	7	12
		Supports retouchés	0	22	15
Roches grenues		Débris	0	58	1
		Éclats	1	102	8
		Nucléus	0	2	0
		Supports retouchés	0	9	5
Rhyolites fines		Débris	1	10	19
		Éclats	1	41	9
		Lames	0	0	2
		Nucléus	0	2	1
		Supports retouchés	0	0	9
Obsidienne		Débris	4	0	3
		Éclats	102	23	13
		Lames	2	0	2
		Nucléus	2	0	0
		Supports retouchés	22	1	6
Silex		Débris	4	0	0
		Éclats	145	1	4
		Lames	6	0	0
		Nucléus	1	0	0
		Supports retouchés	18	0	1
Nombre total de vestiges lithiques			325	822	401

Tableau 14 : nombre total de vestiges lithiques des sites du Néolithique ancien à céramiques poinçonnées de Corse, par groupes de matériaux et par collections.

abords des sites, sous forme de galets. À Torre d'Aquila, l'obsidienne et le silex sont originaires de Sardaigne[12].

Les sites du nord de la Corse livrent donc des proportions de roches importées plus faibles que les sites du sud. Cette différence est sans doute liée à l'éloignement des gîtes de silex et d'obsidienne pour les sites du nord. Pour pallier cette carence, les populations du nord ont eu recours à l'exploitation des rhyolites du massif du Monte Cinto, à l'instar des communautés du Néolithique cardial. L'obsidienne est nettement plus représentée dans les assemblages du Néolithique poinçonné que dans ceux du Néolithique cardial (voir chapitre II). Les silex semblent être plus rares et surtout beaucoup plus variés. Cela témoigne de modifications dans l'approvisionnement des groupes, en particulier une diversification des sources de matières premières et un certain remplacement des silex par l'obsidienne.

Nonobstant ces changements dans l'approvisionnement des groupes, les productions de cette période ne sont guère différentes de celles du Néolithique cardial (voir chapitre II). Les débitages sont majoritairement réalisés par percussion directe dure et la production laminaire est minoritaire. Au total, les trois assemblages étudiés n'ont livré que 23 lames ou fragments de lames. La rareté des produits laminaires est toutefois accentuée par la nature des sites étudiés et en particulier le fait que les productions laminaires ont vraisemblablement été réalisées dans d'autres lieux[13], comme l'indique l'absence de déchets de taille liés à ce type de débitage. Ainsi, le seul nucléus en silex, trouvé à Araguina-Sennola, présente les restes de plusieurs enlèvements laminaires indiquant la reprise d'un ancien nucléus à lames pour la production de petits éclats par percussion directe dure (fig 27). Les rares nucléus en obsidienne ne sont en fait que de gros fragments d'éclats redébités par percussion et se présentent sous forme de petits nodules sphéroïdaux, percutés de tous cotés et ne montrant pas d'agencement particulier. Les lames en silex et en rhyolite ont été débitées par percussion indirecte. Elles sont souvent trouvées entières (7/9) et mesurent entre 4 et 6 cm de long. Les sept talons observés sont lisses. Les cinq lames d'obsidienne ont été trouvées sous forme de fragments dont la longueur est inférieure à 3 cm. Ces fragments présentent une régularité nettement supérieure à celle des autres lames (nervures très parallèles, bords alignés, grande rectitude des produits) et pourraient avoir été détachés par pression.

Il convient de noter l'apparition d'une production lamellaire en quartz opalescent ou hyalin, à Torre d'Aquila et à A

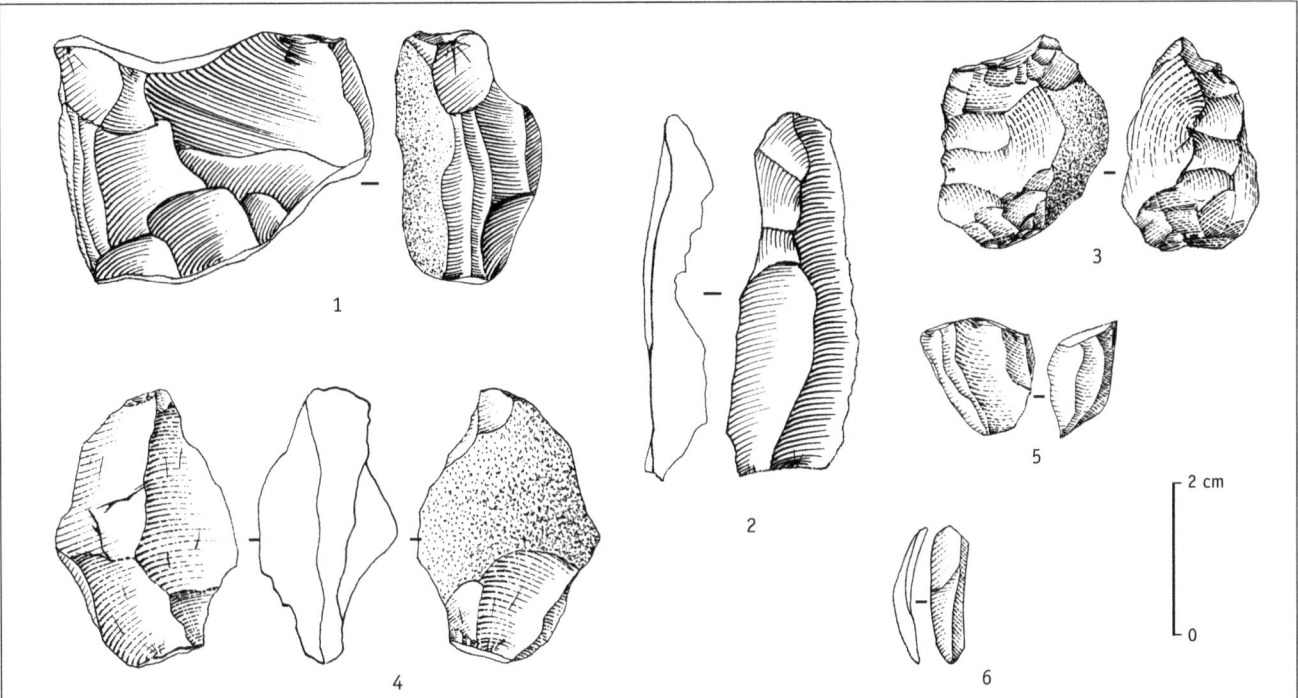

Figure 27: pièces techniques, Néolithique ancien à céramiques poinçonnées: n° 1, nucléus à lames repris, silex, Araguina-Sennola; n° 2, lame « néo-crête », silex, Araguina-Sennola; n° 3, nucléus à éclats, quartz, A Revellata, n° 4, nucléus à éclats, quartz, A Revellata, n° 5, nucléus à lamelles, quartz, Torre d'Aquila; n° 6, lamelle, quartz, Torre d'Aquila (dessin L.J. Costa / G. Devilder).

Revellata. Ces lamelles font entre 18 et 27 mm de long, 5 et 7 mm de large et 3 et 7 mm d'épaisseur. Elles sont souvent très arquées et présentent des nervures et des bords assez parallèles (fig. 27). La technique de détachement de ces produits peut être la percussion indirecte ou la pression. Une des lamelles présente sur sa face dorsale des négatifs d'enlèvements bipolaires, les autres des négatifs unipolaires. Un seul nucléus a été trouvé (A Revellata): de forme conique, il présente quelques enlèvements lamellaires unipolaires (fig. 27).

Description de l'outillage

Ces trois collections renferment un total de 108 supports retouchés, dont 37 en quartz, 14 en roches grenues, 9 en rhyolite fine, 29 en obsidienne et 19 en silex (tabl. 14).

Outils en quartz

Ces outils concernent les groupes 1 (une seule pièce), 6 et 8 (tabl. 15).

Groupe 1: pièces géométriques

Classe 1.4: géométriques à troncature(s) inverse(s)

Une petite armature trapézoïdale (A Revellata) en quartz translucide et très fin (quartz opalescent) présente une bitroncature alterne (fig. 28, n° 1).

Groupe 6: pièces à retouche latérale abrupte

Classe 6.1: petites pièces à dos

-Type 6.1.1: petits éclats à dos

17 petits éclats (8 à Torre d'Aquila, 9 à A Revellata) possèdent un bord retouché abrupt, opposé à un tranchant, qui présente fréquemment des petits esquillements (fig. 28, n° 2 à 4).

Groupe 9: pièces esquillées

Classe 9.1: pièces esquillées sur supports minces

Cinq petits éclats assez courts (1 à Torre d'Aquila, 4 à A Revellata) possèdent des bords distal et proximal fortement esquillés (fig. 28, n° 5).

-Variante 9.1.1: pièces esquillées sur supports minces allongés

Une pièce (Torre d'Aquila), représentant un éclat allongé semi cortical (galet de quartz très fin) est particulièrement allongé (fig. 28, n° 6).

Classe 9.2: pièces esquillées épaisses

Treize fragments d'épaisseur supérieure à 8 mm (5 à Torre d'Aquila, 8 à A Revellata) de forme plus ou moins cubique, présentant deux extrémités opposées fortement écrasées et esquillées ont été recensées (fig. 28, n° 7).

Supports retouchés			Sites Araguina-Sennola	A Revellata	Torre d'Aquila
Quartz	Groupe 1	Classe 1.4		1	
	Groupe 6	Classe 6.1	Type 6.1.1	9	8
	Groupe 9	Classe 9.1		4	2
		Classe 9.2		8	5

Tableau 15: présentation des types de supports retouchés en quartz du Néolithique ancien à céramiques poinçonnées de Corse.

Supports retouchés			Sites Araguina-Sennola	A Revellata	Torre d'Aquila
Roches grenues	Groupe 3	Classe 3.1		1	
	Groupe 7	Classe 7.4	Type 7.4.1	2	1
	Groupe 8	Classe 8.2		3	4
		Classe 8.3		3	

Tableau 16: présentation des types de supports retouchés en roches grenues du Néolithique ancien à céramiques poinçonnées de Corse.

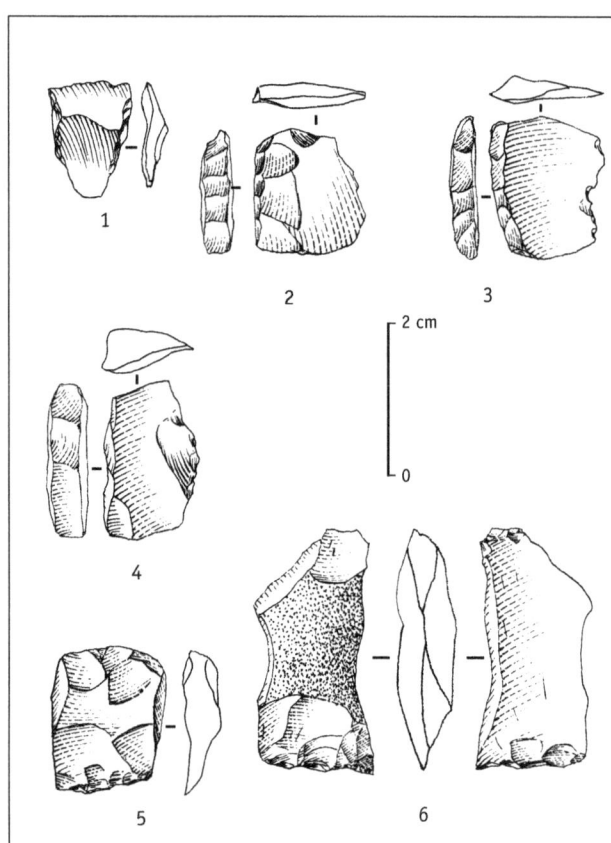

Figure 28: outils en quartz, Néolithique ancien à céramiques poinçonnées : n° 1, géométrique à troncatures inverses (classe 1.4), A Revellata ; n° 2 et 3, petits éclats à dos (type 6.1.1), A Revellata ; n° 4, petit éclat à dos (type 6.1.1), Torre d'Aquila ; n° 5, pièce esquillée sur support mince (classe 9.1), Torre d'Aquila ; n° 6, pièce esquillée sur support mince allongé (classe 9.1, variante 9.1.1), Torre d'Aquila (dessin L.J. Costa / G. Devilder).

L'outillage en roche grenue

Il regroupe 14 outils en basaltes et gabbros métamorphisés (Torre d'Aquila) et en rhyolite recristallisée (A Revellata), appartenant aux groupes 3, 7 et 8 (tabl. 16).

Groupe 3 : grattoirs

Classe 3.1 : grattoirs sur éclats épais

Un seul outil (A Revellata) peut être classé dans ce groupe. Il s'agit d'un grattoir simple, façonné par retouche directe, semi abrupte et continue, sur le bord distal d'un large éclat, épais et cortical (fig. 29, n° 1)

Groupe 7 : pièces à coche(s) et denticulés

Classe 7.4 : denticulés sur bords épais

-Type 7.4.1 : denticulé convexe semi abrupt

Trois pièces (2 à A Revellata et 1 à Torre d'Aquila) présentent un denticulé semi abrupt, aménagé par une longue série de petites coches sur un grand éclat épais (fig. 29, n° 2).

Groupe 8 : pièces à enlèvements irréguliers

Classe 8.2 : éclats minces à retouches latérales irrégulières

Sept éclats (4 à Torre d'Aquila et 3 à A Revellata) présentent une retouche discontinue, plus ou moins denticulée, sur un bord tranchant.

Classe 8.3 : éclats épais à retouches latérales irrégulières

Trois éclats de galets (A Revellata), épais, présentent quelques enlèvements semi abrupts.

Outils en rhyolite fine

Il se compose de neuf pièces, dont trois géométriques (tabl. 17).

Supports retouchés			Sites	Araguina-Sennola	A Revellata	Torre d'Aquila
Rhyolite fine	Groupe 1	Classe 1.1	Type 1.1.1			1
		Classe 1.6	Type 1.6.2			2
	Groupe 4	Classe 4.2	Type 4.2.1			1
	Groupe 7	Classe 7.5	Type 7.5.3			1
	Groupe 8	Classe 8.1				1
		Classe 8.2				3

Tableau 17 : présentation des types de supports retouchés en rhyolite fine du Néolithique ancien à céramiques poinçonnées de Corse.

Groupe 1 : pièces géométriques

Classe 1.1 : trapèzes à bitroncatures concaves

-Type 1.1.1 : trapèzes allongés à bitroncatures concaves

Une armature (Torre d'Aquila), manufacturée par retouche directe entre dans cette catégorie (fig. 30, n° 1).

Classe 1.6 : autres pièces géométriques

-Type 1.6.2 : pièces géométriques à deux bords retouchés abrupts

Deux pièces (Torre d'Aquila), manufacturées sur des éclats qui recoupent des plans de débitage laminaire, ont une morphologie tout à fait identique à celle des trapèzes isocèles de la classe 1.2, si ce n'est une localisation latérale des bords retouchés abrupts, et non distale et proximal comme c'est le cas pour les troncatures (fig. 30, n° 2 et 3).

Groupe 4 : troncatures

Classe 4.2 : lames tronquées

-Type 4.2.1 : courts fragments de lames à une troncature

Un outil (Torre d'Aquila) possède une troncature rectiligne, directe, opposée à un bord droit probablement fracturé longitudinalement. La surface supérieure du fragment de lame présente une retouche envahissante issue de ce bord droit, mais sans les contre-bulbes qui se trouvent sur la partie manquante de la pièce. L'outil pourrait correspondre à un fragment de géométrique (fig. 30, n° 4).

Groupe 7 : pièces à coche(s) et denticulés

Classe 7.5 : denticulés sur bords minces

-Type 7.5.3 : lames à retouche denticulée

Une de lame (Torre d'Aquila) présente une série de petites coches sur un bord latéral tranchant (fig. 30, n° 5).

Groupe 8 : pièces à enlèvements irréguliers

Classe 8.1 : lames à retouches latérales irrégulières

Un fragment de lame (Torre d'Aquila) a un bord latéral présentant des enlèvements désordonnés, assimilables à des traces d'utilisation (fig. 30, n° 6).

Classe 8.2 : éclats minces à retouches latérales irrégulières

Trois petits éclats à enlèvements irréguliers et discontinus entrent dans cette classe.

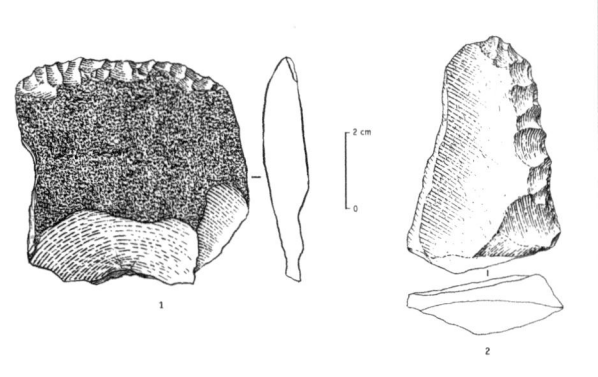

Figure 29 : outils en roches grenues (rhyolites recristallisées), Néolithique ancien à céramiques poinçonnées : n° 1, grattoir sur éclat épais (classe 3.1), A Revellata ; n° 2, denticulé convexe semi abrupt (type 7.4.1), A Revellata (dessin L.J. Costa / G. Devilder).

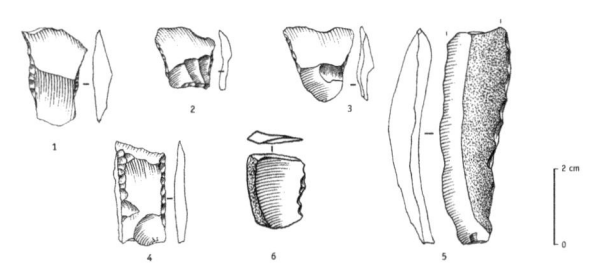

Figure 30 : outils en rhyolites fines, Néolithique ancien à céramiques poinçonnées : n° 1, trapèze allongé à bitroncature concave (type 1.1.1), Torre d'Aquila ; n° 2 et 3, pièces géométriques à deux bords retouchés abrupts (type 1.6.2) Torre d'Aquila ; n° 4, court fragment de lame à une troncature (type 4.2.1) Torre d'Aquila ; n° 5, lame à retouche denticulée (type 7.5.3) Torre d'Aquila ; n° 6, lame à retouches latérales irrégulières (classe 8.1), Torre d'Aquila (dessin L.J. Costa / G. Devilder).

Supports retouchés			Sites	Araguina-Sennola	A Revellata	Torre d'Aquila
Silex	Groupe 1	Classe 1.1	Type 1.1.2			1
		Classe 1.2	Type 1.2.1	9		
		Classe 1.4		2		
		Classe 1.6	Type 1.6.1	1		
	Groupe 4	Classe 4.2	Type 4.2.1	1		
	Groupe 7	Classe 7.4	Type 7.4.1	1		
			Type 7.4.2	1		
		Classe 7.5	Type 7.5.4	1		
	Groupe 8	Classe 8.1		1		
		Classe 8.3		1		

Tableau 18 : présentation des types de supports retouchés en silex du Néolithique ancien à céramiques poinçonnées de Corse.

Outils en silex

Un total de 19 outils en silex a été recensé (tabl. 18).

Groupe 1 : pièces géométriques

Classe 1.1 : trapèzes à bitroncatures concaves

-Type 1.1.2 : trapèzes larges à bitroncatures concaves avec une coche inverse

Une pièce de ce type très particulier, dont deux représentants ont été identifiés à Basi, a été trouvée dans la série de Torre d'Aquila. Elle est techniquement identique à celles de Basi et se caractérise par une largeur (mesurée entre les deux troncatures) supérieure à la longueur de la pièce et la présence systématique d'une petite coche inverse, destinée à accentuer la concavité des troncatures ; celles-ci ayant été réalisées par retouche directe (fig. 31, n° 1).

Classe 1.2 : trapèzes isocèles

-Type 1.2.1 : trapèzes isocèles courts

Neuf trapèzes isocèles courts ont été recensés (Araguina-Sennola), dont certains de très petite dimension, avoisinant 1 cm de long. Les troncatures sont presque toujours réalisées par une retouche directe (fig. 31, n° 2).

Classe 1.4 : géométriques à troncature(s) inverse(s)

Deux pièces (Araguina-Sennola) de forme trapézoïdale présente une bitroncature alterne.

Classe 1.6 : autres pièces géométriques

-Type 1.6.1 : pièces à bitroncature partielle

Un petit trapèze isocèle court (Araguina-Sennola) présente une troncature directe et un bord droit, partiellement retouché abrupt.

Groupe 4 : troncatures

Classe 4.2 : lames tronquées

-Type 4.2.1 : courts fragments de lames à une troncature

Une pièce a été recensée à Araguina-Sennola. Elle présente une troncature concave, par retouche directe, opposé à un

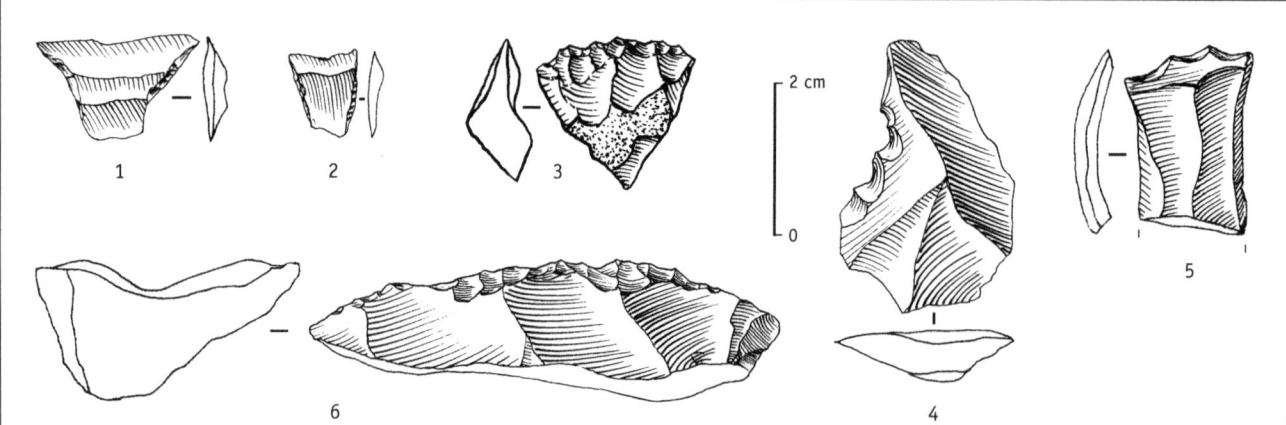

Figure 31 : outils en silex, Néolithique ancien à céramiques poinçonnées : n° 1, trapèze large à bitroncature concave avec une coche inverse (type 1.1.2), Torre d'Aquila ; n° 2, trapèze isocèle court (type 1.2.1), Araguina-Sennola ; n° 3, denticulé convexe semi abrupt (type 7.4.1), Araguina-Sennola ; n° 4, denticulé concave semi abrupt (type 7.4.2), Araguina-Sennola ; n° 5, lame à retouche denticulée distale ou proximale (type 7.5.4), Araguina-Sennola ; n° 6, éclat épais à retouches latérales irrégulières (type 8.3), Araguina-Sennola (dessin L.J. Costa / G. Devilder).

Supports retouchés			Sites	Araguina-Sennola	A Revellata	Torre d'Aquila
Obsidienne	Groupe 1	Classe 1.2	Type 1.2.1	1		
		Classe 1.5	1.5.1		1	1
		Classe 1.6	Type 1.6.2			4
	Groupe 5	Classe 5.4	Type 5.4.1			1
	Groupe 6	Classe 6.1	Type 6.1.1	3		
			Type 6.1.2	1		
	Groupe 8	Classe 8.2		10		
	Groupe 9	Classe 9.2		4		
		Classe 9.3		3		

Tableau 19 : présentation des types de supports retouchés en obsidienne du Néolithique ancien à céramiques poinçonnées de Corse.

bord cassé longitudinalement : il semble pouvoir s'agit d'un fragment de trapèze.

Groupe 7 : pièces à coche(s) et denticulés

Classe 7.4 : denticulés sur bords épais

-Type 7.4.1 : denticulé convexe semi abrupt

Une pièce (Araguina-Sennola) présente un denticulé semi abrupt, aménagé par une série de petites coches sur un éclat épais et semi cortical (fig. 31, n° 3).

-Type 7.4.2 : denticulé concave semi abrupt

Un éclat épais (Araguina-Sennola) présente un bord concave, aménagé par quatre petites coches (fig. 31, n° 4).

Classe 7.5 : denticulés sur bords minces

-Type 7.5.4 : lames à retouche denticulée, distale ou proximale

Un fragment de lame (Araguina-Sennola) présente trois coches adjacentes sur le bord distal (fig. 31, n° 5).

Groupe 8 : pièces à enlèvements irréguliers

Classe 8.1 : lames à retouches latérales irrégulières

Un fragment de large lame (Araguina-Sennola) possède un bord latéral avec une série discontinue d'enlèvements désordonnés, assimilables à des traces d'utilisation.

Classe 8.3 : éclats épais à retouches latérales irrégulières

Un fragment de nucléus (Araguina-Sennola) présente un bord longitudinal retouché semi abrupt à abrupt, par de petits enlèvements assez irréguliers et vaguement denticulés (fig. 31, n° 6).

Outils en obsidienne

Les collections regroupent 29 supports retouchés en obsidienne (tabl. 19).

Groupe 1 : pièces géométriques

Classe 1.2 : trapèzes isocèles

-Type 1.2.1 : trapèzes isocèles courts

Un petit trapèze (Araguina-Sennola), mesurant à peine plus d'1 cm de long, présentent deux Les troncatures rectilignes, réalisées par une retouche directe (fig. 32, n° 1).

Classe 1.5 : géométriques à retouches bifaciales

-Type 1.5.1 : géométriques sur éclats à retouches bifaciales

Deux armatures en forme de « U » (A Revellata et Torre d'Aquila) présentent une retouche majoritairement bifaciale (fig. 32, n° 2 et 3).

Classe 1.6 : autres pièces géométriques

-Type 1.6.2 : pièces géométriques à deux bords retouchés abrupts

Trois pièces (Torre d'Aquila) entrent dans cette catégorie. Manufacturées sur des éclats, ces pièces ont la morphologie des géométriques, si on excepte la localisation latérale des bords retouchés abrupts.

-Variante 1.6.2 : pièces géométriques à deux bords retouchés abrupts, dont un bifacial

Une seule pièce (Torre d'Aquila), de forme trapézoïdale, fabriquée sur un éclat, présente un bord rectiligne retouché abrupt, par enlèvements directs, et un bord opposé convexe retouché abrupt par enlèvements bifaciaux, légèrement envahissants sur les deux surfaces de la pièce (fig. 32, n° 4).

Groupe 5 : les pièces à retouche latérale non abrupte

Classe 5.4 : pointes

-Type 5.4.1 : lames appointées

Un fragment de lame (Torre d'Aquila) présente deux bords latéraux convergents retouchés inverses, par enlèvements rasants. L'extrémité de la pièce est cassée.

Groupe 6 : les pièces à retouche latérale abrupte

Classe 6.1 : petites pièces à dos

-Type 6.1.1 : petits éclats à dos

Trois petits éclats tranchants (Araguina-Sennola) présentent un bord abattu, opposé à un tranchant (fig. 32, n° 5 et 6).

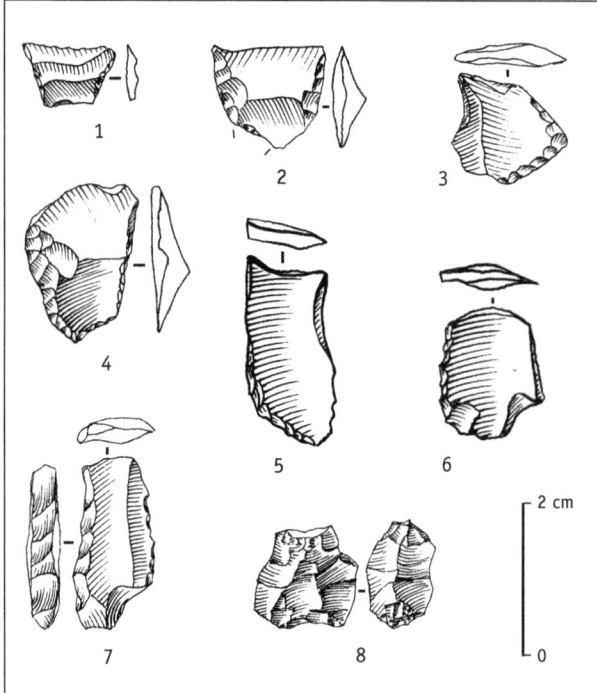

Figure 32: outils en obsidienne, Néolithique ancien à céramiques poinçonnées: n° 1, trapèze isocèle court (type 1.2.1), Araguina-Sennola; n° 2, géométrique sur éclat à retouches bifaciales (type 1.5.1), Torre d'Aquila; n° 3, géométrique sur éclat à retouches bifaciales (type 1.5.1), A Revellata; n° 4, pièce géométrique à deux bords retouchés abrupts, dont un bifacial (variante du type 1.6.2), Torre d'Aquila; n° 5 et 6, petits éclats à dos (type 6.1.1), Araguina-Sennola; n° 7, lamelle à dos (type 1.6.2), Araguina-Sennola; n° 8, pièce esquillée épaisse (classe 9.2), Araguina-Sennola (dessin L.J. Costa / G. Devilder).

-Type 6.1.2: lamelles à dos

Une petite pièce à dos (Araguina-Sennola) a été manufacturée sur un support lamellaire. À l'exception du support, elle n'est pas différente des autres outils de cette classe (fig. 32, n° 7).

Groupe 8: pièces à enlèvements irréguliers

Classe 8.2: éclats minces à retouches latérales irrégulières

Dix petits éclats (Araguina-Sennola) présentent de petits enlèvements irréguliers et discontinus sur un bord latéral tranchant, parfois même sur les deux bords latéraux.

Groupe 9: pièces esquillées

Classe 9.2: pièces esquillées épaisses

Quatre fragments d'épaisseur supérieure à 8 mm et de forme est plus ou moins cubique ont été trouvés à Araguina-Sennola (fig. 32, n° 8).

Classe 9.3: fragments de pièces esquillées ou indéterminées

Trois petits fragments (Araguina-Sennola) possèdent un bord esquillé et pourraient être des fragments de pièces esquillées.

Conclusion: des matières premières différentes pour un outillage semblable

Si la nature des assemblages connus et leur relatif manque de fiabilité ne permettent pas réellement de mesurer l'évolution technologique des industries au cours du Néolithique ancien, on observe toutefois une sensible augmentation des importations d'obsidienne vers la fin du VIe millénaire, principalement au sud de la Corse. De même, le débitage par pression, totalement inconnu au Néolithique cardial, fait peut-être son apparition à la fin du VIe millénaire avec les productions lamellaires en obsidienne et en quartz.

En ce qui concerne l'outillage, on note sa relative homogénéité sur l'ensemble de ces collections, malgré la divergence des matériaux exploités. Comme pour la période précédente, les matériaux d'origine sardes (silex et obsidienne) au sud sont remplacés par des roches indigènes au nord. Il existe toutefois quelques différences notables, en particulier l'abondance des trapèzes de classe 1.2 à Araguina-Sennola et leur totale absence dans les deux séries du nord; une dichotomie nord-sud déjà soulignée dans les collections du Néolithique cardial. De même, chacune des collections du nord a livré un géométrique à retouches bifaciales (classe 1.5) en obsidienne, similaire à ceux trouvés dans l'assemblage de Strette, alors que ces objets sont pour l'instant inconnus dans les séries du Néolithique ancien du sud de l'île.

Il est toutefois difficile d'interpréter ces quelques dissemblances, dans la mesure où ces collections ne sont pas strictement équivalentes (A Revellata est avant tout un site de pêche, sur une plage; les deux autres des abris littoraux) et que l'on ne dispose pas de séries suffisamment nombreuses et étoffées pour rendre ces dissimilitudes réellement discriminantes.

Notes

[1] En référence au site de Curacchiaghju où F. de Lanfranchi a identifié ce style céramique pour la première fois (Lanfranchi 1967).

[2] Il peut s'agir d'une seule ligne faisant le tour du vase comme à Torre d'Aquila, de deux lignes parallèles comme à Curacchiaghju, San Cziprianu, Araguina-Sennola, Murtuli, de plusieurs rangées formant un bandeau comme à A Petra et Strette ; chacun de ces cas de figure n'étant bien entendu pas exclusif comme le montre le mobilier de A Petra ou de la grotte Southwell.

[3] Surmontant la couche 4a.2, les couches 4a.1 et 3a.3 du site de Longone ont livré des assemblages contenant quelques tessons poinçonnés associés à de la céramique datant du Néolithique cardial et du Néolithique moyen (Lanfranchi 1995).

[4] Entre 1979 et 1985, A. Pasquet a réalisé plusieurs sondages et ramassages de surface dans le secteur de la Punta di Murtoli. Dans un petit abri nommé « Abri du Sanglier », les fouilles ont livré une sépulture, un squelette entier de sanglier daté du IIIe millénaire (Ly 2980 : 4020 ± 140 BP, soit 2962 - 2138 cal. BC) et des vestiges osseux, lithiques et céramiques qui proviennent vraisemblablement d'activités et de repas antérieurs au dépôt funéraire (Vigne 1988). Parmi ces vestiges se trouvaient trois tessons décorés de deux lignes poinçonnées, semblables à ceux des sites de Curacchiaghju ou d'Araguina-Sennola. À 1,5 km de l'abri, dans la plaine littorale de Murtuli, un autre sondage a livré des vestiges en quartz, une armature tranchante de forme rectangulaire en rhyolite et quelques tessons décorés d'impressions diverses, de ponctuations circulaires ou triangulaires et de quelques cordons lisses (Camps 1988).

[5] À San Cziprianu (Lecci) un petit abri sous roche, situé à moins de 200 mètres de la mer, a été découvert entièrement bouleversé par des fouilles clandestines. A. Pasquet y a réalisé une fouille de sauvetage qui a permis la mise au jour de vestiges datant de différentes périodes néolithiques, notamment quelques tessons décorés semblables à ceux de Curacchiaghju et d'Araguina-Sennola (Pasquet 1979).

[6] Située dans la partie montagneuse de l'île, au pied du massif du Monte d'Oro, cette grotte fut vidée de son contenu par Forsyth Major à la fin du XIXe siècle et les pièces archéologiques récoltées ont été dispersées. Parmi la cinquantaine de tessons entreposés au musée ethnographique de Florence se trouvent quatre tessons décorés d'impressions de *cardium* et six de lignes poinçonnées (Coco et Usai 1989). Les autres vestiges céramiques renvoient à des productions plus tardives, notamment chalcolithiques. Le musée de Sartène détient également une collection de vestiges, issue des déblais de ces fouilles du XIXe, comptant 28 fragments de lames débitées par percussion indirecte et 98 armatures tranchantes, attribuables à des productions du Néolithique ancien, ainsi que des pointes de flèche de manufacture plus tardive (Costa *et al.* 2002b).

[7] Soit 22 156 restes déterminés sur un total de 22 778 ossements, contenant : *Ovis sp.* et *Caprini* ind. : NR = 206 ; NMI = 11 ; *Sus scrofa ssp.* : NR = 94 ; NMI = 8 ; *Prolagus sardus* : NR = 21 856, NMI = 789 (Vigne 1988).

[8] Soit 115 restes déterminés pour un total de 624 ossements, comportant : *Caprini* ind. : NR = 33, NMI = 4 ; *Sus scrofa ssp.* : NR = 5, NMI = 2 ; *Bos* sp. : NR = 1 ; *Prolagus sardus* : NR = 74, NMI = 12, ainsi que 431 os indéterminés mais provenant de grands mammifères (Vigne 1995a).

[9] Sur les 140 armatures tranchantes trouvées dans le site d'A Petra, 137 sont en roches locales, 2 en obsidienne et 1 en silex (Weiss 2000).

[10] À Longone, 40 pièces lithique ont été trouvées dans la couche néolithique ancien, dont 8 obsidienne et 26 silex. La série de Curacchiaghju compte 359 pièces, dont 11 silex et 141 obsidiennes (Costa 2001).

[11] Il existe de très nombreuses variétés de silex en Sardaigne. Toutefois le recensement des gîtes n'a pas encore été établi et il ne nous a pas été possible de diagnostiquer la provenance de la plupart des silex issus des assemblages de Corse.

[12] Dix échantillons d'obsidienne de Torre d'Aquila dont la provenance a été déterminée par R.H. Tykot (1996) ont pour origine les trois coulées du monte Arci en sardaigne : SA : 5 analyses ; SB : 4 analyses ; SC : 1 analyse. Les cinq vestiges en silex présentent la même couleur et le même litage que les silex du bassin de Perfugas, au nord de la Sardaigne. Ils sont identiques aux silex exploités à Basi et, pour 50 %, à Araguina-Sennola. caractéristiques

[13] Tous ces sites spécialisés livrent en réalité des assemblages montrant une même stratégie d'approvisionnements lithiques, fondée sur l'introduction d'objets manufacturés et le débitage de roches strictement locales. Les objets importés sont ceux dont la réalisation nécessite une matière première de qualité et des compétences techniques élaborées, alors que les débitages locaux ne visent que la production d'un outillage expédient, pouvant être réalisé sur tous types de matériaux. Or ces observations sont généralisables à tous les sites d'occupations temporaires du Néolithique de la Corse, quelle que soit la période considérée (Costa 2004a). Le cas n'est bien entendu pas propre à la Corse et ce même type d'approvisionnement a été observé dans de nombreux sites spécialisés, comme la grotte Lombard (Alpes Maritimes) où la collection archéologique regroupait des productions locales sur quartz et des objets importés (produits laminaires et armatures) en silex de provenance lointaine (Binder (dir.) 1991). L'opposition entre productions expédientes sur matériaux locaux et productions techniquement investies sur roches importées est en fait une caractéristique courante dans les assemblages lithiques du Néolithique (Inizan 1986 ; Perlès 1990b, 1992 ; Binder et Perlès 1990), notamment dans les sites d'occupations temporaires.

Chapitre IV :
Les industries du Ve millénaire

En Corse, le Ve millénaire est une période très peu documentée. Seuls cinq sites ont été recensés et les données archéologiques récoltées sont dans l'ensemble très pauvres. Il s'agit des abris littoraux de La Figue (c.3), de Scaffa Piana (c. XXII, XXI et XX), et de Torre d'Aquila (c.5) et les habitats de plein air du Monte Revincu et de Presa-Tusiu (fig. 33). Les trois abris doivent être considérés comme des sites spécialisés, voués à l'exploitation des ressources marines et occupés ponctuellement par de petits groupes. Seuls les deux sites de plein air semblent correspondre à des habitats étendus et durables, pouvant abriter une population importante. Les structures rectangulaires du Monte Revincu (dalles plantées) et de Presa-Tusiu (murets de pierres sèches) suggèrent la présence d'habitats construits, probablement utilisés sur une longue période. La superficie de ces sites montre l'existence de communautés bien plus grandes que dans les abris ; et ce, même si toutes les structures découvertes ne sont pas strictement contemporaines. Toutes ces couches archéologiques ont été datées de la seconde moitié du Ve millénaire (tabl. 20).

Les céramiques trouvées dans ces assemblages ne sont guère différentes des productions méditerranéennes contemporaines, notamment proto-chasséennes. Il s'agit le plus souvent de vases carénés à fond rond, de très belle facture, présentant des parois fines, une pâte homogène et une finition très soignée. Les décors d'impressions sont rares, la surface des pots ayant été polie jusqu'à revêtir un aspect brillant. Il existe bien entendu des productions moins soignées, comme à l'abri de La Figue où des pots mal cuits, probablement réalisés *in situ*, ont été trouvés. Cette production marginale est toutefois liée à la nature même de l'occupation du site (abri littoral d'occupations temporaires) et n'est pas caractéristique d'une période chronologique particulière.

site	Couche	Identification	Nature	Datation B.P.	Datation calibrée (BC)
La Figue	3	LGQ 148	charbons	5405 ± 207	4648 - 3805
Torre d'Aquila	5	LGQ 189	charbons	5263 ± 161	4436 - 3710
	5	LGQ 190	charbons	5204 ± 178	4353 - 3653
	5	LGQ 191	charbons	5401 ± 151	4544 - 3940
Scaffa Piana	XXII	MC 2057	charbons	5360 ± 100	4442 - 3968
	XXI	MC 2054	charbons	5320 ± 100	4436 - 3945
Presa-Tusiu	4	LGQ 819	charbons	5330 ± 150	4462 - 3795
	3.b	LGQ 966	charbons	5430 ± 180	4681 - 3812
	3.a	LGQ 967	charbons	5740 ± 170	4951 - 4248
	3	LGQ 816	charbons	4910 ± 160	4033 - 3353
Monte Revincu	3 (us 102)	Ly 8395	charbons	5355 ± 55	4332 - 3999
	3 (us 78)	Ly 8396	charbons	5405 ± 55	4438 - 4081
	3 (us 502)	Ly 9095	charbons	5175 ± 45	4094 - 3823

(Calibration à 2 sigma, Stuiver et Reimer 1998)

Tableau 20 : Principales datations absolues des sites du Ve millénaire.
La datation de Foce di Termini (Ly 1324 OxA : 5980 ± 60, soit 4996-4720 cal. BC) a été exclue de ce décompte car elle est aberrante au vu du mobilier archéologique, qui suggère plutôt une occupation du site à la fin du Ve millénaire et durant le IVe millénaire (Costa 2004a).

Présentation des sites retenus dans l'étude

Notre étude se fonde sur l'analyse des collections de La Figue, Torre d'Aquila, Scaffa Piana et Monte Revincu[1], soit au total 8 557 éléments. Les vestiges de Presa-Tusiu ont été étudiés par C. Tozzi et F. de Lanfranchi. N'étant pas encore publiées, ces pièces n'ont pas été incluses dans notre analyse. Toutefois, le rapport qu'ils nous ont communiqué ne montre pas de différence significative avec les collections que nous avons étudiées.

La Figue (Sartène) est localisé au sud-ouest de la Corse, dans un chaos rocheux de la *Punta di* Murtuli, à une centaine de mètres du rivage (fig. 34). Cet abri fit l'objet d'une fouille de sauvetage menée par A. Pasquet en 1987. Il s'agit d'une petite cavité d'environ 8 m² présentant un remplissage d'environ 50 cm d'épaisseur subdivisé en trois couches distinctes. La première, attribuée à l'Âge du Bronze, présente de nombreux témoignages de bouleversements liés à l'érosion naturelle et à des perturbations anthropiques (creusements). La seconde est totalement stérile et scelle la couche 3 sur toute la surface de l'abri. La troisième a

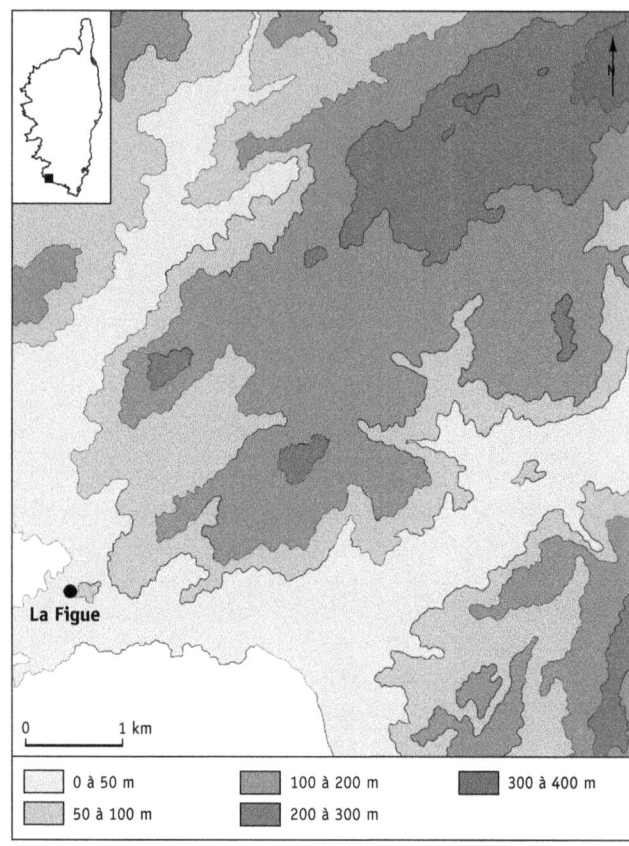

Figure 34 : localisation de l'abri de La Figue (Sartène).

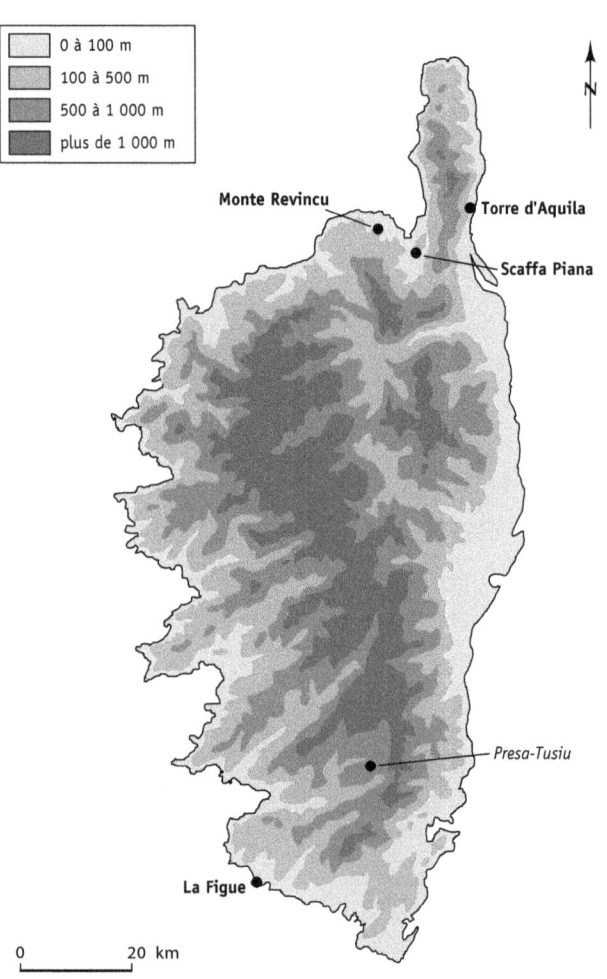

Figure 33 : localisation des sites du Ve millénaire actuellement identifiés (en italique, ceux écartés après étude).

livré de nombreux vestiges répandus autour d'un foyer : 707 pièces lithiques, 160 tessons céramiques, quatre outils en os (1 poinçon, 2 pointes sur canine de suidé et 1 hameçon), 5 214 restes d'invertébrés dont 4 346 restes de coquilles marines[2] (principalement *Patella* et *Monodonta*), 1 561 restes de vertébrés dont 689 restes de poissons, 769 ossements d'animaux domestiques[3], 100 ossements d'espèces sauvages (*Prolagus*, quelques rongeurs, 4 os de renard et 3 d'oiseau) et trois os humains (Vigne 1995b ; Serrand 1996 ; Pasquet et Tramoni 1997). D'après l'auteur des fouilles, cette couche aurait été formée lors de brèves occupations rapprochées dans le temps. Il faut toutefois noter que la présence des trois os humains témoigne de l'existence d'une ancienne sépulture, entièrement démantelée par les occupations suivantes. Si les vestiges semblent très homogènes, certains pourraient ne pas être contemporains de ces occupations, mais se rattacher à l'utilisation sépulcrale de l'abri.

Type de site : *abri sous roche*
Contexte : *littoral*
Surface fouillée : *8 m²*
Remaniements : *a priori faibles*
Nombre de pièces lithiques : *707* ; **étudiées** : *707*
Nombre de pièces céramiques : *160*
Nombre de restes osseux : *1 561 (dont 769 restes de poissons)*

Autres vestiges : *4 346 restes de coquilles marines ; 4 outils en os (dont 1 hameçon) ; 3 os humains.*

Torre d'Aquila (Pietracorbara) est un petit abri implanté sur une colline, en bordure du rivage (voir chapitre I et III). La couche 5 surmonte directement le niveau du Néolithique ancien à céramiques poinçonnées et est isolée de la sépulture de l'Âge du Bronze (couche 2) par deux niveaux stériles (couches 3 et 4). La couche 5 a été fouillée à la fin des années 1980 par J. Magdeleine sur environ 11 m². Elle contenait 160 pièces lithiques, 257 tessons céramiques, trois fragments d'os appointés, 200 restes d'invertébrés (142 de Patelles) et 583 restes de vertébrés, dont 116 déterminés[4]. Tous ces vestiges étaient répandus autours d'une zone comprenant les restes de trois foyers superposés et une petite accumulation de pierres plates (Magdeleine 1995 ; Vigne 1995a). Aucun remaniement n'a été remarqué entre cette couche et le niveau sous-jacent (c. 6), daté de la fin du VIe millénaire.

Type de site : *abri sous roche*
Contexte : *littoral*
Surface fouillée : *11 m²*
Remaniements : *faibles*
Nombre de pièces lithiques : *158* ; **étudiées** : *158*
Nombre de pièces céramiques : *257*
Nombre de restes osseux : *583 (dont 2 restes de poissons)*
Autres vestiges : *200 restes de coquilles marines ; 3 outils en os*

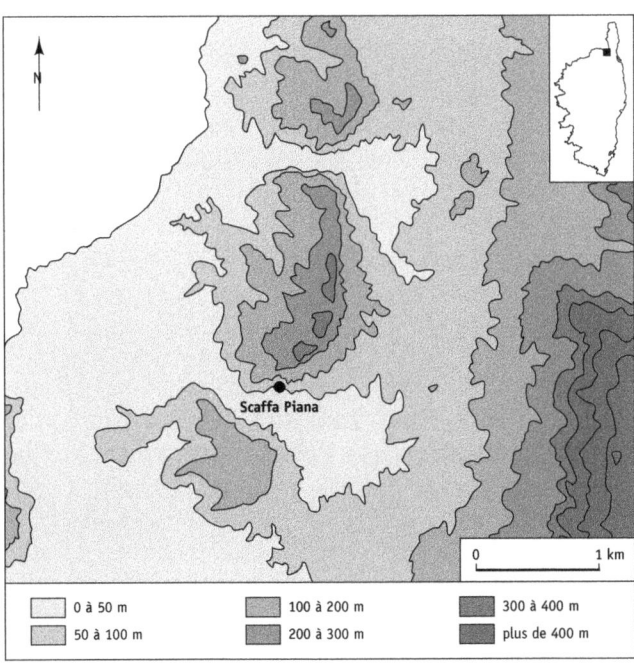

Figure 35 : localisation de l'abri de Scaffa Piana (Poggio-d'Oletta).

Scaffa Piana (Poggio-d'Oletta) est un vaste abri d'environ 1000 m² situé en bordure d'une plaine littorale à environ 1 km du rivage actuel (fig. 35). Suite à un sondage de 12 m² mené en 1976 par J. Magdeleine et J.-C. Ottaviani, différents niveaux d'occupation parfaitement conservés et scellés sous des couches calcaires formées par l'effritement des parois de l'abri ont été identifiés. Ce sondage a montré que la sédimentation des niveaux les plus anciens (couches XXII à XX) avait été très rapide, de nombreuses matières organiques ayant été conservées, comme plusieurs piquets et pieux, une cordelette en poils de chèvre et deux vanneries dont la plus grande avoisinait 280 litres. Ces trois couches sont sur un même niveau et correspondent en réalité à des « unités stratigraphiques » représentant des aménagements successifs, en relation les uns avec les autres. Les vestiges étudiés proviennent de l'ensemble de ces trois couches (Magdeleine et Ottaviani 1983). Ils comprennent 846 pièces lithiques, environ 200 petits fragments céramiques, trois fragments d'os appointés, des ossements de mammifères domestiques[5], 441 restes de *Prolagus*, un de poisson[6] et une grande quantité de coquilles marines (Vigne 1988). Ces trois couches (c. XXII, XXI et XX) ont vraisemblablement été formées lors d'occupations chronologiquement très proches et doivent être considérées comme un ensemble homogène, isolé des autres couches archéologiques par un niveau totalement stérile (c. XIX).

Type de site : *abri sous roche*
Contexte : *littoral*
Surface fouillée : *12 m²*
Remaniements : *faibles*
Nombre de pièces lithiques : *846* ; **étudiées** : *846*
Nombre de pièces céramiques : *~ 200*
Nombre de restes osseux : *2 316 (dont 1 reste de poisson)*
Autres vestiges : *plusieurs centaines de coquilles marines ; 3 outils en os ; 1 cordelette en poils ; des pieux en bois ; 2 vanneries de stockage*

Monte Revincu (Santo Pietro di Tenda) est localisé à l'entrée des *Agriates*, sur une petite crête, dans une plaine littorale située à environ 2 km du golfe de Saint Florent (fig. 36). Fouillé depuis 1996 par F. Leandri, le site a livré plus de 30 structures en pierre dont plusieurs monuments funéraires mégalithiques (deux dolmens et au moins six coffres) et 29 structures rectangulaires de grande dimension (de 20 à 50 m²) composées de dalles plantées de chants et interprétées comme les restes d'habitats (Leandri 1998 ; Leandri *et al.* sous presse). Les fouilles de ces structures ont mis au jour une unique couche archéologique, peu épaisse et assez pauvre en vestiges, s'étendant sur plus de 10 000 m² entre les affleurements rocheux. L'érosion de la crête est très importante et le remplissage sédimentologique n'excède pas 40 cm d'épaisseur.

Le lien entre les vestiges et les monuments n'a pas encore pu être établi en raison d'une très mauvaise préservation

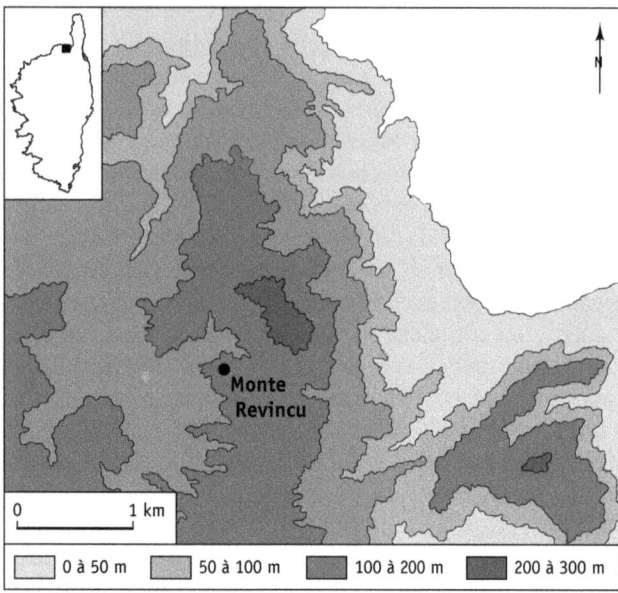

Figure 36: localisation du site du Monte Revincu.

des sédiments. Néanmoins, l'analyse du mobilier a montré une grande homogénéité des productions lithiques et céramiques (Leandri *et al.* sous presse), confirmée par la cohérence des datations obtenues sur des charbons prélevés à différents endroits du site, à l'intérieur comme à l'extérieur des structures (tabl. 20). Les vestiges lithiques représentent les restes d'activités de production (chaînes opératoires de débitage complètes) et de consommation (rejets d'outils usés et fragmentés) et sont indiscutablement assimilables à des rejets d'activités domestiques ; ce qui renforce considérablement l'hypothèse d'un habitat présent sur toute la crête, antérieur à l'implantation des sépultures (Costa 2004a).

Type de site : *habitat de plein air*
Contexte : *plaine littorale*
Surface fouillée : *100 m² (en 2004)*
Remaniements : *faibles ?*
Nombre de pièces lithiques : *~ 7 500* ; **étudiées** : *6 846*
Nombre de pièces céramiques : *~ 650 (+ nombreux débris informes très érodés)*
Nombre de restes osseux : *0*
Autres vestiges : *1 meule ; 1 molette ; 2 outils de percussion lancée en pierre polie*

Les productions lithiques

En dépit de situations géographiques très différentes, les productions de ces quatre sites sont principalement fondées sur l'exploitation du quartz filonien. Le site de Presa Tusiu a livré une image très similaire, le quartz représentant plus de 95 % des matériaux débités. Cela témoigne d'une raréfaction des importations de matières premières par rapport au VIe millénaire et la quasi disparition des importations de silex. Sur les 8 557 pièces étudiées, seules 213 sont en obsidienne et 12 pièces en silex. Parmi ces dernières, huit dans la série de La Figue rappellent indiscutablement les formations du nord de la Sardaigne, trois à Scaffa Piana ont une couleur « chocolat » et une, au Monte Revincu, est de couleur blonde translucide. Cette dernière pièce a été chauffée avant débitage[7]. Il s'agit d'une petite armature tranchante de forme triangulaire, présentant sur sa face dorsale des nervures droites et parallèles évoquant le débitage lamellaire par pression. Elle rappelle les productions chasséennes méridionales, notamment caractérisées par l'utilisation de la pression pour le débitage laminaire, l'exploitation d'un silex blond translucide des formations urgoniennes de Provence et l'emploi de la chauffe avant débitage (Binder et Gassin 1988 ; Binder 1991).

Si l'on excepte quelques rares galets de roches grenues[8], les productions ont essentiellement concerné les quartz et l'obsidienne, les silex et les rhyolites fines n'étant pratiquement plus débités.

Le débitage des quartz

La technique la plus répandue est le débitage d'éclats par percussion directe à l'aide d'un percuteur en roche dure. Cette production concerne surtout les quartz originaires des filons parcourant les environs immédiats des sites (quartz grenus à fins). Ces quartz ne se rencontrent que sous forme de petits blocs[9]. Les éclats sont débités sans agencement particulier et la plupart des nucléus retrouvés ont été rapidement abandonnés.

Les collections étudiées comptent également des nucléus débités par percussion sur enclume (nucléus dont les deux pôles de débitage sont fortement écrasés). Il s'agit principalement de petits galets de quartz fin ou opalescent.

Tous les sites ont livré des produits lamellaires en quartz fin (Monte Revincu, La Figue, Torre d'Aquila), opalescent (Torre d'Aquila) et hyalin (Scaffa Piana). Ils possèdent des nervures assez régulières, des bords alignés et une forme plutôt courbe (fig. 37, n° 1). Au Monte Revincu, la lamelle la plus longue atteint 27 mm pour 7 de large et 5 d'épaisseur. La longueur des autres pièces est comprise entre 14 et 23 mm, leur largeur entre 5 et 7 mm et leur épaisseur entre 2 et 5 mm. Les quatre nucléus à lamelles retrouvés – trois au Monte Revincu et un à La Figue – ont la forme d'un petit obus (fig 37, n° 2), sur lequel on distingue les négatifs de trois ou quatre enlèvements lamellaires débités selon une méthode unipolaire (Monte Revincu) ou bipolaire (La Figue). La morphologie de l'ensemble de ces éléments exclut la possibilité d'un débitage par percussion directe et suggère un débitage par percussion indirecte (nervures assez régulières, bords alignés, lamelles courbées). Cependant, il faut rester prudent quant au diagnostic

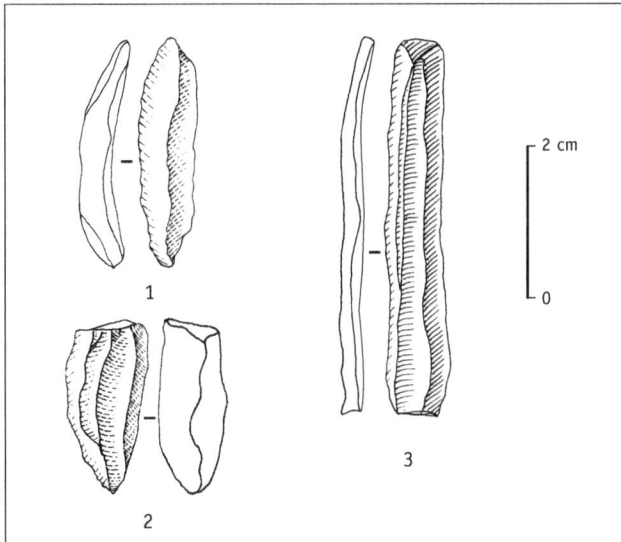

Figure 37 : pièces techniques des séries du Ve millénaire : n° 1, lamelle en quartz, Monte Revincu ; n° 2, nucléus à lamelles en quartz, Monte Revincu ; n° 3, lamelle en obsidienne, Monte Revincu
(dessin L.J. Costa / G. Devilder).

de cette technique dans la mesure où il n'existe pas de référentiel expérimental sur ce type de matériau. Aussi, une technique de pression pourrait peut-être produire des résultats similaires.

Le débitage de l'obsidienne

Les vestiges en obsidienne montrent des chaînes opératoires variées visant la production de petits éclats, d'esquilles et de lamelles. Certains petits éclats portent les stigmates d'un débitage par percussion directe dure (bulbe prononcé et fissuration circulaire au niveau du point d'impact). 37 fragments de petites lames ou de lamelles ont été recensés. Celles-ci ont été majoritairement détachées par pression, comme en témoignent leur grande rectitude et leur parfaite régularité. Un éclat, trouvé à La Figue, présente sur sa face supérieure les négatifs de trois lamelles, prouvant ainsi la reprise d'un nucléus à lamelles par percussion. Aucune de ces fouilles n'a toutefois livré d'élément indiquant la mise en forme ou l'entretien de nucléus à lamelles. L'absence d'éléments provenant du début de la chaîne opératoire du débitage laminaire dans les vestiges des trois abris littoraux n'est pas très surprenante, dans la mesure où ces occupations correspondent vraisemblablement à de brèves fréquentations. Il s'agit de sites spécialisés où les activités pratiquées sont principalement dirigées vers l'exploitation de ressources littorales et marines. Dans un cadre d'activités aussi restreint, la réalisation de débitages élaborés, nécessitant des compétences techniques élevées et une matière première allochtone aurait été assez étonnante. Selon toute vraisemblance de telles productions devaient être réalisées dans les principaux lieux d'habitat, pour des besoins particuliers. Malheureusement la collection du Monte Revincu n'offre pas une vision plus complète du débitage de l'obsidienne. Certes, les fouilles ont mis au jour une lamelle d'assez grande dimension (44 mm de long, 7 mm de large et 2 mm d'épaisseur) qui ne provient pas d'un nucléus en fin d'exploitation, mais correspond à un produit de plein débitage (fig. 37, n° 3). Mais aucun autre vestige ne peut témoigner de la réalisation d'un débitage laminaire sur le site.

Description de l'outillage

Les quatre collections réunissent 111 supports retouchés, dont 68 en quartz, 4 en roches grenues, 5 en rhyolites fines, 6 en silex et 28 en obsidienne (tabl. 21). La surreprésentation de l'industrie en quartz filonien ne favorise guère l'élaboration d'une typologie de l'outillage, car cette matière enregistre si mal les stigmates de taille que l'identification même des parties retouchées pose de sérieux problèmes. Cela se traduit par une explosion des catégories d'outils du groupe 9, au détriment des autres ; et ce malgré l'apparition d'artéfacts du groupe 2.

L'outillage en quartz

Ces outils appartiennent aux groupes 1, 6, 7 et 9 (tabl. 22).

Groupe 1 : pièces géométriques

Classe 1.5 : géométriques à retouches bifaciales

-Type 1.5.1 : géométriques sur éclats à retouches bifaciales

Une pièce (Torre d'Aquila) à retouche majoritairement bifaciale présente la forme des armatures en « U ».

Classe 1.6 : autres pièces géométriques

-Type 1.6.2 : pièces géométriques à deux bords retouchés abrupts

Deux pièces (Torre d'Aquila et Scaffa Piana) façonnées sur éclats ont une morphologie qui rappelle celle de géométriques à bitroncatures convexes, si on excepte bien entendu la localisation latérale des bords retouchés abrupts (fig. 38, n° 1).

Il convient de préciser qu'une dizaine de pièces, de morphologie assez géométrique, n'ont pas été comptabilisée dans ce groupe parce que les bords latéraux semblaient très partiellement retouchés. Elles figurent, en conséquence, dans le groupe 8.

Groupe 6 : pièces à retouche latérale abrupte

Classe 6.1 : petites pièces à dos

-Type 6.1.1 : petits éclats à dos

4 petits éclats (3 au Monte Revincu, 1 à La Figue) possèdent un bord droit avec quelques enlèvements abrupts, opposé à un tranchant brut de débitage mais qui présente fréquemment des petits esquillements. Ces pièces sont assez peu caractéristiques (fig. 38, n° 2).

Groupe 7 : pièces à coche(s) et denticulés

Classe 7.1 : pièces à coche unique sur supports épais

Cinq fragments d'éclats d'épaisseur supérieure à 8 mm (4 au Monte Revincu, 1 à La Figue), présente une large coche profonde.

Classe 7.4 : denticulés sur bords épais

-Type 7.4.1 : denticulés convexes semi abrupts

Trois pièces (2 au Monte Revincu, 1 à La Figue) présentent un denticulé semi abrupt, aménagé par une série de larges coches sur un grand éclat épais (fig. 38, n° 3).

Classe 7.5 : denticulés sur bords minces

-Type 7.5.2 : petits éclats à retouche denticulée

Deux petits éclats (Monte Revincu) présentent une série de petites coches sur un bord latéral tranchant (fig. 38, n° 4).

Groupe 9 : pièces esquillées

Classe 9.1 : pièces esquillées sur supports minces

Elles sont très nombreuses, notamment dans la série du Monte Revincu. Au total 21 pièces esquillées minces ont été comptabilisées, dont 15 au Monte Revincu, 3 à La

Vestiges lithiques		Sites	La Figue	Monte Revincu	Scaffa Piana	Torre d'Aquila
Quartz		Débris	169	2203	109	25
		Éclats	386	4342	583	82
		Lames	2	9	2	3
		Nucléus	18	199	9	4
		Supports retouchés	13	42	4	9
Roches grenues		Débris	5	2	12	1
		Éclats	22	3	38	1
		Nucléus	2	0	1	0
		Supports retouchés	3	1	0	0
Rhyolites fines		Débris	0	1	2	0
		Éclats	0	0	9	0
		Lames	0	0	0	1
		Nucléus	0	0	0	0
		Supports retouchés	0	1	2	2
Silex		Débris	2	0	0	0
		Éclats	3	0	0	0
		Lames	1	0	0	0
		Nucléus	0	0	0	0
		Supports retouchés	2	1	3	0
Obsidienne		Débris	3	5	3	3
		Éclats	56	20	39	12
		Lames	10	5	24	5
		Nucléus	0	0	0	0
		Supports retouchés	10	2	6	10
Nombre total de vestiges lithiques			**707**	**6836**	**846**	**158**

Tableau 21 : nombre total de vestiges lithiques des sites du Ve millénaire de Corse, par groupes de matériaux et par collections.

Supports retouchés		Sites	La Figue	Monte Revincu	Scaffa Piana	Torre d'Aquila
Groupe 1	Classe 1.5	Type 1.5.1				1
	Classe 1.6	Type 1.6.2			1	1
Groupe 6	Classe 6.1	Type 6.1.1	1	3		
Groupe 7	Classe 7.1		1	4		
	Classe 7.4	Type 7.4.1	1	2		
	Classe 7.5	Type 7.5.2		2		
Groupe 9	Classe 9.1		3	15	1	2
	Classe 9.2		7	16	2	5

Tableau 22 : présentation des types de supports retouchés en quartz des sites corses du Ve millénaire.

Figue, 1 à Scaffa Piana et 2 à Torre d'Aquila (fig. 38, n° 5 et 6).

Classe 9.2 : pièces esquillées épaisses

Trente fragments d'épaisseur supérieure à 8 mm (16 au Monte Revincu, 7 à La Figue, 1 à Scaffa Piana et 5 à Torre d'Aquila) fortement esquillés sur leurs deux extrémités opposées ont une forme plus ou moins cubique (fig. 38, n° 7).

-Variante 9.2.1 : pièces esquillées sur supports épais allongés

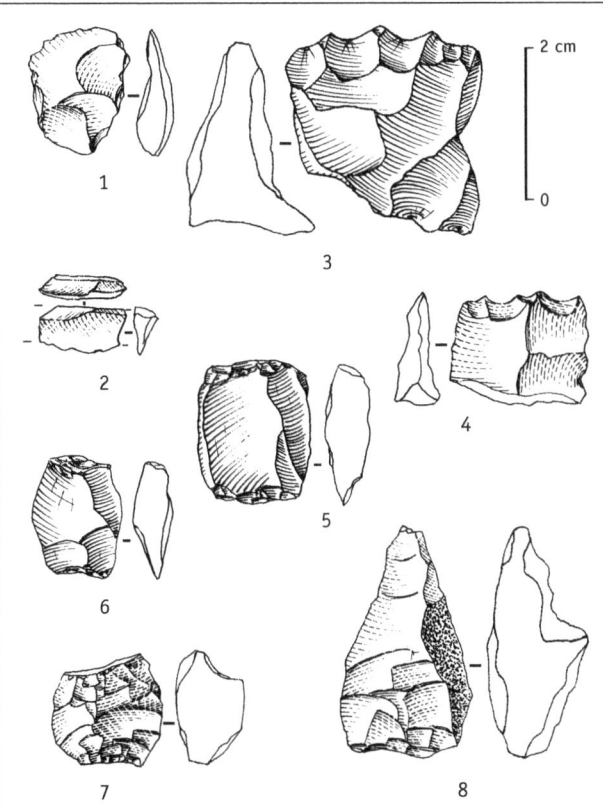

Figure 38 : outils en quartz, V^e millénaire : n° 1, pièce géométrique à deux bords retouchés abrupts (type 1.6.2), Monte Revincu ; n° 2, petit éclat à dos (6.1.1), Monte Revincu ; n° 3, denticulé convexe semi abrupt (type 7.4.1), Monte Revincu ; n° 4, petit éclat à retouche denticulée (type 7.5.2), Monte Revincu ; n° 5 et 6, pièces esquillées sur supports minces classe 9.1), Monte Revincu ; n° 7, pièce esquillée épaisse (classe 9.2), Monte Revincu ; n° 8, pièce esquillée sur support épais allongé (variante de la classe 9.2), Monte Revincu (dessin L.J. Costa / G. Devilder).

Une pièce (Scaffa Piana), manufacturée sur un éclat allongé, semi cortical (galet de quartz très fin) entre dans cette catégorie des pièces esquillées allongées et épaisses. Elle pourrait tout aussi bien correspondre à un nucléus débité par percussion sur enclume (fig. 38, n° 8).

Outils en roches grenues

Ils sont à la fois très rares et peu caractéristiques dans les séries étudiées (tabl. 23).

Groupe 7 : pièces à coche(s) et denticulés

Classe 7.4 : denticulés sur bords épais

-Type 7.4.1 : denticulés convexes semi abrupts

Un outil (Monte Revincu) présentent un denticulé semi abrupt, aménagé par une série de cinq coches sur un grand éclat épais.

Groupe 8 : pièces à enlèvements irréguliers

Classe 8.3 : éclats épais à retouches latérales irrégulières

Un éclat de galets (La Figue), épais, présentent quelques enlèvements semi abrupts.

Groupe 10 : outils sur bloc

Deux galets (La Figue) présentent quelques enlèvements discontinus sur un bord rectiligne, d'inclinaison semi abrupt.

Outils en rhyolites fines

Si ces rhyolites ont peu été exploitées dans les sites étudiés (5 supports retouchés), elles ont paradoxalement servi de supports préférentiels pour la fabrication de pointes de flèche, les plus anciennes à ce jour connues en Corse (tabl. 24).

Groupe 2 : pointes de flèche et armatures foliacées

-Classe 2.1 : pointes losangiques à crans

Façonnées par retouche bifaciale, envahissante, les trois seules pointes en rhyolite, connues pour la période (Torre d'Aquila, Scaffa Piana) possèdent deux petits ailerons à peine dégagés, perpendiculaires à l'axe morphologique de la pièce (fig. 39, n° 1). Précisons qu'une quatrième pointe de flèche, en silex, présente les mêmes caractéristiques.

Supports retouchés		Sites	La Figue	Monte Revincu	Scaffa Piana	Torre d'Aquila
Groupe 7	Classe 7.4	Type 7.4.1		1		
Groupe 8	Classe 8.3		1			
Groupe 10			2			

Tableau 23 : présentation des types de supports retouchés en roches grenues des sites corses du Ve millénaire.

Groupe 8 : pièces à enlèvements irréguliers

Classe 8.2 : éclats minces à retouches latérales irrégulières

Deux éclats (Monte Revincu et Scaffa Piana) présentent une retouche discontinue, plus ou moins denticulée, sur un bord tranchant.

Outils en silex

Ces six outils appartiennent aux groupes 1, 2 et 9 (tabl. 25)

Groupe 1 : les pièces géométriques à retouche courte ou longue

-Classe 1.3 : géométriques à troncatures rectilignes subparallèles

Un géométrique (Scaffa Piana) entre dans cette catégorie. De forme quasi rectangulaire, il présentent deux troncatures directes, rectilignes (fig. 39, n° 3).

-Type 1.6.3 : triangle à deux bords retouchés abrupts

Une pièce unique (Monte Revincu), manufacturée sur un éclat de reprise d'un nucléus laminaire, présente deux bords latéraux convergents retouchés abrupts. Cette pièce de petite dimension a été réalisée sur un silex blond chauffé avant débitage (couleur rougie caractéristique). Elle montre, sur sa face dorsale, des nervures droites et parallèles évoquant le débitage lamellaire par pression. (fig. 39, n° 4).

Groupe 2 : pointes de flèche et armatures foliacées

Classe 2.1 : pointes losangiques à crans

Une quatrième pointe de flèche a donc été identifiée dans ces séries (Scaffa Piana). Elle est en silex et présente des caractéristiques similaires aux trois autres, manufacturées en rhyolite (fig. 39, n° 2).

À noter qu'un petit fragment de moins d'1 cm de long (Scaffa Piana), avec une retouche couvrante bifaciale, pourrait être un fragment de pointe de flèche.

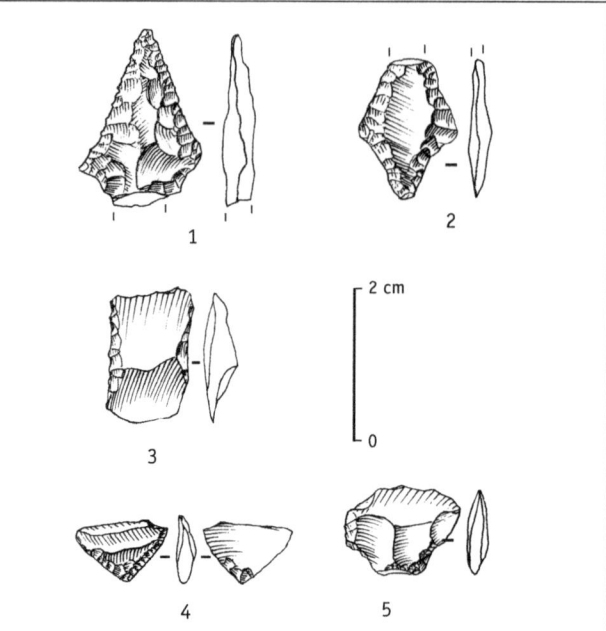

Figure 39 : outils en rhyolites fines et silex, V^e millénaire : n° 1, pointe losangique à crans (classe 2.1) en rhyolite fine, Torre d'Aquila ; n° 2, pointe losangique à crans (classe 2.1) en silex, Scaffa Piana ; n° 3, géométrique à troncatures rectilignes subparallèles (classe 1.3), silex, Scaffa Piana ; n° 4, triangle à deux bords retouchés abrupts (type 1.6.3), silex, Monte Revincu ; n° 5, pièce géométrique à deux bords retouchés abrupts (type 1.6.2), obsidienne, Torre d'Aquila (dessin L.J. Costa / G. Devilder).

Groupe 9 : pièces esquillées

Classe 9.3 : fragments de pièces esquillées ou indéterminées

Deux petits fragments d'éclats (La Figue), brûlés, présentent un bord esquillés et sont peut-être des fragments de pièces esquillées épaisses.

Supports retouchés	Sites	La Figue	Monte Revincu	Scaffa Piana	Torre d'Aquila
Groupe 2	Classe 2.1			1	2
Groupe 8	Classe 8.2		1	1	

Tableau 24 : présentation des types de supports retouchés en rhyolite fine des sites corses du Ve millénaire.

Supports retouchés		Sites	La Figue	Monte Revincu	Scaffa Piana	Torre d'Aquila
Groupe 1		Classe 1.3			1	
	Classe 1.6	Type 1.6.3		1		
Groupe 2		Classe 2.1			1	
Groupe 9		Classe 9.1	2		1	

Tableau 25 : présentation des types de supports retouchés en silex des sites corses du Ve millénaire.

Supports retouchés		Sites	La Figue	Monte Revincu	Scaffa Piana	Torre d'Aquila
Groupe 1	Classe 1.6	Type 1.6.2				1
Groupe 4	Classe 4.2	Type 4.2.1			1	
Groupe 8	Classe 8.1		2		4	2
	Classe 8.2		6	1	1	5
Groupe 9	Classe 9.2		2	1		1
	Classe 9.3					1

Tableau 26 : présentation des types de supports retouchés en obsidienne des sites corses du Ve millénaire.

L'outillage en obsidienne

24 supports retouchés en obsidienne ont donc été comptabilisés dans ces collections (tabl. 26).

Groupe 1 : pièces géométriques

Classe 1.6 : autres pièces géométriques

-Type 1.6.2 : pièces géométriques à deux bords retouchés abrupts

Un trapèze (Torre d'Aquila), manufacturé sur un petit éclat présente deux bords latéraux retouchés abrupts, de délinéation concave (fig. 39, n° 5).

Groupe 4 : troncatures

Classe 4.2 : lames tronquées

-Type 4.2.1 : courts fragments de lames à une troncature

Un petit fragment de lamelle (Scaffa Piana), d'environ 1 cm de long, présente une troncature concave, manufacturée par retouche directe, opposée à une fracture longitudinale.

Groupe 8 : pièces à enlèvements irréguliers

Classe 8.1 : lames à retouches latérales irrégulières

Huit fragments de lamelles (2 à Torre d'Aquila, 4 à Scaffa Piana, 2 à La Figue) possèdent un bord latéral avec des retouches discontinues, probablement liées à l'utilisation du tranchant.

Classe 8.2 : éclats minces à retouches latérales irrégulières

Treize petits éclats (5 à Torre d'Aquila, 1 à Scaffa Piana, 6 à La Figue, 1 au Monte Revincu) présentent de petits enlèvements irréguliers et discontinus sur un de leurs bords latéraux tranchants.

Groupe 9 : pièces esquillées

Classe 9.2 : pièces esquillées épaisses

Quatre fragments d'épaisseur supérieure à 8 mm, plus ou moins cubique, ont été trouvés, deux à La Figue, 1 au Monte Revincu et un à Torre d'Aquila.

Classe 9.3 : fragments de pièces esquillées ou indéterminées

Un petit fragment (Torre d'Aquila) possède un bord esquillé et pourrait être un fragment de pièce esquillée.

Conclusion :
beaucoup de quartz et peu d'outils

Le Ve millénaire est donc une période assez mal documentée, connue à partir de quelques sites datant de la seconde moitié du millénaire. Dans ces assemblages, le quartz est la matière la plus utilisée. Les autres roches insulaires ou allochtones (silex et obsidienne), massivement exploitées aux périodes précédentes, ne sont que faiblement représentées.

Les éclats sont débités, comme aux périodes précédentes, par percussion directe dure ou par percussion sur enclume. En revanche, on constate la généralisation de l'emploi de la pression pour le détachement des produits laminaires, une technique vraisemblablement apparue à la fin du VIe millénaire, dans les assemblages du Néolithique ancien à céramiques poinçonnées (voir chapitre III). Ces produits laminaires restent toutefois assez rares dans les séries étudiées. Consécutivement à ce déficit, les outils manufacturés sur lames sont très exceptionnels. Plusieurs types d'armatures (groupe 1, classe 1.1, 1.2) ont ainsi disparu des collections, par rapport aux périodes précédentes.

Mais ce qui demeure le plus frappant est sans aucun doute la grande différence entre le pourcentage d'outils de chacune des séries étudiées. En effet, celui-ci avoisine 1 ou 2 % à La Figue et à Scaffa Piana, mais est inférieur à 0,1 % au Monte Revincu et atteint pratiquement 13 % à Torre d'Aquila. Cette disparité semble être toutefois liée à la surreprésentation du quartz dans certaines séries et au fait que ces vestiges en quartz n'ont été que très peu retouchés (ou qu'il nous est impossible d'identifier la retouche). En effet, le taux de retouche sur de tels supports avoisine 1 %. Il s'élève à 9 % à Torre d'Aquila, mais il s'agit d'un quartz opalescent d'excellente qualité, qui diffère totalement des quartz filoniens majoritairement débités dans les autres sites. Dans ces conditions il n'est pas surprenant que la série du Monte Revincu, qui compte plus de 99 % de quartz filoniens, ne contienne en définitive que 47 supports retouchés (sur 6 836 pièces), à peine le double des autres collections où le quartz est moins présent (environ 80 % des vestiges).

Cette surreprésentation du quartz conduit à un appauvrissement qualitatif (autant que quantitatif) de l'outillage : seule douze classes sont représentées, le plus souvent par des effectifs très faibles ; ce qui ne permet guère l'établissement d'une typologie efficace. De plus, comme nous le verrons lors de la conclusion de ce travail, la disparition de certains types d'outils (notamment des armatures) n'est pas chronologiquement significative, puisqu'ils réapparaissent dans les séries du IVe millénaire.

Il convient toutefois de noter l'apparition des pointes de flèche (classe 2.1) dans ces assemblages, les plus anciennes à ce jour recensées dans les sites de Corse.

Notes

[1] Les vestiges lithiques étudiés proviennent des fouilles du secteur D (1996-97), incluant le coffre D ; des structures 5 (1996), 6 (1996), 8 (1998-99) et du coffre C (1999).

[2] Outre des coquilles marines, des restes d'échinodermes et de crustacés ont été récoltés (Serrand 1996).

[3] Il s'agit du nombre total d'ossements comprenant, outre les 769 restes de poissons, 734 ossements appartenant à de grands mammifères indéterminés, 21 os de caprinés (NMI = 3) ; 9 de *Bos taurus* (NMI = 2) et 5 de *Sus scrofa ssp.* (NMI = 1) (Vigne 1995b).

[4] Il s'agit de restes de poissons : NR = 2 ; d'oiseaux : NR = 1 ; de *Prolagus* : NR = 11, NMI = 1 ; de *Rhagamys* : NR = 2, NMI = 1 ; de caprinés : NR = 69, NMI = 4 ; de *Sus scrofa ssp* : NR = 30, NMI = 5 et de *Bos taurus* : NR = 1 (Vigne 1995a).

[5] Nombre de restes déterminés : 937 sur un total de 2 316 restes, comprenant : caprinés : NR = 256, NMI = 27 ; *Sus scrofa ssp* : NR = 192, NMI = 20 ; et *Bos taurus* : NR = 42, NMI = 6 (Vigne 1988).

[6] La rareté des restes de poissons peut être lié à l'absence de tamisages fins.

[7] Silex légèrement rougi, d'aspect très brillant.

[8] Quelques galets ont été débités par percussion directe dure pour l'obtention d'éclats, principalement à La Figue et Scaffa Piana.

[9] Les filons de quartz possèdent de nombreuses diaclases qui les morcellent en petits blocs de taille pluri-centimétrique.

Chapitre V :
Les industries du IVᵉ millénaire

Le IVᵉ millénaire demeure une période assez mal documentée, malgré la recension de très nombreux indices de sites, considérés comme datant de cette période[1]. Il faut dire que les productions lithiques de ce Néolithique « moyen ou récent » sont connues pour leur exploitation massive de l'obsidienne sarde (Bailloud 1969b ; Camps 1988 ; Costa et Cesari 2003) et qu'en conséquence, toute collection riche en obsidienne est souvent, par défaut, supposée dater de cette période. Toutefois, les sites fouillés sont peu nombreux et la majorité des collections archéologiques disponibles provient le plus souvent de sondages peu étendus, sans grande fiabilité stratigraphique.

Si l'on exclut les fouilles ayant livré que très peu de mobilier, les assemblages découverts fortement remaniés et les séries issues de ramassages de surface, il ne reste que six collections susceptibles d'illustrer la période. Cela peut paraître beaucoup, par comparaison avec les périodes précédentes, mais cela ne constitue en réalité qu'une faible partie des sites recensés. De plus, s'il s'agit de séries assez bien fournies, elles proviennent toutes de lieux qui ont été occupés pendant plusieurs siècles, de sorte qu'il n'est pas possible de subdiviser cette période en phases chronologiques et de situer les différentes collections archéologiques les unes par rapport aux autres sur un plan diachronique. Il est ainsi totalement hasardeux de tenter de les hiérarchiser, même lorsque nous possédons des datations, car celles-ci ne rendent pas compte de la durée réelle des occupations. Le IVᵉ millénaire apparaît alors comme un ensemble indivisible, sans qu'il soit possible d'attribuer les variations de composition des assemblages connus à un facteur régional ou chronologique. Des différences sont pourtant notables dans les collections céramiques des différents sites de l'île, même si les données disponibles suggèrent que toutes ces productions ont des influences communes – et même certaines affinités – avec les productions contemporaines des groupes provençaux (culture Chasséenne) ou Sardes (culture d'Ozieri).

En Corse, seul le mobilier céramique de Basi (couche 5) a fait l'objet d'une étude typologique, les autres séries n'ayant été dans le meilleur des cas que partiellement décrites, toujours dans une perspective de comparaison avec les pièces de Basi. Ainsi, le « Basien » – culture définie par G. Bailloud en 1969 à partir de la céramique de Basi – constitue la seule « culture » identifiée pour toute la période, les autres ensembles n'étant définis qu'à travers leur ressemblance ou leur dissemblance avec le mobilier de Basi. Cet assemblage contenait une céramique très soignée, de couleur noire, dotée de surfaces lustrées souvent décorées de petits cordons très minces, curvilignes ou verticaux. Les récipients les plus caractéristiques sont les écuelles à fond plat, les bols et les vases sphériques à col subcylindrique. Les formes sont généralement carénées, parfois munies d'un épaulement marqué et possèdent fréquemment un pied annulaire. Ces productions ont permis l'identification d'un ensemble chronologique particulier nommé « Basien » et situé au début du IVᵉ millénaire (Bailloud 1972). Pendant de nombreuses années, ce type de céramique n'avait été retrouvé que dans le sud-ouest de la Corse, dans la vallée du Taravo et dans le Sartenais. Depuis, d'autres sites ont livré des éléments céramiques très similaires, mais dans des contextes remaniés : Bufua III (Figari), Tozza Bianche (Porto-Vecchio) et Monte Lazzu (Tiuccia). Le site du Monte Grosso près de Bastia (Biguglia) a également livré une céramique présentant certaines similitudes (traitements de surface, formes et décors) avec celle de Basi. Cependant, cette série ne compte qu'un seul fragment de pied annulaire, la grande majorité des céramiques présentant des fonds hémisphériques. Les fouilles des sites de Carcu (Cateri), de Curacchiaghju (Lévie) et de Scaffa Piana (Poggio-d'Oletta) ont également mis au jour des ensembles archéologiques datés du IVᵉ millénaire, contenant des céramiques soignées, noires et lustrées, dotées de fonds hémisphériques et décorées d'incisions. D'autres sites non datés ont livré des céramiques assez semblables malgré quelques variantes, comme à Poghjaredda (Sotta) et à Araguina-Sennola (Bonifacio).

L'ensemble des données disponibles suggère donc que plusieurs styles céramiques, assez proches les uns des autres, se sont succédés au cours du IVᵉ millénaire. D'après les datations connues, le « Basien » semble le plus ancien (tabl. 27). Les autres styles semblent plus récents, mais il nous est impossible d'évaluer les variations régionales ou chronologiques, dans la mesure où la plupart des collections ne sont pas datées et ont été certainement

Site	Couche	Identification	Nature	Datation B.P.	Datation calibrée (BC)
Basi	5.b.1	Gif 1848	charbons	5200 ± 120	4325 - 3719
	5.b.8	Gif 1850	charbons	5200 ± 120	4325 - 3719
	5.e.6	Gif 1849	charbons	5250 ± 120	4333 - 3797
Carcu	IV.a.3	Gif 4803	charbons	4640 ± 130	3655 - 2970
Curacchiaghju	5	Gif 1970	charbons	4930 ± 140	4072 - 3367
Presa-Tusiu	2	LGQ 531	charbons	4890 ± 130	3966 - 3346
Scaffa Piana	XVIII	MC 2053	charbons	4475 ± 90	3486 - 2906

(Calibration à 2 sigma, Stuiver et Reimer : 1998)

Tableau 27 : Principales datations absolues des sites du IVe millénaire.

constituées sur une période assez longue. Même à Basi, les productions ne datent pas toutes du début du IVe millénaire. Or, malgré plusieurs tentatives de subdivision de la couche basienne, G. Bailloud (1971) avait dû finalement renoncer à distinguer une quelconque évolution des productions céramiques du IVe millénaire, en raison de l'importance des remaniements entre les sous-couches identifiées. Pourtant l'examen de cette série montre que le style « basien », tel qu'il avait été défini par G. Bailloud, ne correspond en fait qu'à une partie des vestiges de la couche 5, la couche « basienne ».

En ce qui concerne les assemblages lithiques, nous pouvons en revanche constater une certaine homogénéité des productions durant toute la période. Celles-ci sont essentiellement fondées sur l'exploitation de l'obsidienne sarde, dont la proportion atteint plus de 75 % des vestiges lithiques de chaque série. À côté d'un débitage d'éclats, on observe une belle production laminaire par pression, ce qui n'est pas sans rappeler les productions chasséennes contemporaines sur silex blonds. Les outils, assez rares, sont semblables d'un site à l'autre. Le IVe millénaire apparaît donc comme un ensemble relativement homogène, s'individualisant très nettement des autres périodes de la préhistoire de la Corse, au même titre que le Chasséen, dont il est proche, s'individualise des autres phases de la préhistoire méditerranéenne.

Présentation des sites retenus dans l'étude

J'ai donc retenu six collections archéologiques dans mon étude, quatre provenant de sites de plein air : Basi (couche 5), Cardiccia, Monte Grosso, Poghjaredda, et deux de petits abris : Araguina-Sennola et Curacchiaghju (fig. 40).

Basi (Serra di Ferro) : Le site occupe une petite butte en bordure de plaine à près de 6 km du rivage actuel (voir chapitre II). Les fouilles dirigées par G. Bailloud entre 1968 et 1971 ont mis au jour un important assemblage de vestiges datés du début du IVe millénaire (tabl. 27). La couche archéologique (c.5) atteignait à certains endroits près d'un mètre d'épaisseur. Elle avait été initialement subdivisée en cinq sous-couches (5.a, 5.b, etc.), puis de nouveau subdivisée en huit strates (5.b.1, 5.b.2, etc.), mais de nombreux indices de remaniements entre les différentes

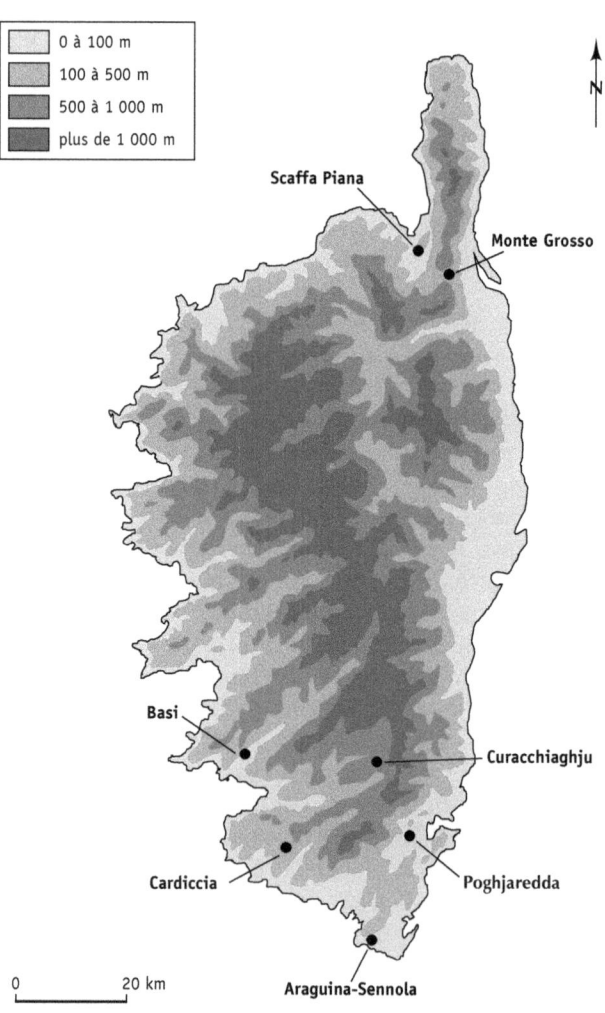

Figure 40 : localisation des sites du IVe millénaire présentés dans l'étude.

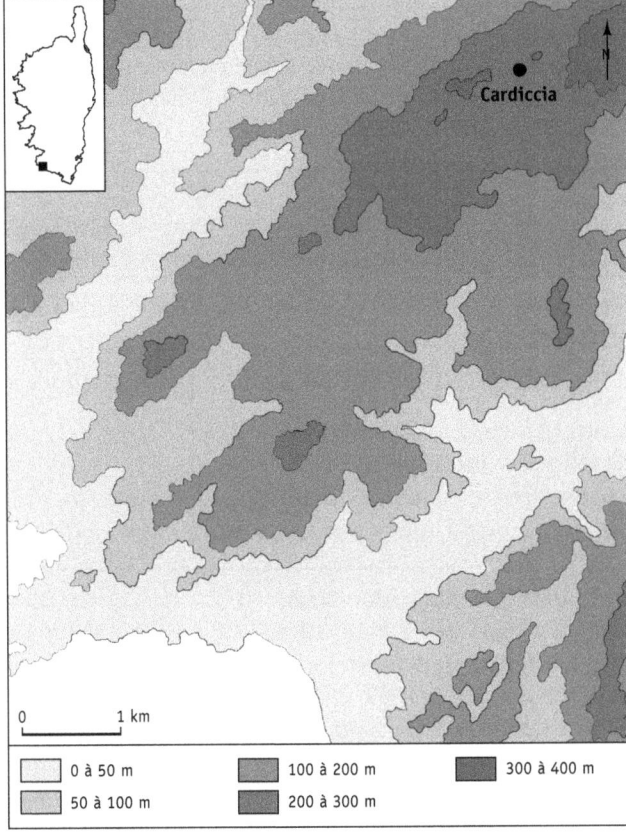

Figure 41: localisation du site de Cardiccia (Sartène, Corse-du-Sud).

sous-couches ont rendu caduque cette subdivision. En revanche, les remaniements avec les couches voisines (c.6 et c.4) semblent assez limités, sauf en c.5.a., sous-couche présentée par G. Bailloud (1971) comme résultant d'un mélange avec la couche 4. J'ai donc exclu cette sous-couche de mon analyse. Les autres sous-couches, formant un ensemble relativement homogène, ont été étudiées dans leur globalité. Elles ont livré un total de 2 888 pièces lithiques, plusieurs milliers de tessons céramiques, du matériel de meunerie, trois outils de percussion lancée en pierre polie[2] et quelques rares fragments osseux.

Type de site : *site de plein air*
Contexte : *vallée*
Surface fouillée : *15 m²*
Remaniements : *faibles ou importants*
Nombre de pièces lithiques : *2 888* ; **étudiées** : *2 888*
Nombre de pièces céramiques : *< 1 000*
Nombre de restes osseux : *très faible*
Autres vestiges : *meules, molettes, 3 outils de percussion lancée en pierre polie*

Cardiccia (Sartène) : Situé sur le plateau de Cauria, à plus de 6 km du rivage, le dolmen de Cardiccia a été fouillé par P. Nebbia et J.-C. Ottaviani en 1981 (fig. 41). Deux secteurs furent excavés : à l'intérieur de la chambre et à l'extérieur,

le long des orthostates (Nebbia et Ottaviani 1981). Une importante quantité de vestiges lithiques fut mise au jour, au niveau de la chambre (371 pièces) et à l'extérieur (419 pièces). L'étude du mobilier ne montre aucune différence entre les pièces provenant de l'intérieur ou de l'extérieur du monument, en ce qui concerne les matières premières ou les modalités de production. Il s'agit de restes de taille et d'outils abandonnés après usage, provenant d'une couche archéologique dilatée[3] et fortement bouleversée par l'implantation du dolmen. Cette couche est présente sur tout le secteur et est antérieure à la construction du mégalithe (Costa 2000). Le mobilier découvert est très homogène et possède les caractéristiques des productions du IVe millénaire.

Type de site : *site de plein air*
Contexte : *plateau*
Surface fouillée : *12 m²*
Remaniements : *faibles ?*
Nombre de pièces lithiques : *790* ; **étudiées** : *790*
Nombre de pièces céramiques : *?*
Nombre de restes osseux : *0*
Autres vestiges : *-*

Poghjaredda (Sotta) : Le site est localisé sur la partie sommitale du Monte Rotondu, une colline située à 7 km du rivage et dominant une vaste plaine entre Sotta et Porto-Vecchio (fig. 42). Les fouilles conduites par F. de Lanfranchi entre 1986 et 1987 ont été motivées par la présence d'un petit dolmen. À la suite de la découverte de plusieurs structures à proximité du monument, les fouilles ont été étendues sur une surface de 400 m² ; ce qui a permis la mise au jour de 992 pièces lithiques et près de 500 tessons céramiques. Ces vestiges provenaient d'une couche archéologique peu épaisse, présente sur toute la surface du site à une vingtaine de centimètres de la surface actuelle du sol (Lanfranchi 1985). L'analyse des vestiges lithiques a montré que le mobilier était constitué de déchets de taille, d'éléments de meunerie et d'outillages lithiques abandonnés après usage et correspondait sans nul doute aux rejets d'activités domestiques (Lanfranchi et Costa 2000 ;

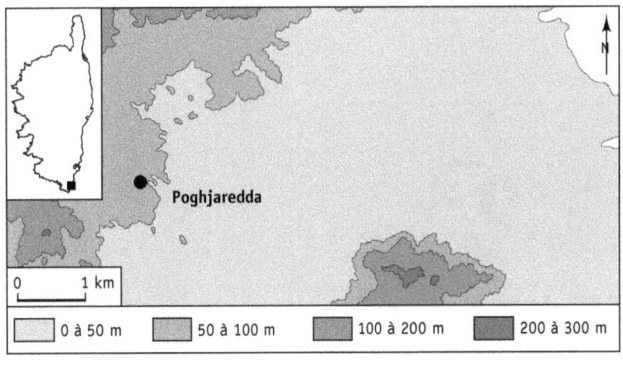

Figure 42 : localisation du site de Poghjaredda (Porto Vecchio, Corse-du-Sud).

Costa 2000). À quelques mètres du dolmen, une structure rectangulaire d'environ 30 m², délimitée par des murets en pierres sèches et contenant de nombreux fragments de meules et de molettes, fut interprétée comme les restes d'une habitation. Les vestiges céramiques et lithiques sont très homogènes et possèdent les caractéristiques des productions du IVe millénaire.

Type de site : *site de plein air*
Contexte : *plaine*
Surface fouillée : *400 m²*
Remaniements : *faibles?*
Nombre de pièces lithiques : *992* ; **étudiées** : *992*
Nombre de pièces céramiques : *~ 500*
Nombre de restes osseux : *0*
Autres vestiges : *nombreux fragments de meules, 9 molettes, 1 outil de percussion lancée en pierre polie*

Monte Grosso (Biguglia) : Fouillé entre 1968 et 1976 par J. Magdeleine, le site du Monte Grosso occupe une petite butte située en bordure de l'étang de Biguglia, à l'entrée du défilé de Lancone (fig. 43). Plusieurs sondages réalisés sur les différentes terrasses formant le site ont livré des structures d'habitat et d'importantes quantités de vestiges céramiques et lithiques comprenant du matériel de meunerie et des outils de percussion lancée en pierre polie (Magdeleine 1973 et 1979). La céramique provenant des couches III, IV et V possède les caractéristiques générales des productions du IVe millénaire et plus particulièrement de nettes similitudes avec la céramique « basienne » dans la forme de certains pots, la texture de la pâte, les traitements de surface et quelques décors (Magdeleine 1979).

J'ai étudié le matériel archéologique issu des fouilles de 1968 et 1969 (soit 1 269 pièces) et une partie de celui des fouilles de 1975 et 1976 (543 pièces). Le mobilier lithique est assez homogène et ne montre pas de différences significatives entre les couches III, IV et V. En revanche, les couches I et II contiennent également des éléments caractéristiques des industries de la fin du IIIe millénaire ou du début du IIe millénaire (Magdeleine 1979).

Type de site : *site de plein air*
Contexte : *plaine*
Surface fouillée : *80 m²*
Remaniements : *faibles (couches III à V), importants (couches I et II)*
Nombre de pièces lithiques : *~3500* ; **étudiées** : *2012 (couches II à V)*
Nombre de pièces céramiques : *~ 600*
Nombre de restes osseux : *0*
Autres vestiges : *plusieurs fragments de meules, molettes, 3 outils de percussion lancée en pierre polie*

Araguina-Sennola (Bonifacio) : Il s'agit d'un abri s'ouvrant dans une falaise calcaire, à environ 200 m du rivage actuel. Le site a été fouillé par F. de Lanfranchi et M.-C. Weiss entre 1969 et 1976 (voir chapitre I et III). Surmontant la couche XVII datant du Néolithique ancien poinçonné et la couche XVI pratiquement stérile, les couches XV et XIV ont livré des vestiges céramiques et lithiques datant du IVe millénaire. L'homogénéité du matériel m'a conduit à regrouper ces deux couches dans ma présentation. Elles ont vraisemblablement été formées par plusieurs occupations assez brèves comme en témoigne la présence de trois petites strates stériles intercalées (Lanfranchi et Weiss 1977). Lors de l'étude des vestiges fauniques, J.-D. Vigne (1988) avait remarqué l'existence de quelques remontages avec la couche XIII. Pour ma part, je n'ai pas observé de remaniements significatifs, d'autant que la couche XIII n'a livré que cinq pièces lithiques. Les vestiges fauniques sont nombreux et témoignent de l'exploitation des ressources littorales et marines (91 restes de poissons et 460 restes de coquillage, notamment des bivalves), d'une alimentation carnée principalement fondée sur l'élevage et de la persistance de la consommation de *Prolagus*[4]. En revanche, les vestiges céramiques et lithiques sont relativement rares, en regard de la surface fouillée (20 m²) et de l'épaisseur des couches (plus de 80 cm au total).

Type de site : *abri sous roche*
Contexte : *littoral*
Surface fouillée : *20 m²*
Remaniements : *faibles*
Nombre de pièces lithiques : *285* ; **étudiées** : *285*
Nombre de pièces céramiques : *~100*
Nombre de restes osseux : *4271 (dont 91 restes de poissons)*
Autres vestiges : *460 coquilles marines ; 2 outils en os présentant une extrémité appointée*

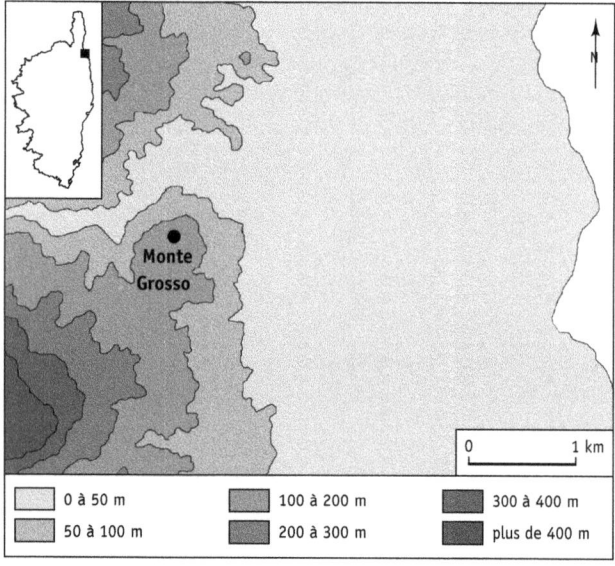

Figure 43 : localisation du site du Monte Grosso (Biguglia, Haute-Corse).

Curacchiaghju (Lévie): L'abri est situé dans une vallée intérieure à 850 m d'altitude (voir chapitre I). Comme il avait été entièrement vidé de son contenu par le propriétaire du terrain, les fouilles menées par F. de Lanfranchi entre 1967 et 1975 n'ont concerné qu'une zone d'une dizaine de m², située devant l'entrée de l'abri. Surmontant la couche du Néolithique ancien à céramiques poinçonnées, les couches 5 et 4 ont livré de nombreux vestiges céramiques caractéristiques des productions du IVe millénaire, 690 pièces lithiques et des restes fauniques très fragmentés[5]. La couche 5 est datée du IVe millénaire (tabl. 27). La couche 4 n'a pas été datée, mais le mobilier qu'elle contient est très similaire à celui de la couche 5. De plus, de nombreux remontages céramiques entre ces deux niveaux attestent de leur remaniement. J'ai donc réuni ces deux couches lors de mon étude. Enfin, certains mélanges avec les couches subjacentes (c. 6 et 3) sont également probables, sans atteindre toutefois des proportions considérables.

Type de site: *abri sous roche*
Contexte: *littoral*
Surface fouillée: *15 m²*
Remaniements: *probablement assez faibles*
Nombre de pièces lithiques: *690*; **étudiées**: *690*
Nombre de pièces céramiques: *< 500*
Nombre de restes osseux: *634*
Autres vestiges: *-*

Les productions lithiques

Une des principales caractéristiques des productions corses réside dans l'abondance de l'obsidienne, qui représente pratiquement la seule matière première exploitée. Il s'agit là d'une différence fondamentale avec les périodes précédentes, mais aussi les suivantes. Cette exploitation préférentielle d'un seul matériau, qui circule sur de longues distances, n'est pas sans rappeler les productions chasséennes contemporaines, où l'on observe un phénomène similaire avec la distribution des silex blonds dans le sud de la France. En ce qui concerne les productions, l'utilisation accrue du débitage laminaire par pression est également une caractéristique commune aux différents groupes du bassin occidental de la Méditerranée.

Le débitage de l'obsidienne[6]

La production connaît deux orientations principales, la fabrication d'éclats et celle de produits laminaires. Cependant, les effectifs d'éclats et de fragments de lames ou de lamelles varient considérablement d'un site à l'autre (voir tabl. 28). À Basi et au Monte Grosso, les quantités de fragments de lames et de lamelles sont trois fois supérieures à celles des éclats. Toutefois, les lames et les lamelles étant très fragmentées, le nombre des produits laminaires débités devaient être sensiblement équivalent à celui des éclats. En revanche, les autres sites ont fourni nettement plus d'éclats que de supports laminaires.

Toujours est-il que la variabilité des assemblages ne semble pas influencer la composition de l'outillage des sites, ni au niveau des types d'outils, indifféremment produits sur supports laminaires ou non (à l'exception des pointes de flèche souvent réalisées sur éclats), ni au niveau de la proportion des outils retouchés qui est toujours très faible (à l'exception des abris où les outils ne sont pas produits sur place).

En effet, quelle que soit la morphologie des supports débités, les outils retouchés ne représentent qu'une toute petite part des produits en obsidienne, à peine 4,5 % de l'ensemble des supports (de 3 à 7 % pour chaque site de plein air). Les éclats et les débris sont proportionnellement les supports privilégiés pour la fabrication d'outils retouchés, alors que les fragments de lames et de lamelles sont le plus souvent laissées brutes de débitage (tabl. 29).

Ainsi, les 281 supports retouchés en obsidienne se répartissent de la façon suivante: 13 débris, 141 éclats et 71 lames et lamelles, le reste étant indéterminé (fragments d'outils et supports indéterminés). Les débris retouchés représentent 16 % du total des débris recensés, les éclats retouchés environ 9 % du total des éclats débités (éclats non retouchés: NR = 1 623) et les fragments de lames et de lamelles retouchés environ 4 % du total des fragments de produits laminaires (fragments de lame(lle)s non retouchés: NR = 1 619).

Les éclats dont la longueur excède 2 cm sont assez rares et ne représentent qu'environ 13 % de l'ensemble des éclats produits. Ils constituent néanmoins le support privilégié pour la fabrication de l'outillage retouché, 57 % d'entre eux étant retouchés. En revanche, les petits éclats qui sont largement majoritaires (87 %) ne sont qu'exceptionnellement retouchés (2,3 %). De même, l'ensemble des collections n'a livré que 291 fragments de lames ou de lamelles d'une longueur supérieure à 2 cm (soit 23 % du total des supports laminaires), mais plus des deux tiers sont retouchés (43 %), alors que les petits fragments de lames ou de lamelles, qui sont les plus nombreux (77 %), ne sont que très rarement retouchés (2,3 %). Enfin, nous pouvons également remarquer que la plupart des débris de dimensions supérieures à 2 cm sont également retouchés.

Ainsi, quelles que soient les méthodes de production employées, laminaires ou non, la principale finalité du débitage réside dans la fabrication de petits supports assez fins, vraisemblablement destinés à être utilisés bruts de retouche pour la propriété tranchante de leurs bords. La plupart des lames et des lamelles ont été retrouvées fragmentées en petits éléments rectangulaires de dimensions relativement calibrées (1 à 2 cm de long), les cassures ayant été obtenues par flexion. L'abondance de ces éléments et leur relative standardisation suggèrent une

Vestiges lithiques		Araguina Sennola	Basi	Cardiccia	Curacchiaghju	Monte Grosso	Poghjaredda
Quartz	Débris	0	137	15	10	81	2
	Éclats	0	448	25	36	302	5
	Nucléus	0	9	4	0	13	0
	Supports retouchés	0	9	0	2	13	2
Roches grenues	Débris	0	10	2	6	11	4
	Éclats	0	64	27	21	47	28
	Nucléus	0	0	0	0	0	1
	Supports retouchés	0	7	0	2	6	0
Rhyolites fines	Éclats	0	2	0	0	36	0
	Supports retouchés	0	0	3	0	6	0
Silex	Débris	0	1	1	0	0	6
	Éclats	0	19	15	8	0	26
	Lames	4	1	0	4	0	0
	Nucléus	0	0	0	0	0	2
	Supports retouchés	2	3	0	0	1	1
Obsidienne	Débris	4	6	4	5	26	24
	Éclats	231	1309	638	542	675	807
	Lames	37	755	38	13	725	37
	Nucléus	0	2	1	0	3	2
	Supports retouchés	6	105	17	41	67	45
Nombre total de vestiges lithiques		**284**	**2887**	**790**	**690**	**2012**	**992**

Tableau 28 : nombre total de vestiges lithiques des six collections étudiées du IVe millénaire de Corse, par groupes de matériaux et par collections.

	Nombre total mesuré [1]	Supports retouchés		Supports bruts	
		Nombre	%	Nombre	%
éclat de longueur < 2 cm [2]	1300	31	**2,4**	1269	**97,6**
éclat de longueur > 2 cm	193	110	**57**	83	**43**
débris de longueur < 2 cm	62	0	**0**	62	**100**
débris de longueur > 2 cm	19	13	**68,5**	6	**31,5**
lame(lle) de longueur < 2 cm et de largeur < 1,1 cm	1146	14	**1,2**	1132	**98,8**
lame(lle) de longueur < 2 cm et de largeur > 1,1 cm	98	14	**14,3**	84	**85,7**
lame(lle) de longueur > 2 cm et de largeur > 1,1 cm	234	43	**18,3**	191	**81,7**
lame(lle) de longueur > 2 cm et de largeur < 1,1 cm	57	0	**0**	57	**100**

[1] Il s'agit du nombre total de pièces mesurées. Sont exclus : les éclats trop fragmentés (271 pièces) et certains fragments de lames que j'ai omis de mesurer (155 pièces au total). Ces derniers sont vraisemblablement de petites dimensions.
[2] Ces limites dimensionnelles ont été choisies *a posteriori* et rendent parfaitement compte des caractéristiques globales des collections étudiées.

Tableau 29 : Morphométrie des produits de débitage des six séries étudiées.

partie importante de l'outillage, notamment les outils tranchants.

Cette gestion des blocs d'obsidienne témoigne peut-être d'une économie maximale de la matière. Pratiquement tous les déchets sont réemployés et les nucléus débités jusqu'à la production d'esquilles, ce qui suggère une exploitation orientée vers un rendement maximal. La réduction de l'ensemble des supports produits et la forte fragmentation des lames et des lamelles pourraient être une des conséquences directes du coût élevé de l'acquisition de l'obsidienne et viser l'augmentation de la rentabilité de la production et la diminution des quantités de déchets de taille.

La production d'éclats

Les éclats d'obsidienne ont principalement été détachés par percussion directe dure et percussion sur enclume, cette dernière technique semblant prépondérante à Cardiccia, et Poghjaredda. La grande majorité des éclats mesure moins de 2 cm de longueur (tabl. 29), résulte de débitages unipolaires ou bipolaires et ne correspond pas aux produits de mise en forme des nucléus à lames. C'est derniers sont d'ailleurs très rares dans les séries étudiées : un à Basi et deux au Monte Grosso, tous trouvés hors stratigraphie (fig. 44). Enfin, il convient de noter l'existence de quelques éclats présentant sur leur face supérieure des nervures alignées témoignant ainsi de la reprise d'ancien nucléus à lames par percussion directe. Ces éclats sont toutefois fort rares (tabl. 30) et ne peuvent de ce fait témoigner d'une reprise systématique des nucléus laminaires.

La production laminaire

La très grande majorité des supports laminaires a indiscutablement été détachée par pression. Les lames et les lamelles sont plutôt étroites, fines, très rectilignes et possèdent des bords et des nervures très droits et très parallèles (fig. 44, n° 3 à 5). Il existe cependant dans plusieurs collections, des lames dont la morphologie

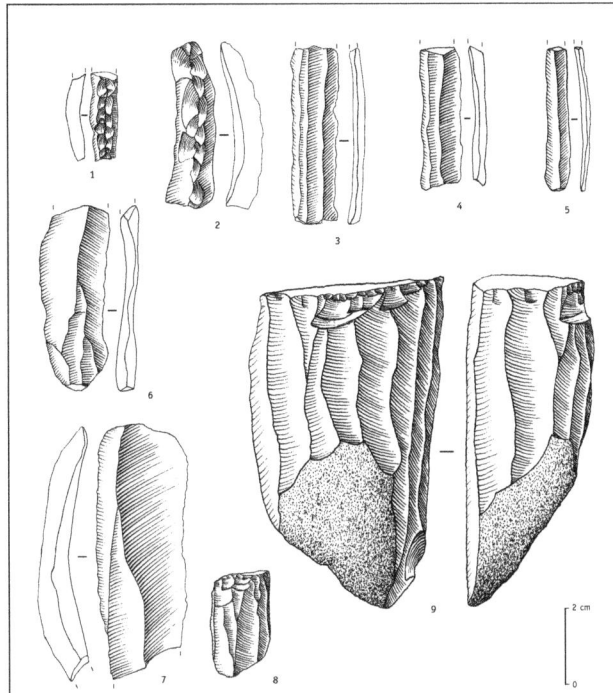

Figure 44 : pièces techniques en obsidienne : n° 1, lame « néo-crête », Poghjaredda ; n° 2, lame « néo-crête », Basi ; n° 3 à 5, lames débitées par pression, Monte Grosso ; n° 6, lame débitée par percussion indirecte, Poghjaredda ; n° 7, lame débitée par percussion, Basi ; n° 8, nucléus à lames débité par pression, n° 9, nucléus à lames débité par percussion indirecte, Basi (dessin L.J. Costa / G. Devilder).

fragmentation intentionnelle des supports laminaires. Au cours de ces productions, certains supports de dimensions plus importantes sont également débités (éclats, lames et débris). La plupart sont utilisés pour la réalisation d'outils particuliers – les outils retouchés – qui ne constituent en réalité qu'une faible proportion de l'outillage total de ces communautés. À l'inverse, nombre de petits fragments de lames ou de lamelles, ainsi que de nombreux petits éclats non retouchés, constituent sans nul doute une

sites \ pièces techniques	nucléus à lame(lle)s	tablettes de nucléus à lames	fragments de lames « néo-crête »	fragments de lames sous crête	éclat de reprise d'un nucléus à lames	nucléus à lames repris par percussion
Araguina-Sennola	0	0	0	0	0	0
Basi	1*	3	1	0	1	1
Cardiccia	0	0	0	1	0	0
Curacchiaghju	0	0	0	0	0	1
Monte Grosso	2	2	0	0	1	0
Poghjaredda	0	1	2	1	0	1

* Ce nucléus provient des déblais de la carrière.

Tableau 30 : Pièces techniques recensées dans les six séries corses du IVe millénaire.

suggère un détachement par percussion indirecte. Elles sont plutôt larges, épaisses, souvent très arquées et présentent des bords et des nervures nettement moins parallèles que les précédentes (fig. 44, n° 6 et 7). De plus, certaines ont des dimensions supérieures à la limite connue pour les débitages par pression réalisés à l'aide de béquilles, notamment une largeur nettement supérieure à 2 cm.

Ces lames robustes ont été trouvées presque entières et proviennent des séries de Basi (4 pièces), de Cardiccia (3 pièces) et de Poghjaredda (4 pièces). Il est fort probable que d'autres lames similaires aient été produites et fragmentées pour la réalisation de certains outils retouchés, comme les grandes pointes foliacées (type 2.4.2), mais dans des proportions extrêmement ténues (quelques dizaines de pièces maximum, voir tabl. 29).

Quoi qu'il en soit, ces lames montrent la coexistence de deux techniques de débitage laminaire. Se pose alors la question du lien entre ces deux techniques : s'agit-il de productions séparées ou d'une même chaîne opératoire qui compterait plusieurs séquences distinctes ?

Comme le montre le tableau 30, les pièces techniques sont extrêmement rares et la reconstitution des chaînes opératoires est impossible. Seuls quelques éléments peuvent suggérer des pistes de recherche.

Deux seuls petits fragments de lames sous-crête et trois de lames « néo-crête »[7] ont été retrouvés. Ils n'offrent pas assez d'éléments pour permettre le diagnostic de la technique utilisée pour leur détachement. Nous pouvons seulement remarquer que le fragment trouvé à Basi (fig. 44, n° 2) fait 7 mm d'épaisseur, ce qui est beaucoup pour une technique de pression[8].

Deux éclats, à Basi et au Monte Grosso, montrent la reprise de nucléus à lames par percussion directe dure pour la production d'éclats. Trois nucléus à éclats, deux débités par percussion directe (Basi et Poghjaredda) et un par percussion sur enclume (Curacchiaghju), présentent quelques nervures parallèles encore visibles entre les enlèvements d'éclats, témoignant de débitages laminaires antérieurs. Dans ces cas, le débitage d'éclats s'inscrit dans la continuité du débitage laminaire.

Seulement trois nucléus à lames dont un fragmenté ont été recensés, deux au Monte Grosso et un à Basi. Les nucléus présentent des surfaces de débitage semi-tournantes et convexes en axe. Les deux nucléus du Monte Grosso sont en fin d'exploitation, alors que celui de Basi n'en est encore qu'au début, même si un important rebroussé a considérablement entamé son potentiel de productivité (fig. 44, n° 9).

Certains fragments de lamelles, huit à Basi, dix au Monte Grosso, et deux à Poghjaredda sont nettement outrepassés et témoignent de l'entretien de la convexité des nucléus lorsqu'ils sont de dimensions assez réduites.

Plus de 60 % des fragments de lames et de lamelles présentent deux nervures sur leur face dorsale, montrant une grande régularité des nucléus et une bonne maîtrise des débitages. À cet égard, les rythmes de débitage sont variables, les vestiges montrant des séries d'enlèvements adjacents ou intercalés, même si les lames au code opératoire 212' sont majoritaires au Monte Grosso (67/111 lames) et à Basi (82/146 lames)[9].

Enfin, plus de 80 % des produits laminaires étudiés possèdent des talons lisses, les autres étant parfois ponctiformes, le plus souvent facettés (19 %). L'ensemble des produits – y compris les trois nucléus étudiés – montre que les surfaces de pression étaient soit parfaitement planes, soit aménagées par quelques grands éclats, soit facettées par de très nombreux petits enlèvements centripètes. Il est fort probable que ces différences ont une valeur chronologique comme cela est le cas dans les débitages chasséens contemporains : par exemple dans le site de l'Église Supérieure où D. Binder (1991) a observé la succession de nucléus au plan de pression facetté à des nucléus dont le plan de pression était toujours lisse. L'absence d'ensemble stratifié ne nous permet malheureusement pas de confirmer une telle évolution des modalités de débitage.

Des chaînes opératoires tronquées

Sur les sites de Cardiccia et Poghjaredda, les fragments de lames et de lamelles sont peu nombreux. Ils prouvent néanmoins l'existence de deux techniques de détachement, la percussion indirecte et la pression. La présence d'une tablette de nucléus à lames, de quelques fragments de lames sous-crête, de lames « néo-crête » et de lamelles outrepassées suggère qu'une partie du débitage laminaire a été effectuée sur place.

À Basi et au Monte Grosso, les lames et les lamelles sont très nombreuses et montrent également deux techniques de débitage, la percussion indirecte et la pression. La présence de plusieurs pièces techniques (lames sous-crête, tablettes de ravivage…) indique la réalisation *in situ* de certaines étapes du débitage laminaire. Le nucléus de Basi, trouvé hors stratigraphie, signale l'introduction dans le site d'au moins un nucléus de grandes dimensions et suggère donc que certaines phases de plein débitage aurait pu être réalisées sur place. Ce nucléus a été mis en forme par percussion indirecte (fig. 44, n° 9). Son existence pourrait laisser suggérer que les deux techniques se succèdent au sein des mêmes chaînes opératoires (mise en forme par percussion indirecte puis plein débitage par pression), mais il est à ce jour unique. D'une manière générale, les indices sont trop rares pour que l'on puisse généraliser le processus à toutes les séries de l'île et systématiquement supposer une succession percussion indirecte – pression dans les débitages laminaires de la période, même si une telle succession semble fort logique compte tenu des éléments dont on dispose, en particulier la rareté des lames débitées par percussion indirecte. À cet égard, il convient de rappeler qu'un fragment de lame à crête de 6 mm d'épaisseur peut laisser supposer l'emploi de la percussion

Supports retouchés		Sites	Araguina Sennola	Basi	Cardiccia	Curacchiaghju	Monte Grosso	Poghjaredda
Groupe 7	Classe 7.1			2			2	
	Classe 7.5	Type 7.5.2					1	
Groupe 8	Classe 8.2			3		2	2	1
Groupe 9	Classe 9.1			2			2	
	Classe 9.2			2			4	1
	Classe 9.3						2	

Tableau 31 : présentation des types de supports retouchés en quartz des sites corses du IVe millénaire.

indirecte pour son détachement. Il semble donc que les deux techniques aient coexisté sur ce même site.

Quoi qu'il en soit deux scénarios restent possibles pour l'ensemble des sites. Premièrement le débitage de lames par percussion indirecte précède celui par pression, dans la même chaîne opératoire. Deuxièmement les différentes techniques correspondent à différentes chaînes opératoires. Bien entendu, compte tenu de la durée de formation des assemblages étudiés, ces deux scénarios ne sont pas exclusifs.

À Basi et au Monte Grosso, la production d'éclats n'est pas quantitativement supérieure à celle des lames. Comme plusieurs vestiges l'attestent, une partie du débitage d'éclats succède au débitage laminaire, dans les mêmes chaînes opératoires. Sur les trois autres sites, les quantités d'éclats sont largement supérieures à celles des produits laminaires. Aussi, l'hypothèse d'un débitage d'éclats s'inscrivant dans la continuité du débitage laminaire ne peut concerner qu'une petite partie des vestiges produits ; d'autant que les éléments attestant de la reprise de nucléus laminaires sont très rares.

Dans tous les cas, les collections étudiées témoignent de l'introduction de nucléus à lames déjà préformés, voire en cours de débitage, d'une production laminaire *in situ*, puis d'un départ de la plupart des nucléus avant leur exhaustion (Costa 2006).

Description de l'outillage

L'outillage de la période est bien entendu majoritairement manufacturé sur obsidienne. Les collections étudiées ont tout de même livré 26 supports retouchés en quartz, 17 en roches grenues, 9 en rhyolites fines, 7 en silex et 281 en obsidienne (tabl. 28).

Outils en quartz

26 outils en quartz ont été comptabilisés, appartenant aux groupes 7 à 9 (tabl. 31).

Groupe 7 : pièces à coche(s) et denticulés

Classe 7.1 : pièces à coche unique sur support épais

Quatre débris de quartz (2 au Monte Grosso, 2 à Basi) présentent une coche unique, profonde, d'environ 1 cm de large.

Classe 7.5 : denticulés sur supports minces

-Type 7.5.2 : petits éclats à retouche denticulée

Un petit éclat de quartz (Monte Grosso) présente trois petites coches adjacentes sur un bord latéral tranchant (fig. 45).

Groupe 8 : pièces à enlèvements irréguliers

Classe 8.2 : éclats minces à retouches latérales irrégulières

Huit éclats (3 à Basi, 1 à Poghjaredda, 2 à Curacchiaghju, 2 au Monte Grosso) présentent une retouche discontinue, plus ou moins denticulée, sur un bord tranchant.

Groupe 9 : pièces esquillées

Classe 9.1 : pièces esquillées sur supports minces

Quatre petits éclats assez courts (2 à Basi, 2 au Monte Grosso) possèdent des bords distal et proximal fortement esquillés.

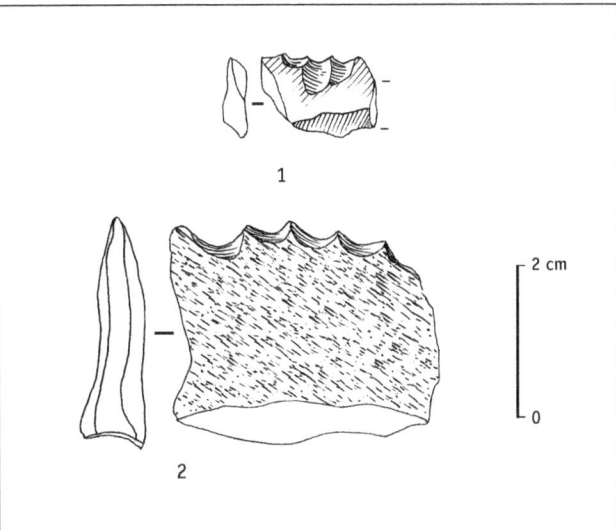

Figure 45 : denticulés en quartz et en roche grenue (groupe 7) : n° 1, petit éclat à retouche denticulée (type 7.5.2), quartz, Monte Grosso ; n° 2, denticulé sur bord mince (type 7.5.1), roche grenue, Basi (dessin L.J. Costa / G. Devilder).

Supports retouchés / Sites		Araguina Sennola	Basi	Cardiccia	Curacchiaghju	Monte Grosso	Poghjaredda
Groupe 7	Classe 7.1		2			2	
	Classe 7.4 / Type 7.4.1		1				
	Classe 7.5 / Type 7.5.1		1				
Groupe 8	Classe 8.2		3		2	6	

Tableau 32: présentation des types de supports retouchés en roches grenues des sites corses du IVe millénaire.

Classe 9.2 : pièces esquillées épaisses

Sept fragments épais (4 au Monte Grosso, 2 à Basi, 1 à Poghjaredda) de forme plus ou moins cubique, présentent deux extrémités opposées fortement esquillées.

Classe 9.3 : fragments de pièces esquillées ou indéterminées

Deux petits fragments (Monte Grosso) possèdent un bord esquillé et pourraient être des fragments de pièces esquillées.

L'outillage en roche grenue

Il s'agit pour l'essentiel de roches volcaniques recristallisées, ramassées sous forme de galets (tabl. 32).

Groupe 7 : pièces à coche(s) et denticulés

Classe 7.1 : pièces à coche unique sur support épais

Quatre fragments d'éclat (2 au Monte Grosso, 2 à Basi) présentent une coche unique, profonde, d'environ 1 cm de large.

Classe 7.4 : denticulés sur éclats épais

-Type 7.4.1 : denticulé convexe semi abrupt

Un gros débris de galet (Basi) présente trois coches adjacentes, profondes et larges.

Classe 7.5 : denticulés sur supports minces

Un grand éclat (Basi) possède quatre larges coches le long d'un bord tranchant (fig. 45, n° 2).

Groupe 8 : pièces à enlèvements irréguliers

Classe 8.2 : éclats minces à retouches latérales irrégulières

Onze éclats (3 à Basi, 2 à Curacchiaghju, 6 au Monte Grosso) présentent quelques enlèvements, parfois bifaciaux, sur un bord tranchant.

Outils en rhyolite fine

Ces outils appartiennent aux groupes 1, 2 et 8 (tabl. 33).

Groupe 1 : les pièces géométriques à retouche courte

Classe 1.6 : autres pièces géométriques

-Type 1.6.2 : pièces géométriques à deux bords retouchés abrupts

Un trapèze (Monte Grosso), manufacturé sur un petit éclat présente deux bords latéraux retouchés abrupts, l'un de délinéation concave avec des enlèvements directs, l'autre rectiligne avec une retouche inverse (fig. 46, n° 1).

Groupe 2 : pointes de flèche et armatures foliacées

-Classe 2.1 : pointes losangiques à crans

Deux pointes de flèches (Monte Grosso) présentent une belle retouche bifaciale, couvrante. Elles sont fracturées en parties distale et proximale, ce qui rend leur classement délicat. La partie restante de chacune d'elle semble indiquer qu'elles possédaient à l'origine deux petits ailerons, perpendiculaires à l'axe morphologique de la pièce.

Supports retouchés / Sites		Araguina Sennola	Basi	Cardiccia	Curacchiaghju	Monte Grosso	Poghjaredda
Groupe 1	Classe 1.6 / Type 1.6.2					1	
Groupe 2	Classe 2.1					2	
	Classe 2.4 / Type 2.4.1				2		
Groupe 8	Classe 8.2				1	3	

Tableau 33: présentation des types de supports retouchés en rhyolite fine des sites corses du IVe millénaire.

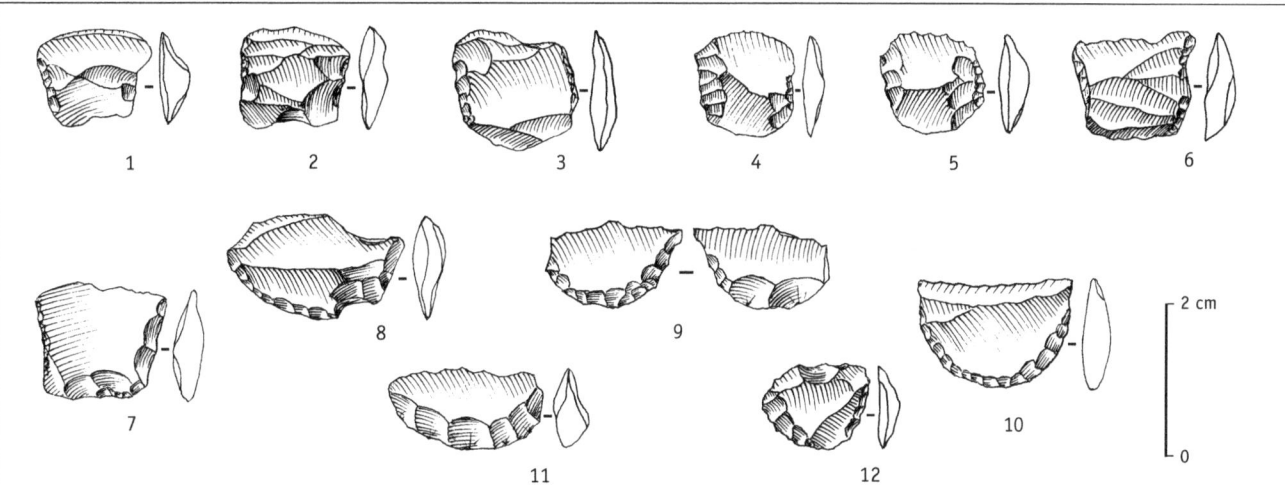

Figure 46: pièces géométriques (groupe 1) : n° 1, pièce géométrique à deux bords retouchés abrupts (type 1.6.2), rhyolite fine, Monte Grosso ; n° 2 et 3, trapèzes isocèles courts (type 1.2.1), obsidienne, Cardiccia ; n° 4, trapèze isocèle court (type 1.2.1), obsidienne, Basi ; n° 5, trapèze isocèle court (type 1.2.1), obsidienne, Monte Grosso ; n° 6, trapèze isocèle court (type 1.2.1), obsidienne, Poghjaredda ; n° 7, géométrique à troncatures inverses (classe 1.4), obsidienne, Monte Grosso ; n° 8 et 9, géométriques sur lames à retouches bifaciales (type 1.5.2), obsidienne, Monte Grosso ; n° 10 et 11, géométriques sur lames à retouches bifaciales (type 1.5.2), obsidienne, Poghjaredda ; n° 12, pièce géométrique à deux bords retouchés abrupts (type 1.6.2), obsidienne, Monte Grosso (dessin L.J. Costa / G. Devilder).

Classe 2.4 : pointes foliacées

-Type 2.4.1 : pointes foliacées retouchées par pression

Deux fragments de pièces (Cardiccia), sans pédoncule ni ailerons, en forme d'amande avec probablement une base arrondie, ont été façonnées par retouches bifaciales. La retouche, d'exécution assez médiocre, a été réalisée par pression. Elle est envahissante, mais pas couvrante (fig. 47, n° 1).

Groupe 8 : pièces à enlèvements irréguliers

Classe 8.2 : éclats minces à retouches latérales irrégulières

Quatre éclats (1 à Cardiccia, 3 au Monte Grosso) présentent quelques enlèvements sur un bord tranchant.

Outils en silex

Il s'agit surtout d'outils du groupe 2 (tabl. 34).

Groupe 2 : pointes de flèche et armatures foliacées

-Classe 2.1 : pointes losangiques à crans

Deux pointes de flèches (Araguina-Sennola et Monte Grosso) façonnées par une belle retouche bifaciale, couvrante, présentent deux petits ailerons perpendiculaires à leur axe morphologique (fig. 47, n° 2).

-Classe 2.2 : pointes à ailerons courts

Deux fragments mésiaux (Araguina-Sennola et Basi) proviennent de pièces initialement munies de deux petits ailerons inclinés vers le bas, dégagés par une coche (fig. 47, n° 3).

-Classe indéterminée : petits fragments

Notons la présence de deux petits fragments, à Basi, qui semblent correspondre à des pédoncules de pointes de flèche.

Groupe 9 : pièces esquillées

Classe 9.3 : fragments de pièces esquillées ou indéterminées

Un petit fragment (Poghjaredda), de forme cubique, présente un bord fortement esquillé.

Supports retouchés	Sites	Araguina Sennola	Basi	Cardiccia	Curacchiaghju	Monte Grosso	Poghjaredda
Groupe 2	Classe 2.1	1				1	
	Classe 2.2	1	1				
	Indéterminé		2				
Groupe 9	Classe 9.3						1

Tableau 34 : présentation des types de supports retouchés en silex des sites corses du IVe millénaire.

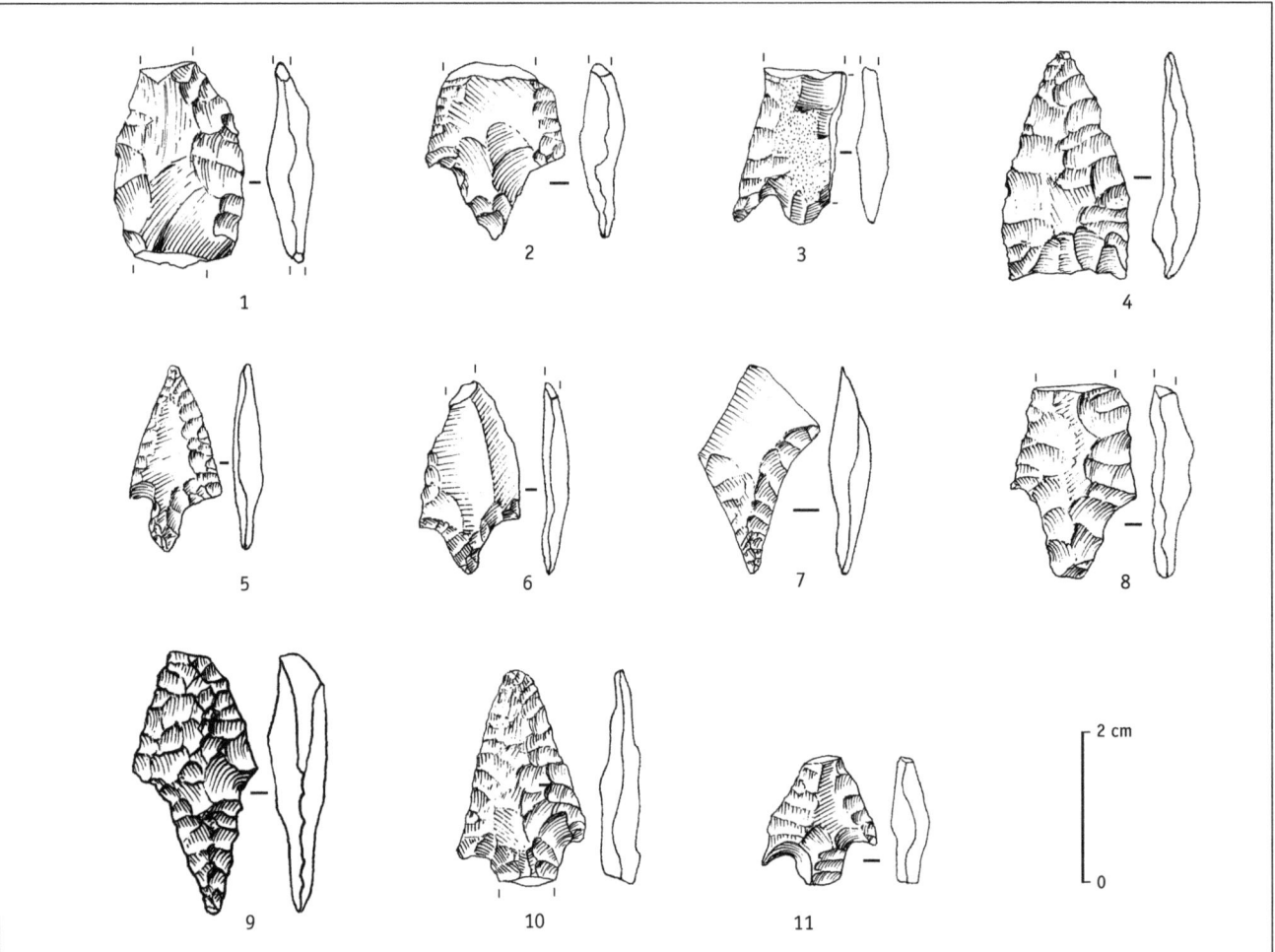

Figure 47: pointes de flèche (groupe 2) : n° 1, pointe foliacée retouchée par pression (type 2.4.1), rhyolite fine, Cardiccia ; n° 2, pointe losangique à crans (classe 2.1), silex, Araguina-Sennola ; n° 3, pointe à ailerons courts (classe 2.2), silex, Araguina-Sennola ; n° 4, pointe foliacée retouchée par pression (variante du type 2.4.1), obsidienne, Monte Grosso ; n° 5 à 7, pointes losangiques à crans (classe 2.1), obsidienne, Monte Grosso ; n° 8, pointe losangique à crans (classe 2.1), obsidienne, Araguina-Sennola ; n° 9, pointe losangique à crans (classe 2.1), obsidienne, Basi ; n° 10 et 11, pointes à ailerons courts (classe 2.2), obsidienne, Monte Grosso (dessin L.J. Costa / G. Devilder).

L'outillage en obsidienne

Il est, bien entendu, nettement majoritaire dans chacune des collections étudiées, regroupant au total 271 pièces, appartenant à presque tous les groupes définis (tabl. 35).

Groupe 1 : les pièces géométriques à retouche courte

Classe 1.2 : trapèzes isocèles

-Type 1.2.1 : trapèzes isocèles courts

Dix trapèzes isocèles courts ont été recensés (1 à Araguina-Sennola, 3 à Basi, 2 à Cardiccia et 2 au Monte Grosso). Les troncatures sont toujours réalisées par retouche directe (fig. 46, n° 2 à 6).

Classe 1.4 : géométriques à troncature(s) inverse(s)

Deux trapèzes (Curacchiaghju et Monte Grosso) présentent une bitroncature inverse (fig. 46, n° 7).

Classe 1.5 : géométriques à retouches bifaciales

-Type 1.5.1 : géométriques sur éclats à retouches bifaciales

12 armatures en forme de « U » (1 à Basi, 5 à Curacchiaghju, 1 au Monte Grosso et 5 à Poghjaredda), manufacturées sur éclats, présentent une retouche majoritairement bifaciale.

-Type 1.5.2 : géométriques sur lames à retouches bifaciales (segments de cercle)

30 armatures en forme de « segments de cercle » (1 à Basi, 2 à Cardiccia, 11 à Curacchiaghju, 6 au Monte Grosso et 10 à Poghjaredda), présentent une retouche majoritairement bifaciale. Manufacturées sur des fragments de lames, elles sont toutes nettement plus longues que larges (fig. 46, n° 8 à 11).

Classe 1.6 : autres pièces géométriques

-Type 1.6.2 : pièces géométriques à deux bords retouchés abrupts

Une pièce de forme trapézoïdale (Monte Grosso),

Supports retouchés		Sites	Araguina Sennola	Basi	Cardiccia	Curacchiaghju	Monte Grosso	Poghjaredda
Gr. 1	Classe 1.2	Type 1.2.1	1	3	2		2	
	Classe 1.4					1	1	
	Classe 1.5	Type 1.5.1		1		5	1	5
		Type 1.5.2		1	2	11	6	10
	Classe 1.6	Type 1.6.2					1	
Gr. 2	Classe 2.1		1	14		1	12	
	Classe 2.2			3				
	Classe 2.4	Type 2.4.1		2			1	
		Type 2.4.2		2				
	Indéterminé		2	7		1	4	3
Gr. 4	Classe 4.2	Type 4.2.2		1				1
Gr. 5	Classe 5.1	Type 5.1.1		7	2	3	1	2
	Classe 5.3	Type 5.3.1		1				
		Type 5.3.2		2				
		Type 5.3.3		2				
	Classe 5.4	Type 5.4.1				1		
		Type 5.4.2		1			1	
	Classe 5.5			1				
Gr. 6	Classe 6.1	Type 6.1.1		2	3	3	1	2
		Type 6.1.2		7	1	1	3	3
Gr. 7	Classe 7.2			2			3	
	Classe 7.3			1		1		
	Classe 7.5	Type 7.5.2		1	1		1	3
		Type 7.5.3		2		1	2	
Gr. 8	Classe 8.1		2	21	1	1	17	3
	variante 8.1.1			4			7	
	Classe 8.2			4	4	4	1	5
Gr. 9	Classe 9.1			2				
	Classe 9.2			10	1	7	1	8
	Classe 9.3			1			1	

Tableau 35 : présentation des types de supports retouchés en obsidienne des sites corses du IVe millénaire.

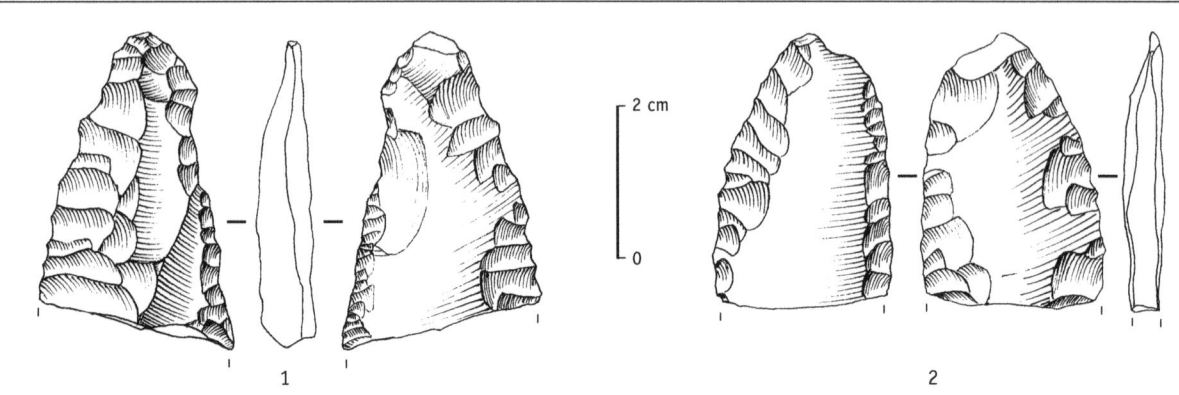

Figure 48 : grandes pointes foliacées retouchées par pression (groupe 2, type 2.4.2), obsidienne, Basi (dessin L.J. Costa / G. Devilder).

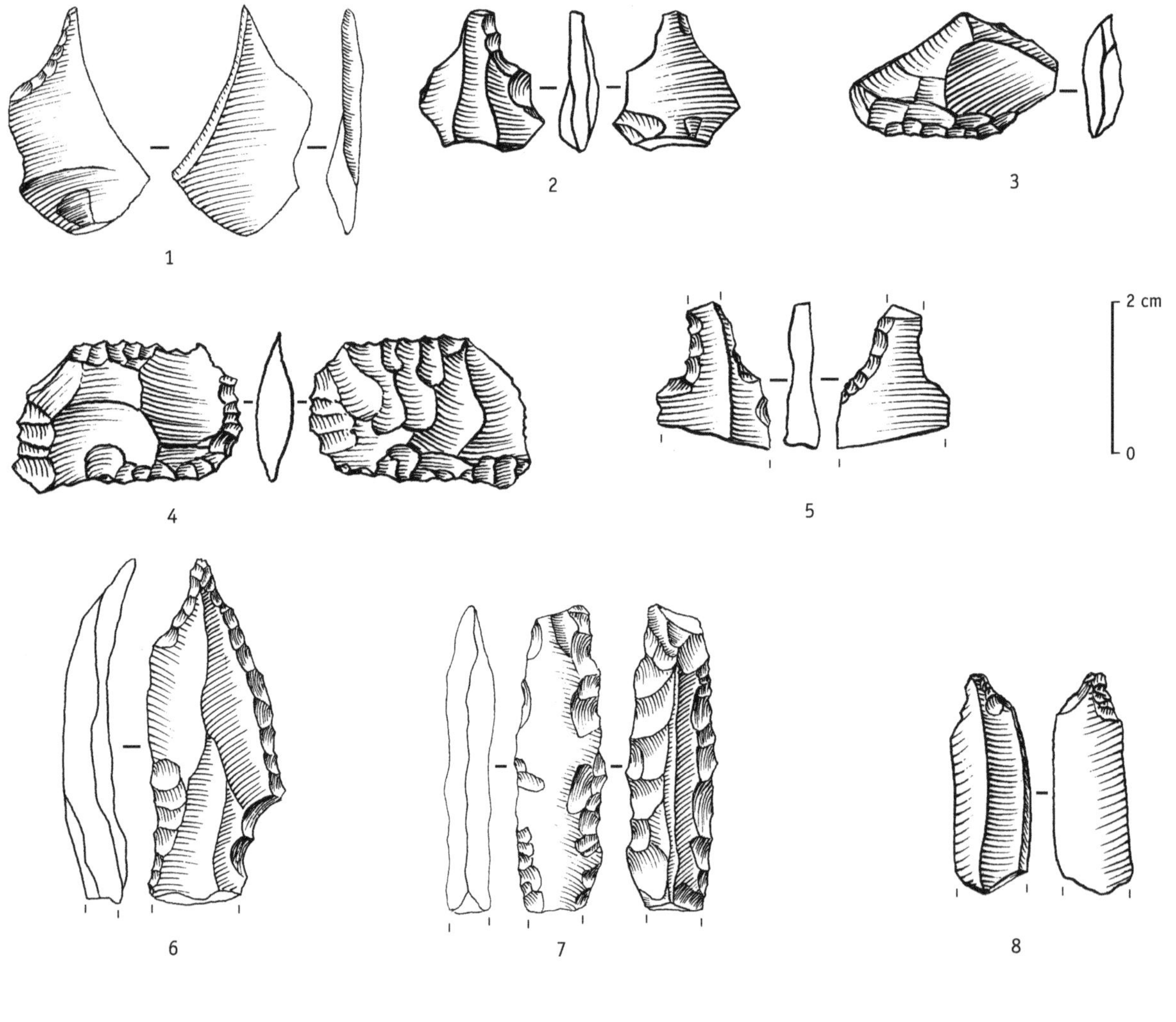

Figure 49 : troncatures, racloirs et pointes en obsidienne (groupe 4 et 5) : n° 1, lame à troncature concave (type 4.2.2), Poghjaredda ; n° 2, lame à troncature concave directe (variante du type 4.2.2), Basi ; n° 3, éclat à retouche latérale semi abrupte (type 5.1.1), Basi ; n° 4, petit racloir convexe à retouches bifaciales (type 5.3.2), Basi ; n° 5, petit racloir concave sur lame (type 5.3.3), Basi ; n° 6, lame appointée (type 5.4.1), Curacchiaghju ; n° 7, lame appointée par retouche bifaciale (type 5.4.2), Monte Grosso ; n° 8, bec sur lame (type 5.5.2), Basi (dessin L.J. Costa / G. Devilder).

manufacturée sur éclat par retouche directe, présente deux bords abrupts opposés (fig. 46, n° 12).

Groupe 2 : pointes de flèche et armatures foliacées

-Classe 2.1 : pointes losangiques à crans

28 pointes de flèches (1 à Araguina-Sennola, 14 à Basi, 1 à Curacchiaghju et 12 au Monte Grosso) façonnées par retouche bifaciale, envahissante ou couvrante, présentent deux petits ailerons perpendiculaires à leur axe morphologique (fig. 47, n° 5 à 9).

-Classe 2.2 : pointes à ailerons courts

Trois pointes de flèche (Basi) possèdent deux petits ailerons, dégagés par une coche et inclinés vers le bas (fig. 47, n° 10 et 11).

Classe 2.4 : pointes foliacées

-Type 2.4.1 : petites pointes foliacées retouchées par pression

Deux pièces (Basi), façonnées par retouches pression bifaciales, en forme d'amande, ne présentent ni pédoncule ni ailerons.

-Variante 2.4.1.1 : petites pointes foliacées triangulaires retouchées par pression

Une pièce unique (Monte Grosso) diffère des précédentes par sa seule forme triangulaire (fig. 47, n° 4).

-Type 2.4.2 : grandes pointes foliacées retouchées par pression

Deux fragments de grandes pointes foliacées, d'un calibre nettement supérieur à celui des pointes de flèche ont été trouvés à Basi. Ces fragments mesurent près de 4 cm de long pour environ 2,5 cm de large et renvoient à des objets dont la dimension peut être aisément évaluée au double (fig. 48).

Classe indéterminée : petits fragments

Notons la présence de 17 petits fragments allongés, portant des enlèvements bifaciaux couvrants et pouvant correspondre à des pédoncules de pointes de flèche.

Groupe 4 : troncatures

Classe 4.2 : lames tronquées

-Type 4.2.2 : lames à troncature concave

Une lame (Poghjaredda) présente une longue troncature oblique et concave, à retouches inverses, sur bord distal. Il est possible que la partie active de cet outil corresponde à cette troncature ou à l'angle très aigu qu'elle forme et qui pourrait être utilisé comme perçoir (fig. 49, n° 1).

-Variante 4.2.2.1 : lames à troncature concave, directe

Une lame (Basi) présente une longue troncature oblique et concave, mais manufacturée par une retouche inverse. La troncature dégage également une pointe, en partie distale (fig. 49, n° 2).

Groupe 5 : les pièces à retouche latérale non abrupte

Classe 5.1 : racloirs simples sur éclat

De nombreux éclats de morphologie très variée présentent un bord latéral retouché en continue.

-Type 5.1.1 : petits racloirs sur éclats

15 éclats (7 à Basi, 2 à Cardiccia, 3 à Curacchiaghju, 1 au Monte Grosso et 2 à Poghjaredda) possèdent ainsi un bord rectiligne ou convexe retouché semi abrupt (fig. 49, n° 3).

Classe 5.3 : racloirs à retouche bifaciale

-Type 5.3.1 : grands éclats à retouches bifaciales

Une seule pièce (Basi) entre dans cette catégorie. Le bord latéral tranchant, de délinéation convexe, est retouché sur près de 4 cm de long.

-Type 5.3.2 : petits racloirs convexes à retouches bifaciales

Deux pièces très similaires (Basi) de forme subcirculaire présente une retouche bifaciale sur une grande partie de son contour (fig. 49, n° 4).

-Type 5.3.3 : petits racloirs concaves sur lames

Deux fragments de lames (Basi) présentent un bord latéral concave, retouché obliquement par enlèvements bifaciaux. La retouche semble chercher à dégager une pointe (fig. 49, n° 5)

Classe 5.4 : pointes

-Type 5.4.1 : lames appointées

Une lame (Curacchiaghju) présente une petite pointe en partie distale, formée de deux bords convergents, l'un légèrement convexes, retouchés par des enlèvements directs, semi abrupts et très courts, sur toute sa longueur, l'autre concave retouché seulement en partie distale, également par de courts enlèvements directs, semi abrupts (fig. 49, n° 6).

-Type 5.4.2 : lames appointées par retouche bifaciale

Deux pièces (Basi et Monte Grosso), très effilées, malheureusement fracturées à leurs deux extrémités, présentent deux bords latéraux convexes – et donc convergents – retouchés par enlèvements bifaciaux. Ces pièces sont actuellement uniques dans les assemblages de l'île (fig. 49, n° 7).

Classe 5.5 : becs

-Type 5.5.1 : becs sur lames

Une lame (Basi) présente un bec en partie distale, formé de deux bords concaves, l'un aménagé par une retouche inverse, l'autre par des enlèvements bifaciaux (fig. 49, n° 8).

Groupe 6 : les pièces à retouche latérale abrupte

Classe 6.1 : petites pièces à dos

-Type 6.1.1 : petits éclats à dos

Onze petits éclats tranchants (2 à Basi, 3 à Cardiccia, 3 à Curacchiaghju, 1 au Monte Grosso et 2 à Poghjaredda)

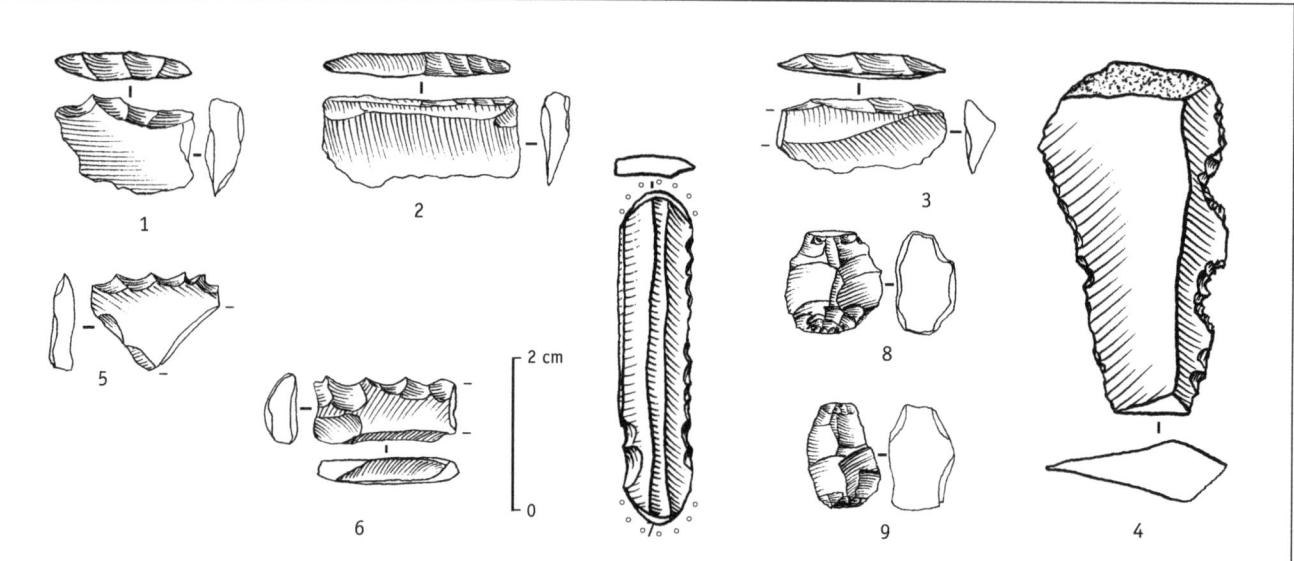

Figure 50 : pièces à dos, à retouche denticulée et à enlèvements irréguliers, en obsidienne (groupe 6, 7, 8 et 9) : n° 1, petit éclat à dos (type 6.1.1), Monte Grosso ; n° 2 et 3, lamelles à dos (type 6.1.2), Monte Grosso ; n° 4, pièce à double coche (classe 7.3), Basi ; n° 5, petit éclat à retouche denticulée (type 7.5.2), Monte Grosso ; n° 6, lame à retouche denticulée (type 7.5.3), Monte Grosso ; n° 7, lame à retouches latérales irrégulières (lame lustrée, classe 8.1), Araguina-Sennola ; n° 8 et 9, pièces esquillées épaisses (classe 9.2), Curacchiaghju et poghjaredda (dessin L.J. Costa / G. Devilder).

présentent un bord abattu, opposé à un tranchant (fig. 50, n° 1).

-Type 6.1.2 : lamelles à dos

Quatorze pièces à dos (7 à Basi, 1 à Curacchiaghju, 3 au Monte Grosso et 3 à Poghjaredda) ont été manufacturées sur un support lamellaire (fig. 50, n° 2 et 3).

Groupe 7 : pièces à coche(s) et denticulés

Classe 7.2 : pièces à coche unique sur supports minces

Cinq lames (2 à Basi et 3 au Monte Grosso) présentent une large coche, unique, sur un de leur bord distal. Ces coches présentent de petits esquillements qui pourraient être liés à leur utilisation.

Classe 7.3 : pièces à doubles coches adjacentes

Deux lames (Curacchiaghju et Basi) présentent deux larges coches micro-denticulées, sur un bord latéral (fig. 50, n° 4).

Classe 7.5 : denticulés sur supports minces

-Type 7.5.2 : petits éclats à retouche denticulée

Six petits éclats (1 à Basi, 1 à Cardiccia, 1 au Monte Grosso et 3 à Poghjaredda) présentent une série de petites coches sur un bord latéral tranchant (fig. 50, n° 5).

-Type 7.5.3 : lames à retouche denticulée

Cinq petites lames (2 à Basi, 1 à Curacchiaghju, 2 au Monte Grosso) présentent une série de petites coches sur un bord latéral tranchant (fig. 50, n° 6).

Groupe 8 : pièces à enlèvements irréguliers

Classe 8.1 : lames à retouches latérales irrégulières

45 fragments de lames présentent de nettes retouches discontinues liées à l'utilisation du tranchant des pièces.

Une de ces pièces (Araguina-Sennola) présente également des bords distal et proximal arrondis et polis avec un lustre marqué. Il s'agit d'une pièce très particulière (lame de faucille ?), unique à ce jour dans les séries de Corse (fig. 50, n° 7).

-Type 8.1.1 : lames à retouche de type « Montbani »

Onze lames (7 au Monte Grosso et 4 à Basi) présentent une retouche de type « Montbani », c'est-à-dire une retouche directe, irrégulière et partielle, sur un de leur bord tranchant qui conserve cependant son acuité.

Classe 8.2 : éclats minces à retouches latérales irrégulières

18 petits éclats (4 à Basi, 4 à Cardiccia, 4 à Curacchiaghju, 1 au Monte Grosso et 5 à Poghjaredda) présentent de petits enlèvements irréguliers et discontinus sur un bord latéral tranchant, parfois même sur les deux bords latéraux.

Groupe 9 : pièces esquillées

Classe 9.1 : pièces esquillées sur supports minces

Deux petits éclats assez courts (Basi) possèdent des bords distal et proximal fortement esquillés.

Classe 9.2 : pièces esquillées épaisses

27 fragments d'épaisseur supérieure à 8 mm (10 à Basi, 1 à Cardiccia, 7 à Curacchiaghju, 1 au Monte Grosso et 8 à Poghjaredda) ont été recensés (fig. 50, n° 8 et 9).

Classe 9.3: fragments de pièces esquillées ou indéterminées

Deux petits fragments (Basi et Monte grosso) possèdent un bord esquillé et pourraient être des fragments de pièces esquillées.

Conclusion : des supports retouchés variés mais peu nombreux

La principale caractéristique des productions corses du IVe millénaire réside dans l'abondance de l'obsidienne, qui représente pratiquement la seule matière première débitée. Cette exploitation préférentielle d'un seul matériau qui circule sur de longues distances et l'utilisation de la pression pour le débitage laminaire sont des traits communs au différents groupes du bassin occidental de la Méditerranée, en particulier ceux du sud de la France où l'on observe la circulation de blocs de silex blonds débités par pression (Binder et Gassin 1988; Léa 2004). En revanche, les productions corses se démarquent par la relative rareté des supports retouchés, dont la proportion n'excède guère 5 % des vestiges. Mais ils sont toutefois variés, se répartissent dans pratiquement toutes les classes définies et concernent 28 types différents. Si de grandes disparités d'effectifs existent entre les types et les classes définis, les groupes d'outils donnent quant à eux une image assez homogène, avec près de 20 % d'armatures géométriques (groupe 1), de pointes de flèches (groupe 2) et de pièces esquillées (groupe 9), 9 à 10 % de racloirs (groupe 5), de pièces à dos (groupe 6) de denticulés (groupe 7) et de pièces à retouches irrégulières (groupe 8). Le faible pourcentage de supports retouchés résulte avant tout d'une utilisation principale de tranchants bruts de débitage. Ainsi la très grande majorité des fragments de lames et des petits éclats présente de petites ébréchures sur leurs tranchants; des ébréchures trop peu marquées pour être assimilables à de la retouche, même d'utilisation, mais qui ont pour la plupart été produites lors de l'emploi de ces pièces.

Enfin, il convient de remarquer que les autres matières lithiques débitées n'ont pas servi à la fabrication d'outils particuliers, à l'exception de quelques coches (classe 7.1) en quartz et en roches grenues. Leur exploitation relève donc d'un comportement opportuniste, de circonstance, et non d'un choix lié à une propriété particulière de ces matériaux, comme une plus grande dureté ou un caractère plus abrasif par exemple.

Notes

[1] Plus de cent sites « attribués » au IVe millénaire sont ainsi recensés au service régional d'archéologie.

[2] La sous-couche 5.a en comptait également deux et la couche 6 (mélange entre les vestiges « basiens » et « cardials ») en possédait six.

[3] D'après les relevés, la couche s'étend pratiquement depuis la surface jusqu'au substrat rocheux à environ 80 cm de profondeur (Nebbia et Magdeleine 1981).

[4] Soit 2 471 restes déterminés sur un total de 4 271 ossements, comprenant : caprinés : NR = 479; *Sus scrofa ssp.* : NR = 175; *Bos taurus* : NR = 191 et *Prolagus* : NR = 1 513 (Vigne 1988).

[5] Soit 27 restes déterminés sur un total de 634 ossements comprenant : caprinés : NR = 8; *Sus scroffa ssp.* : NR = 15; *Bos taurus* : NR = 4 (Vigne 1988).

[6] Je ne m'attarderais pas dans cette description des productions lithiques du IVe millénaire sur les productions en roches locales ou en silex, qui sont numériquement très faibles et ne présentent aucune originalité particulière par rapport aux périodes précédentes.

[7] Aucune crête d'entame n'a été retrouvée. Les seuls fragments recensés correspondent à la remise en forme des nucléus, en cours de débitage (voir fig. 44).

[8] Lors de son étude sur les débitages laminaires, M. Gallet (1998) a remarqué que des lames débitées par pression ne dépassaient pas 4 mm d'épaisseur, contrairement à celles débitées par percussion indirecte qui pouvaient atteindre 8 mm d'épaisseur. Ce seul critère n'est cependant pas suffisamment discriminant pour permettre un diagnostic fiable.

[9] Il s'agit du nombre total de parties proximales de lames à au moins 2 nervures pour chacune des 2 collections citées. À noter que les lames à 2 nervures sont majoritaires dans ces séries corses (près de 2/3 des lames), ce qui dénote une certaine volonté de produire des supports réguliers et relativement standardisés.

Chapitre VI :
Les industries du IIIe millénaire

Les fouilles de Terrina (Aléria, Haute-Corse), menées par G. Camps de 1975 à 1981, ont permis la découverte d'un assemblage de vestiges céramiques, lithiques et fauniques associée aux restes d'une production métallurgique, dans des couches homogènes datées du début du IIIe millénaire ou de l'extrême fin du IVe millénaire (tabl. 36). Pour la première fois, un ensemble chalcolithique était identifié en Corse, permettant alors de combler un important hiatus chronologique entre le Néolithique moyen reconnu à Basi (IVe millénaire et l'Âge du Bronze. Cette phase chronologique fut initialement appelée « Terrinien » par référence au site éponyme, de la même manière que le Néolithique moyen avait été nommé « Basien ». Les caractéristiques de la céramique de cet assemblage de Terrina furent alors retrouvées dans plusieurs assemblages de l'île qui n'avaient pas été datés, comme les séries de Basi (couche 4) au Sud, d'A Mutula ou du Monte Lazzu au Nord de la Corse (Camps (dir.) 1988 ; Camps 1988).

site	couche	identification	nature	datation B.P.	datation calibrée (BC)
Araguina-Sennola	VI. f.	Gif 778	charbons	3550 ± 120	2190 - 1565
	VI. j.3	Gif 779	charbons	3980 ± 120	2877 - 2073
I Calanchi	taffonu 2	Gif 7153	charbons	4080 ± 60	2871 - 2468
	taffonu 3	L.G.Q. 7154	charbons	3740 ± 60	2398 - 1936
	taffonu 4, A.2	L.G.Q. 267	charbons	3580 ± 140	2396 - 1529
	taffonu 4, B.1	L.G.Q. 270	charbons	3930 ± 150	2874 - 1977
	taffonu 4, foyer 2	L.G.Q. 264.b	charbons	3920 ± 150	2870 - 1969
	taffonu 4, foyer 3	L.G.Q. 265	charbons	3950 ± 190	2913 - 1885
	taffonu 6, tombe	L.G.Q. 279	charbons	3910 ± 150	2869 - 1950
	B.2	L.G.Q. 271	charbons	5030 ± 270	4444 - 3104
	A.2	L.G.Q. 268	charbons	3660 ± 220	2623 - 1459
	A.2	L.G.Q. 266	charbons	3580 ± 140	2396 - 1529
Terrina	A	MC 2075	charbons	4690 ± 90	3539 - 3362
	B	MC 2231	charbons	4380 ± 160	3503 - 2496
	B	MC 2076	charbons	4450 ± 120	3506 - 2711
	C	MC 2232	charbons	4430 ± 160	3623 - 2602
	D.1	MC 1296	huîtres	4610 ± 110	3179 - 2550
	D.1	MC 1403	charbons	4420 ± 100	3487 - 2760
	D.1	MC 2079	charbons	4720 ± 300	4216 - 2636
	D.1	MC 2077	charbons	4950 ± 90	3962 - 3537
	D.1	MC 2078	cardium	4530 ± 90	2946 - 2495
	D.2	MC 2234	charbons	4210 ± 160	3334 - 2340
	D.2	MC 2236	charbons	4270 ± 100	3326 - 2494
	D.2	MC 2235	charbons	4650 ± 100	3644 - 3056
	D.3	MC 2237	charbons	4430 ± 140	3616 - 2638

(Calibration à 2 sigma, Stuiver et Reimer 1998)

Tableau 36 : Principales datations absolues des sites du IIIe millénaire en Corse.

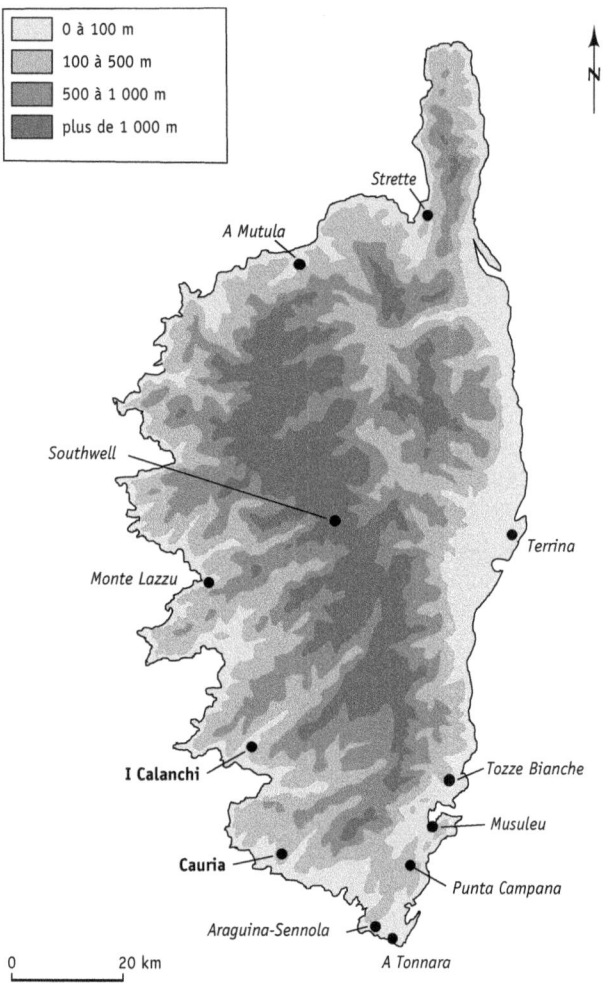

Figure 51: localisation des sites du IIIe millénaire actuellement identifiés (en italique, ceux écartés après étude).

Les fouilles des sites d'habitat d'I Calanchi et de Cauria, qui ont livré de très grandes quantités de vestiges, permirent une meilleure connaissance de cette période. Les nouvelles datations, obtenues à I Calanchi (tabl. 36), montrèrent que ces productions céramiques et lithiques n'avaient pas réellement changé durant tout le IIIe millénaire, se retrouvant même dans des gisements datés du début du IIe millénaire (Cesari et Magdeleine 1998; Tramoni 1998).

Présentation des sites retenus dans l'étude

J'ai choisi de ne conserver que les séries les mieux datées et les plus fournies pour mon étude, c'est-à-dire celles d'I Calanchi et de Cauria (fig. 51). Elles totalisent plus de 5 000 pièces lithiques et donnent une image très fiable des productions du IIIe millénaire[1].

Cauria XX – XXI/U Grecu (Sartène): Le site occupe une terrasse suspendue, au pied de la *Punta di* U Grecu, dominant le plateau de Cauria qui s'étend au nord et le golfe de Valinco, au sud (fig. 52). Les fouilles ont concerné deux secteurs distincts: les abris de Cauria XX et XXI et la terrasse qui les surplombe.

Les abris de Cauria XX et XXI, situés légèrement dans la pente à l'extrémité sud de la terrasse, ont été fouillés par P. Nebbia et J.-C. Ottaviani en 1986 et 1987. Chaque abri a livré les restes de sépultures et une importante quantité de vestiges céramiques et lithiques caractéristiques des productions du IIIe millénaire. Les vestiges se trouvaient pêle-mêle, montrant une réutilisation successive des abris comme sépulture (Nebbia et Ottaviani 1994). De nombreux tessons furent également recueillis entre ces deux abris, distants de 4 m seulement. Au total, près de 4 500 vestiges céramiques, 616 fragments lithiques, 17 molettes, un outil de percussion lancée en pierre polie et une centaine de restes de faune (porcins, bovins et caprins) ont été récoltés.

Une série de sondages a été réalisée sur la terrasse, à quelques dizaines de mètres des abris, par P. Tramoni et R. Chesa en 1998. De nombreux vestiges céramiques et lithiques « terriniens » ont été découverts sur toute la surface sondée (19 m²), sur près de 40 cm d'épaisseur,

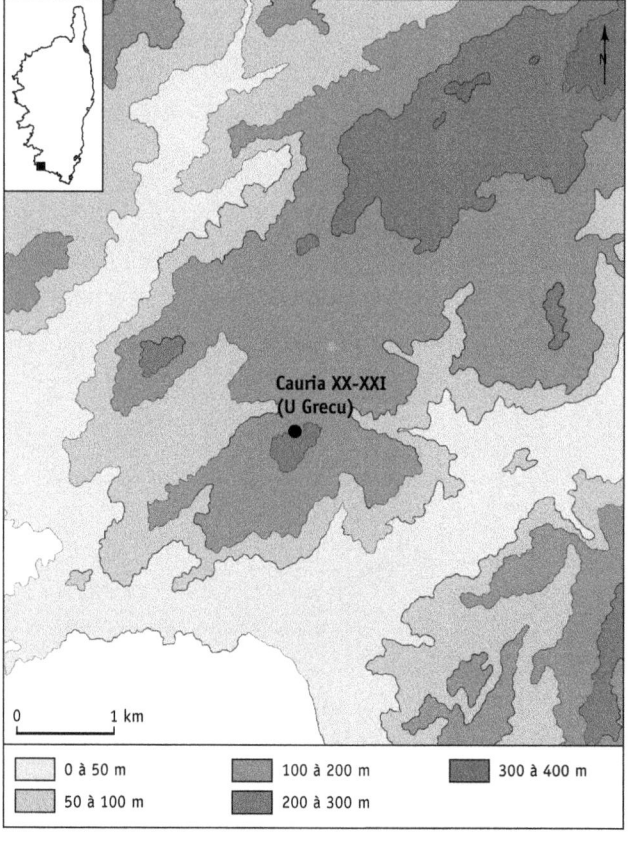

Figure 52:: localisation du site de Cauria-U Grecu (Sartène, Corse-du-Sud).

suggérant la présence d'un habitat à proximité. Le mobilier recueilli comprend plus de 2000 tessons et 1 311 pièces lithiques. L'étude a confirmé la grande homogénéité de ce mobilier, qui ne semble pas présenter d'éléments intrusifs avant les couches les plus profondes, qui contiennent en revanche des vestiges caractéristiques du Néolithique ancien, en quantité importante. J'ai donc limité mon étude aux couches supérieures, qui n'offrent que des remaniements très limités.

Type de site: *habitat de plein air*
Contexte: *plateau*
Surface fouillée: *~ 50 m² pour les deux secteurs réunis*
Remaniements: *faibles*
Nombre de pièces lithiques: *1927;* **étudiées**: *1927*
Nombre de pièces céramiques: *> 6 500*
Nombre de restes osseux: *> 100*
Autres vestiges: *22 fusaïoles, des scories, 17 fragments de molettes, 1 outil de percussion lancée en pierre polie, les restes de 2 sépultures*

I Calanchi (Sollacaro): Le site, qui s'étend sur une superficie de 7 ha, occupe une petite colline dominant la plaine du Taravo, à environ 4 km du rivage (fig. 53). Les opérations de fouilles se sont concentrées sur une vaste terrasse, qui abrite plusieurs tombes et des structures d'habitats adossées à de vastes chaos rocheux (Cesari 1987, 1988, Tanda 1999).

Ces fouilles, menées par J. Cesari (de 1980 à 2003) et G. Tanda (de 1990 à 1999), ont notamment permis de dégager les arases de larges murs disposés entre des masses rocheuses, formant trois structures rectangulaires emboîtées. Ils représentent les restes d'une habitation dont la superficie a été plusieurs fois réduite, passant de 62 m² à 30 m² puis à 18 m². Ces réductions de surface ont été principalement obtenues par une diminution de la largeur du bâtiment, en faisant varier le mur sud. Ces arases ont été recouvertes par des alluvionnements riches en matériels archéologiques (couches A.1 et A.2), provenant de terrasses situées juste au-dessus et contenant elles aussi des structures archéologiques. Les vestiges étudiés proviennent de ces alluvionnements et d'une partie de la couche B (environ 30 m²) située au niveau des arases et correspondant au niveau de destruction de l'habitat (Cesari 1987). Tout le mobilier étudié est très homogène et date de la fin du IIIe ou du début du IIe millénaire (tabl. 36). Il regroupe plusieurs centaines de milliers de tessons céramiques, environ 5 000 pièces lithiques, de très nombreux fragments de meules et de molettes, sept outils de percussion lancée en pierre polie, quelques perles en céramique et en roche tendre, quatre fragments de creusets, quelques petits fragments de métal, une sorte de grosse aiguille en cuivre et plus d'une centaine de restes osseux très fragmentés.

Une autre habitation a été fouillée. Elle s'étend sur près de 100 m², s'insérant entre les rochers du chaos granitique sur lequel s'adossent les structures précédemment décrites.

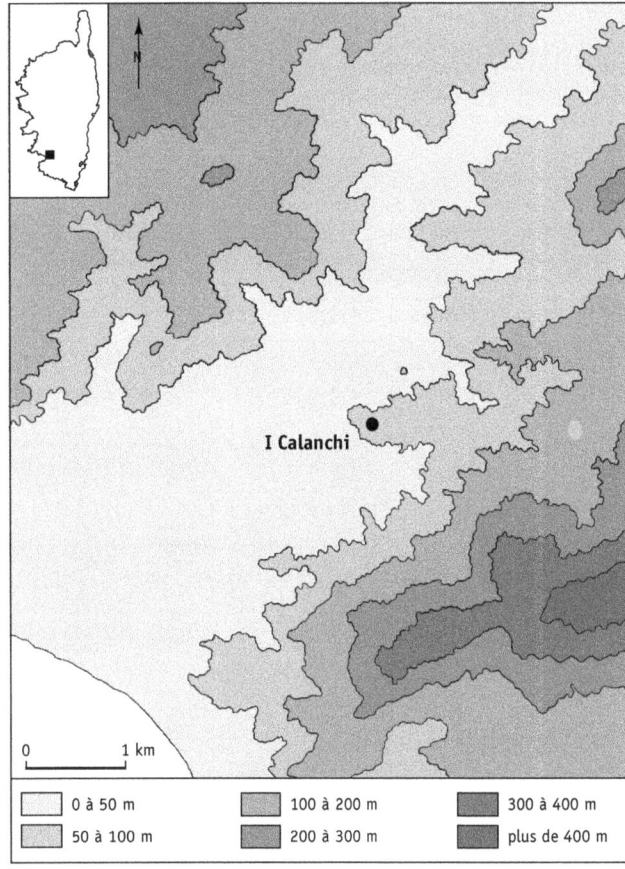

Figure 53: localisation du site d'I Calanchi (Sollacaro, Corse-du-Sud).

Les fouilles ont mis au jour une longue stratigraphie, dans laquelle les niveaux « terriniens » se superposent sur plus d'un mètre d'épaisseur. Toutefois, ces niveaux sont moins riches en matériel que les couches de la terrasse nord, car ils correspondent à des sols entretenus contenant de nombreux tessons céramiques très fragmentés (piétinement) et peu d'éléments lithiques, uniquement des vestiges de très petites dimensions. Seul le fond de l'abri, ayant probablement servi de zone de rejets, a livré des pièces plus volumineuses. La relative pauvreté des couches et la grande fragmentation de la céramique ne permettent pas d'appréhender l'évolution chronologique des productions. Les mêmes matières premières, les mêmes techniques de production, les mêmes produits finis se retrouvent indifféremment à tous les niveaux de la stratigraphie. Au total, ces niveaux ont livré près de 1 500 pièces céramiques, 1 198 fragments lithiques dont la plupart sont des esquilles, quelques déchets métalliques, un creuset et de nombreuses esquilles osseuses (Tanda 1999).

Type de site: *habitat de plein air*
Contexte: *petite butte dans une plaine littorale*
Surface fouillée: *> 250 m²*
Remaniements: *faibles*

Vestiges lithiques	Sites	Cauria	I Calanchi
Quartz	Débris	394	1108
	Éclats	673	1348
	Nucléus	28	311
	Supports retouchés	13	31
Roches grenues	Débris	249	714
	Éclats	230	777
	Nucléus	6	45
	Supports retouchés	12	109
Rhyolites fines	Débris	15	36
	Éclats	110	186
	Nucléus	11	43
	Supports retouchés	11	118
Silex	Débris	4	6
	Éclats	31	46
	Lames	4	1
	Nucléus	0	6
	Supports retouchés	3	35
Obsidienne	Débris	12	3
	Éclats	107	38
	Lames	12	27
	Nucléus	2	1
	Supports retouchés	0	20
Nombre total de vestiges lithiques		**1927**	**5009**

Tableau 37 : nombre total de vestiges lithiques des sites de Cauria et d'I Calanchi (IIIe millénaire), par groupes de matériaux.

Nombre de pièces lithiques : ~ 7 000 ; **étudiées** : 5 009
Nombre de pièces céramiques : > 500 000
Nombre de restes osseux : > 100
Autres vestiges : *des fusaïoles, 5 fragments de creusets, des scories, plus de 200 fragments de meules et autant de molettes, 7 outils de percussion lancée en pierre polie, de très nombreux fragments de pisé, quelques perles...*

La production lithique

Les productions de la période sont connues pour leur grande simplicité (Camps 1988). À l'exception des pointes de flèche, les collections montrent un faible investissement technique, les supports retouchés étant rares et peu standardisés. Seule la réalisation des pointes de flèche est souvent soignée, illustrant l'habileté de certains tailleurs et témoignant de toute l'importance accordée à ces armes. Alors que le développement de la métallurgie concurrence désormais l'industrie de la pierre, l'insécurité grandissante en Méditerranée conduit vraisemblablement les populations du Chalcolithique à attacher une importance particulière à la production des armes.

Malgré leur grande simplicité, ces industries du IIIe millénaire montrent une gestion différentielle des matières premières.

En effet, un des faits majeurs de la période est la raréfaction des importations d'obsidienne, qui conduit les populations à exploiter des matériaux locaux, souvent de piètres qualités. Si la série de Terrina, datée de la fin du IVe millénaire, comporte près de 30 % d'obsidienne, les autres collections « terriniennes », plus récentes, n'en contiennent pratiquement plus (tabl. 37). Surtout, elles n'ont pas livré d'éléments témoignant d'une réelle production en obsidienne *in situ*. Les quelques nucléus identifiés ne sont que de petits débris – probablement des fragments d'éclats redébités – présentant des enlèvements désordonnés sur toutes les faces. Aucune pièce technique n'a été trouvée. À I Calanchi, six éclats patinés présentent des ébréchures plus fraîches et deux petites pièces à bord abattu (classe 6.1) montrent une patine différentielle au niveau de la retouche, prouvant qu'elles ont été retouchées après avoir été produites et abandonnées (fig. 58, n° 4 et 5). Ces exemples témoignent de la réutilisation de fragments d'obsidienne anciennement débités et ramassés par les occupants du site. La butte d'I Calanchi regroupe en effet plusieurs sites d'occupations de différentes époques et plusieurs assemblages, datés du IVe millénaire et très riches en obsidienne, ont été découverts. Les *taffoni* II et VI, fouillés au début des années 1980 par J. Cesari, ont livré plusieurs sépultures datées du IIIe millénaire, ainsi que les vestiges d'occupations plus anciennes, notamment de très nombreux fragments de lames et de lamelles et quelques pointes de flèche en obsidienne. Les sépultures ayant été creusées dans les niveaux d'occupations antérieures, les habitants du IIIe millénaire ont vraisemblablement découvert l'existence de cette obsidienne ; et il est probable qu'ils aient récupéré certaines pièces, pour les utiliser. La présence de quelques éléments en obsidienne dans ces couches du Chalcolithique semble donc davantage liée à des ramassages locaux qu'à des approvisionnements lointains, comme c'était le cas au IVe millénaire.

Une gestion différentielle des matières premières

Les matières premières exploitées étaient donc très variées (quartz, roches grenues diverses, rhyolites vitreuses, silex et obsidienne). Les productions étaient orientées en fonction des propriétés des roches, notamment leur aptitude à la taille et leur accessibilité, les différences observées traduisant une réelle « économie des matières premières »[2]. Cette gestion différenciée des roches débitées constitue une des principales caractéristiques des productions lithiques des communautés de la période.

Les quartz filoniens

Majoritaire dans les collections, le quartz était principalement exploité sous forme de petits blocs issus du morcellement des filons. Les chaînes opératoires étaient très courtes et ne concernaient que les meilleures zones de ces blocs, c'est-à-dire les plus homogènes. Les nucléus étaient rapidement abandonnés ; ce qui explique en partie leur abondance dans les séries. Cette exploitation visait l'obtention d'éclats de petites dimensions, notamment destinés à servir de supports aux coches et aux pièces esquillées. Nombre d'éclats présentent également des ébréchures et ont probablement été utilisés comme outils tranchants.

Les roches grenues

Il s'agit pour l'essentiel de roches volcaniques recristallisées, mais les collections contiennent aussi quelques fragments de diorite, de gabbro et de granite. Les nucléus en roches grenues témoignent également d'un abandon rapide. Ils présentent des négatifs d'enlèvements de dimensions relativement importantes, souvent supérieures à 5 cm de long. Les éclats produits représentent les supports préférentiels pour nombre d'outils de grandes dimensions, notamment des pointes de projectiles, des denticulés et des racloirs.

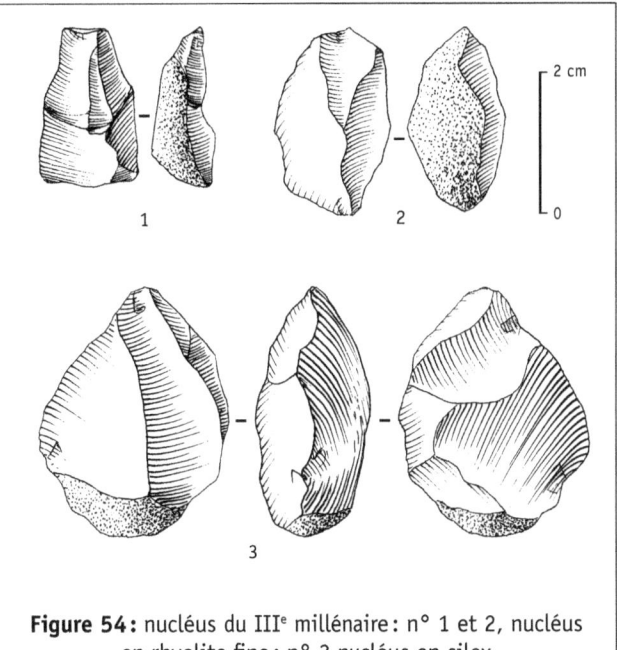

Figure 54: nucléus du IIIe millénaire : n° 1 et 2, nucléus en rhyolite fine ; n° 3 nucléus en silex (dessin L.J. Costa / G. Devilder).

Les rhyolites fines

Les chaînes opératoires du débitage des rhyolites fines sont également très courtes, en raison de la dimension des blocs exploités : d'étroites plaquettes de quelques centimètres de longueur. Ainsi, la plupart des éclats sont corticaux et n'excèdent que très rarement 2 cm de long. De même, les nucléus présentent des négatifs d'enlèvements le plus souvent inférieurs au centimètre (fig. 54). Cette exploitation maximale des blocs est certainement liée à la rareté de ces matériaux originaires de régions éloignées des littoraux du sud de l'île. Les principaux supports retouchés sont des pointes de flèche. La confection des pointes nécessitant des supports de dimension respectable, celles-ci ont vraisemblablement été réalisées à partir des premiers éclats détachés. La poursuite du débitage devait alors viser l'obtention de petits supports tranchants, probablement destinés à être utilisés bruts de retouche.

Les silex

À l'instar de ces rhyolites fines, les blocs en silex sont petits et exploités de façon maximale, principalement pour la réalisation de pointes de flèche et d'éclats tranchants non retouchés. Silex et rhyolites vitreuses avaient vraisemblablement le même statut dans ces productions (fig. 54).

Ainsi, toutes ces matières, débitées selon des techniques et des méthodes similaires, n'ont pas été exploitées pour les mêmes finalités. Ces différences connaissent deux causes principales : l'accessibilité et les propriétés des matériaux. Le quartz filonien et les roches grenues sont localement abondants, ce qui explique qu'ils soient

Supports retouchés		Sites	Cauria	I Calanchi
Quartz	Groupe 7	Classe 7.1	5	9
	Groupe 8	Classe 8.2	4	12
	Groupe 9	Classe 9.1		4
		Classe 9.2	4	6

Tableau 38 : présentation des types de supports retouchés en quartz des sites de Cauria et d'I Calanchi (IIIe millénaire).

largement représentés dans les assemblages : à I Calanchi et Cauria, le quartz représente plus de 50 % des effectifs et les roches grenues 30 %. Le quartz est souvent utilisé pour la réalisation d'outils expédients comme les pièces esquillées et les coches. Les roches grenues sont plus faciles à retoucher que le quartz. Elles permettent également l'obtention de supports de plus grandes dimensions et ont, à ce titre, servi à la production des outils les plus grands : les denticulés et les racloirs. Les rhyolites vitreuses (moins de 10 % des effectifs) et le silex (environ 5 %) ont été tout particulièrement employés pour la fabrication des pointes de flèche.

Description de l'outillage

L'abondance des pointes de flèche est une des principales caractéristiques des assemblages du IIIe millénaire, puisque pratiquement deux outils sur trois (65 %) sont des pointes de flèche. Elles ont été préférentiellement manufacturées sur des supports siliceux très fins, comme les rhyolites vitreuses, les silex et quelques fragments d'obsidienne, mais les séries comptent également des pointes en roche plus grenue. Le reste est typologiquement assez pauvre, même si de nouvelles classes d'outils font leur apparition.

L'outillage en quartz

Bien que majoritaires en termes d'effectifs, les éclats en quartz n'ont que peu servi à l'élaboration des outils retouchés : les 44 outils recensés appartenant aux classes des pièces à coches, des pièces esquillées et des éclats à retouches latérales irrégulières (tabl. 38).

Groupe 7 : pièces à coche(s) et denticulés

Classe 7.1 : pièces à coche unique sur support épais

Quatorze pièces (dont 9 à I Calanchi et 5 à Cauria), manufacturées sur débris de quartz, entrent dans cette classe.

Groupe 8 : pièces à enlèvements irréguliers

Classe 8.2 : éclats minces à retouches latérales irrégulières

Seize éclats tranchants (12 à I Calanchi, 4 à Cauria) présentent des bords ébréchés, avec quelques enlèvements désordonnés s'apparentant à de la retouche d'utilisation.

Groupe 9 : pièces esquillées

Classe 9.1 : pièces esquillées sur supports minces

Quatre petites pièces esquillées (I Calanchi), d'environ 2 cm de long, pour 1 cm de large et 0,5 cm d'épaisseur, ont été comptabilisées (fig. 55).

Classe 9.2 : pièces esquillées épaisses

Dix pièces esquillées d'épaisseur supérieure à 8 mm, de forme est plus ou moins cubique, ont été recensées : Quatre à Cauria et six à I Calanchi.

Les outils en roches grenues

121 pièces retouchées ont été comptabilisées, dont 89 appartiennent au groupe 2. Les autres outils se répartissent entre les groupes 5, 6, 7 et 8 (tabl. 39).

Groupe 2 : pointes de flèche et armatures foliacées

Classe 2.1 : pointes losangiques à crans

37 pointes de flèches (36 à I Calanchi, 1 à Cauria) ont été façonnées par retouche bifaciale courte, assez peu envahissante, et présentent deux petits ailerons perpendiculaires à leur axe morphologique. Aucune d'elles ne témoigne d'une grande habilité technique.

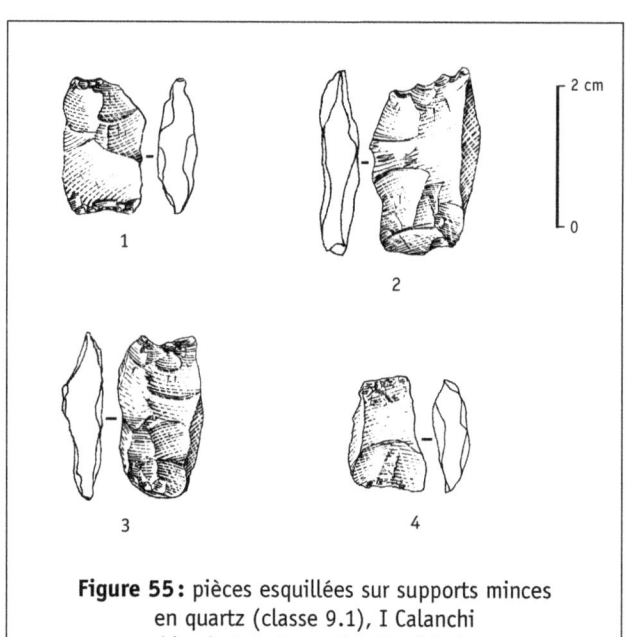

Figure 55 : pièces esquillées sur supports minces en quartz (classe 9.1), I Calanchi (dessin L.J. Costa / G. Devilder).

Supports retouchés			Sites	Cauria	I Calanchi
Roches grenues	Groupe 2	Classe 2.1		1	36
		Classe 2.2			12
		Classe 2.4	Type 2.4.1	3	12
			Type 2.4.3	2	5
		Indéterminé		3	15
	Groupe 5	Classe 5.1	Type 5.1.1		5
	Groupe 7	Classe 7.1		1	8
		Classe 7.4	Type 7.4.1		1
			Type 7.4.2		2
		Classe 7.5	Type 7.5.1		3
	Groupe 8	Classe 8.2		2	10

Tableau 39: présentation des types de supports retouchés en roches grenues des sites de Cauria et d'I Calanchi (IIIe millénaire).

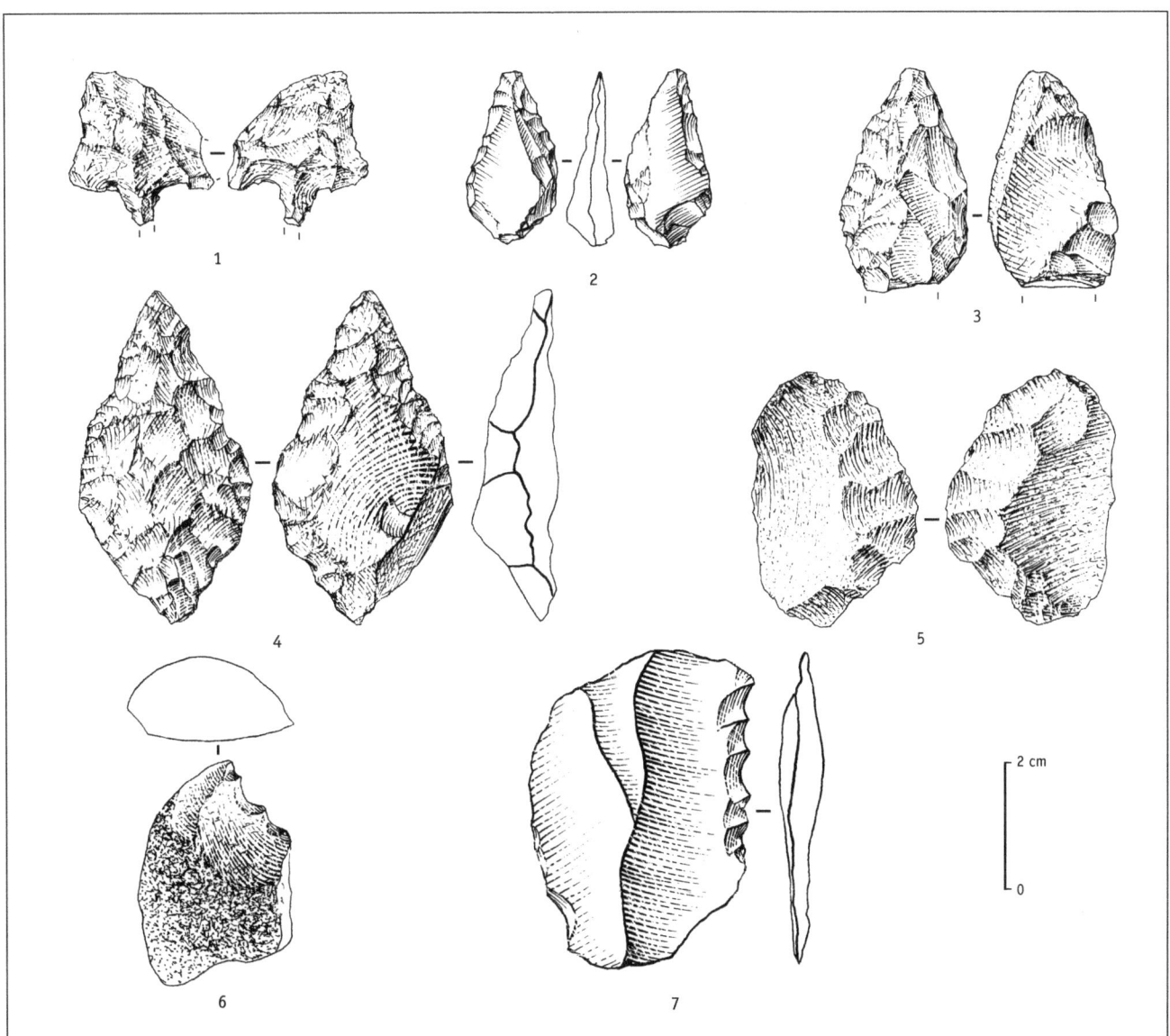

Figure 56: outils en roches grenues diverses: n° 1, pointe à ailerons courts (type 2.2), I Calanchi; n° 2, petite pointe foliacée retouchée par pression (type 2.4.1), I Calanchi; n° 3 et 4, grandes pointes foliacées retouchées par percussion (type 2.4.3), I Calanchi; n° 5, grand éclat à retouches bifaciales (type 5.3.1), I Calanchi; n° 6, denticulé concave semi abrupt (type 7.4.2), I Calanchi; n° 7, large éclat denticulé (type 7.5.1), I Calanchi (dessin L.J. Costa / G. Devilder).

Supports retouchés			Sites	Cauria	I Calanchi
Rhyolite fine	Groupe 2	Classe 2.1		2	20
		Classe 2.2		2	61
		Classe 2.3		2	11
		Classe 2.4	Type 2.4.1	2	6
		Indéterminé		3	11
	Groupe 6	Classe 6.1	Type 6.1.1		2
	Groupe 7	Classe 7.4	Type 7.4.1		1
	Groupe 8	Classe 8.2			5
	Groupe 9	Classe 9.2			1

Tableau 40 : présentation des types de supports retouchés en rhyolite fine des sites de Cauria et d'I Calanchi (IIIe millénaire).

Classe 2.2 : pointes à ailerons courts

Douze pointes de flèche (I Calanchi) possèdent deux petits ailerons, dégagés par une coche et inclinés vers le bas. Comme pour celles de la classe précédente, ces pointes de flèche sont assez grossières (fig. 56, n° 1).

Classe 2.4 : pointes foliacées

-Type 2.4.1 : petites pointes foliacées retouchées par pression

Quinze pièces (12 à I Calanchi, 3 à Cauria), façonnées par retouches pression bifaciales, en forme d'amande, ne présentent ni pédoncule ni ailerons. Elles ont été manufacturées sur des éclats et présentent une retouche courte et peu envahissante. Ces pointes ne montrent pas une grande maîtrise technique de la retouche (fig. 56, n° 2).

-Type 2.4.3 : grandes pointes foliacées retouchées par percussion

Sept grandes pointes foliacées (5 à I Calanchi et 2 à Cauria) ont un calibre nettement supérieur à celui des pointes de flèche et mesurent plus de 3,5 cm de long et 2 cm de large (fig. 56, n° 3). Deux d'entre-elles (I Calanchi) dépassent même les 5 cm de long pour 3 cm de large (fig. 56, n° 4). Elles ont toutes été façonnées sur de gros éclats, par des enlèvements majoritairement réalisés à la pierre tendre.

Classe indéterminée : petits fragments

Notons la présence de 18 petits débris allongés, portant des enlèvements bifaciaux couvrants et pouvant correspondre à des fragments de pointes de flèche.

Groupe 5 : les pièces à retouche latérale non abrupte

-Type 5.3.1 : grands éclats à retouches bifaciales

Cinq pièces quasi identiques (I Calanchi) possèdent un bord latéral tranchant, de délinéation convexe, retouché sur près de 4 cm de long, par de grands enlèvements bifaciaux envahissants (fig. 56, n° 5).

Groupe 7 : pièces à coche(s) et denticulés

Classe 7.1 : pièces à coche unique sur support épais

Neuf fragments de galets (8 à I Calanchi) présentent une coche unique, profonde, d'environ 1 cm de large.

Classe 7.4 : denticulés sur éclats épais

-Type 7.4.1 : denticulé convexe semi abrupt

Un gros débris de galet (I Calanchi) présente trois coches adjacentes, sur un bord semi abrupt convexe.

-Type 7.4.2 : denticulé concave semi abrupt

Deux débris de galets (I Calanchi) présentent trois coches adjacentes, sur un bord semi abrupt, légèrement concave (fig. 56, n° 6).

Classe 7.5 : denticulés sur supports minces

-Type 7.5.1 : larges éclats denticulés

Trois grands éclats en granite (I Calanchi) présentent 3 à 5 larges coches sur un bord tranchant de délinéation convexe (fig. 56, n° 7).

Groupe 8 : pièces à enlèvements irréguliers

Classe 8.2 : éclats minces à retouches latérales irrégulières

12 éclats (10 à I Calanchi et 2 à Cauria) présentent une retouche irrégulière et discontinue, parfois légèrement denticulée, sur un bord latéral tranchant.

Outils en rhyolites fines

Au total 129 outils en rhyolites fines ont été comptabilisés, dont 120 pointes de flèche (tabl. 40).

Groupe 2 : pointes de flèche et armatures foliacées

Classe 2.1 : pointes losangiques à crans

22 pointes peuvent être rangées dans cette classe (20 à I Calanchi, 2 à Cauria). Elles ne présentent aucune originalité particulière.

Classe 2.2 : pointes à ailerons courts

63 pointes de flèche (61 à I Calanchi, 2 à Cauria) possèdent

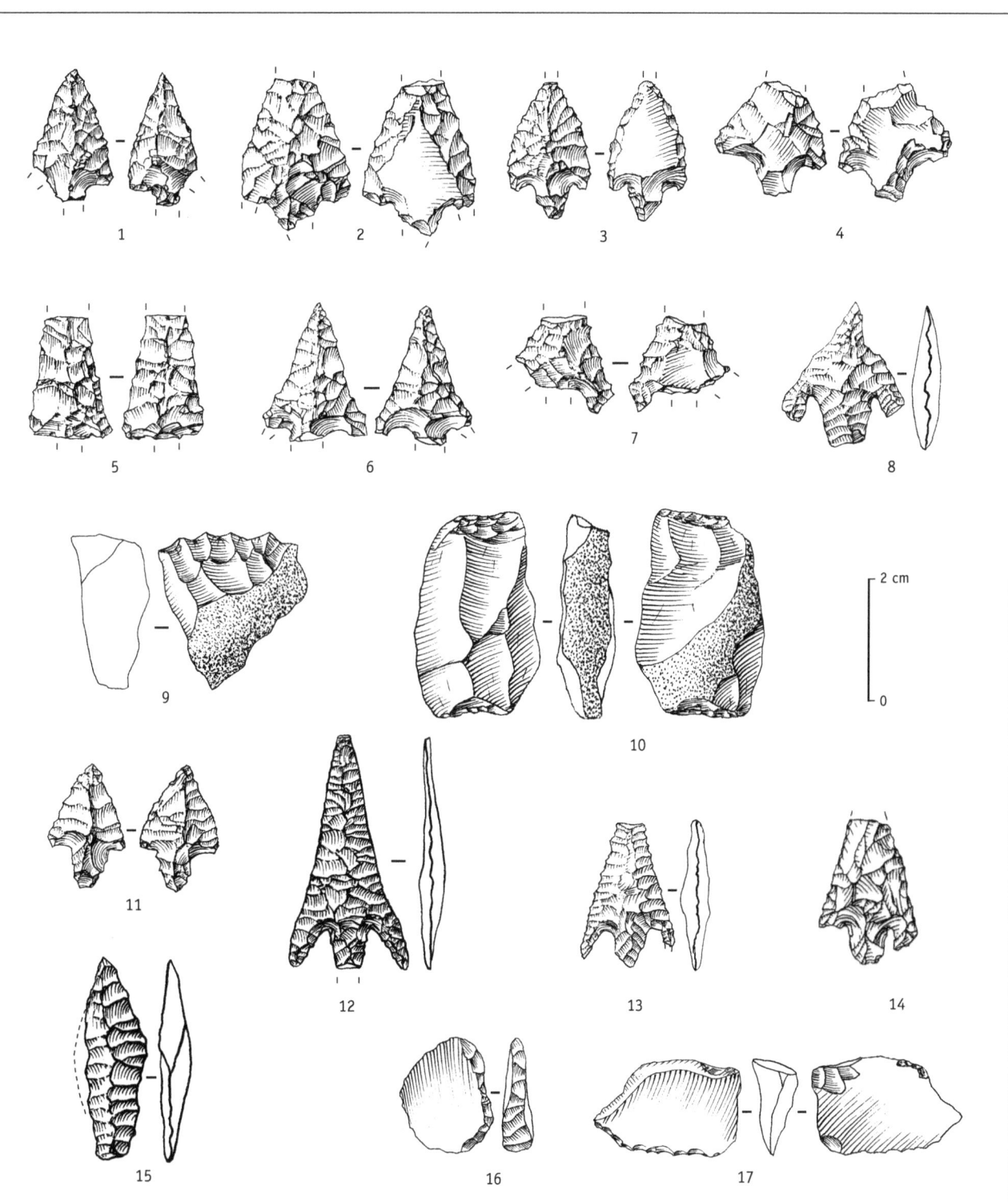

Figure 57: outils en rhyolite fine et silex: n° 1 à 4, pointes à ailerons courts (classe 2.2), rhyolite fine, I Calanchi; n° 5 et 6, pointes à ailerons longs (classe 2.3), rhyolite fine, I Calanchi; n° 7, pointe à ailerons longs et crochus (type 2.3.2), rhyolite fine, I Calanchi; n° 8, pointe à ailerons longs et crochus (type 2.3.2) reprise, rhyolite fine, I Calanchi; n° 9, denticulé convexe semi abrupt (type 7.4.1), rhyolite fine, I Calanchi; n° 10, pièce esquillée sur nucléus en rhyolite fine (classe 9.1), I Calanchi; n° 11, pointe losangique à crans (classe 2.1), silex, I Calanchi; n° 12, pointe à ailerons longs rectilignes (type 2.3.1), silex, I Calanchi; n° 13, pointe à ailerons longs rectilignes (type 2.3.1), retouche pression avec pointe de cuivre, silex, I Calanchi; n° 14, pointe à ailerons longs et crochus (type 2.3.2), silex, I Calanchi; n° 15, petite pointe foliacée retouchée par pression (variante du type 2.4.1), silex, I Calanchi; n° 16, petit éclat à dos (type 6.1.1), silex, Cauria; n° 17, éclat mince à retouches latérales irrégulières (classe 8.2), silex, Cauria (dessin L.J. Costa / G. Devilder).

deux petits ailerons, inclinés vers le bas, dégagés par une coche (fig. 57, n° 1). Plus de la moitié des effectifs présente une retouche couvrante sur une face et envahissante sur l'autre, qui correspond le plus souvent à la face inférieure de l'éclat ayant servi de support (fig. 57, n° 2 à 4). D'une manière générale, ces pointes sont plutôt bien faites, montrant néanmoins de nette différence de savoir-faire chez les tailleurs.

Classe 2.3 : pointes à ailerons longs

Treize pointes (11 à I Calanchi, 2 à Cauria), de très belle manufacture, présentent des ailerons particulièrement longs, descendant nettement le long du pédoncule. Elles peuvent être subdivisées en deux types, selon la forme de ces ailerons : rectilignes ou crochus. Cependant, ces pointes ayant été le plus souvent trouvées fracturées, leurs ailerons sont rarement complets ; ce qui limite considérablement la portée de cette distinction. Ainsi, la majorité des pointes ne peut être rangée dans l'un des types définis (fig. 57, n° 5 et 6).

-Type 2.3.2 : pointes à ailerons longs et crochus

Parmi les treize pointes de cette classe, quatre (3 à I Calanchi, 1 à Cauria) appartiennent assurément à ce type très particulier des « pointes à ailerons longs et crochus », qui compte également plusieurs représentants en silex. Il s'agit toujours de pointe très soigneusement élaborée, avec le plus souvent une très belle retouche en écharpe. Elles sont de toute évidence la marque de quelques productions spécialisées (fig. 57, n° 7).

Il convient également de noter qu'un nombre important de pointes témoigne d'un ravivage ou plutôt d'une reprise d'anciennes pointes fracturées en partie apicale. Ces reprises se traduisent fréquemment par des dissymétries, le plus souvent liées à la réduction de la longueur initiale de l'objet. Certaines pointes sont alors courtes et larges, le pédoncule et les ailerons pouvant représenter plus de la moitié de la pièce (fig. 57, n° 8).

Classe 2.4 : pointes foliacées

-Type 2.4.1 : petites pointes foliacées retouchées par pression

Sept pointes de flèches (6 à I Calanchi, 1 à Cauria) ont été façonnées en forme d'amande, par retouche bifaciale envahissante, mais pas totalement couvrante.

Classe indéterminée : petits fragments

Notons la présence de 14 fragments de supports retouchés, portant des enlèvements bifaciaux couvrants et correspondant certainement à des fragments de pointes de flèche.

Groupe 6 : les pièces à retouche latérale abrupte

Classe 6.1 : petites pièces à dos

-Type 6.1.1 : petits éclats à dos

Deux petits éclats tranchants (I Calanchi) présentent un bord abattu, opposé à un tranchant.

Groupe 7 : pièces à coche(s) et denticulés

Classe 7.4 : denticulés sur éclats épais

-Type 7.4.1 : denticulé convexe semi abrupt

Un fragment de nucléus (I Calanchi) présente une série de cinq petites coches adjacentes, sur un bord semi abrupt convexe (fig. 57, n° 10).

Groupe 8 : pièces à enlèvements irréguliers

Classe 8.2 : éclats minces à retouches latérales irrégulières

Cinq éclats (I Calanchi) présentent une retouche irrégulière et discontinue sur un bord latéral tranchant.

Les outils en silex

30 pointes de flèche, deux pièces à dos (6.1) et six éclats à retouches irrégulières constituent les outils en silex recensés dans ces deux collections (tabl. 41).

Groupe 2 : pointes de flèche et armatures foliacées

Classe 2.1 : pointes losangiques à crans

Trois pointes losangiques, à crans très peu marqués, ont été trouvées à I Calanchi. Leur morphologie est probablement liée à celle des supports de départ, vraisemblablement des

Supports retouchés				Sites Cauria	I Calanchi
Silex	Groupe 2	Classe 2.1			3
		Classe 2.2			15
		Classe 2.3	Type 2.3.1		2
			Type 2.3.2	1	4
		Classe 2.4	Type 2.4.1		1
		Indéterminé		1	3
	Groupe 6	Classe 6.1	Type 6.1.1	1	1
	Groupe 8	Classe 8.2			6

Tableau 41 : présentation des types de supports retouchés en silex des sites de Cauria et d'I Calanchi (IIIe millénaire).

lames. La retouche en écharpe est plutôt soignée (fig. 57, n° 11).

Classe 2.2 : pointes à ailerons courts

Quinze pointes de flèche (I Calanchi) possèdent deux petits ailerons, inclinés vers le bas, dégagés par une coche.

Classe 2.3 : pointes à ailerons longs

Sept pointes (dont 1 Cauria) possèdent des ailerons particulièrement longs, inclinés vers le bas.

-Type 2.3.1 : pointes à ailerons longs rectilignes

Parmi ces pointes, deux (I Calanchi) présentent des ailerons très fins et rectilignes. La retouche est très soignée. Les contre-bulbes des enlèvements montrent des points d'impact si réduits que des parties de bord intact subsistent entre deux enlèvements de retouche, constituant alors une micro-denticulation, donnant aux bords un aspect crénelé. Seul l'emploi d'une pointe très effilée pour la retouche est susceptible de produire de tels stigmates. Il est ainsi fort probable que cette retouche ait été réalisée à l'aide d'une pointe en cuivre, car celles en matières végétales ou animales ne sont pas assez résistantes pour supporter la force requise par la retouche sur des surfaces aussi minimes (Nicolle 2000). La finesse de la pointe du compresseur est également déductible de la morphologie des ailerons qui se situent très près du pédoncule (fig. 57, n° 12, pression pointe de cuivre possible ; n° 13, quasi certaine).

-Type 2.3.2 : pointes à ailerons longs et crochus

Les cinq autres pointes de cette classe présentent des ailerons longs et crochus. Elles sont également très soigneusement élaborées, montrant une très belle retouche en écharpe et des bords crénelés (fig. 57, n° 14).

Classe 2.4 : pointes foliacées

-Variante 2.4.1.1 : petites pointes foliacées losangiques retouchées par pression

Une pointe de flèche, façonnée par retouche bifaciale couvrante, est nettement allongée, en forme de losange étiré. Ce modèle fort rare (1 exemplaire en silex à I Calanchi, fig. 57, n° 15 et peut-être un autre en obsidienne, fig. 58), semble avant tout être déterminé par l'étroitesse du support ayant servi à la confection de la pointe.

Classe indéterminée : petits fragments

Notons la présence de quatre fragments (3 à I Calanchi et 1 à Cauria), interprétés comme des fragments de pointes de flèche, principalement des pédoncules.

Groupe 6 : les pièces à retouche latérale abrupte

Classe 6.1 : petites pièces à dos

-Type 6.1.1 : petits éclats à dos

Deux petits éclats tranchants (I Calanchi et Cauria) possèdent un bord abattu, opposé à un tranchant. L'un d'eux, présente un dos convexe, avec une retouche croisée (fig. 57, n° 16).

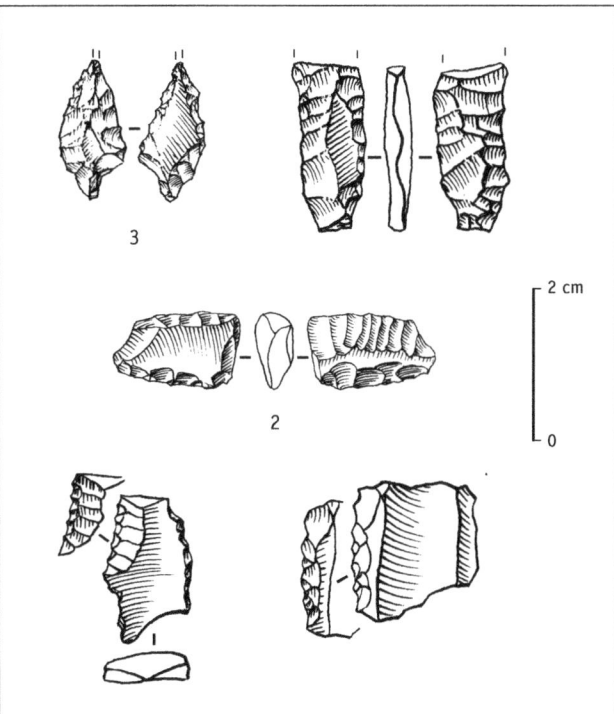

Figure 58 : outils en obsidienne : n° 1, pointe losangique à crans (classe 2.1), obsidienne, I Calanchi ; n° 2, fragment indéterminé, retouche bifaciale (pointe de flèche de type 2.4.1 ?), obsidienne, I Calanchi ; n° 3, petit éclat à dos avec retouches rasantes sur une face (variante du type 6.1.1), obsidienne, Cauria ; n° 4 et 5, petits éclats à dos (type 6.1.1) avec patine différentielle au niveau de la retouche, obsidienne, I Calanchi (dessin L.J. Costa / G. Devilder).

Supports retouchés			Sites	Cauria	I Calanchi
Obsidienne	Groupe 2		Classe 2.1		7
			Classe 2.2		5
			Indéterminé		1
	Groupe 6	Classe 6.1	Type 6.1.1		3
	Groupe 8		Classe 8.2		4

Tableau 42 : présentation des types de supports retouchés en obsidienne des sites de Cauria et d'I Calanchi (IIIe millénaire).

Groupe 8 : pièces à enlèvements irréguliers

Classe 8.2 : éclats minces à retouches latérales irrégulières

Six éclats (I Calanchi) présentent une retouche irrégulière et discontinue sur un bord latéral tranchant (fig. 57, n° 17).

L'outillage en obsidienne

20 pièces retouchées, dont douze pointes de flèche, ont été comptabilisées, toutes à I Calanchi (tabl. 42).

Groupe 2 : pointes de flèche et armatures foliacées

Classe 2.1 : pointes losangiques à crans

Sept pointes losangiques ont été trouvées (I Calanchi). Elles sont petites et assez dissymétriques, vraisemblablement façonnées sur des petits éclats ou des fragments de lames. Aucune d'elles ne témoigne d'un savoir-faire hautement qualifié (fig. 58, n° 1).

Classe 2.2 : pointes à ailerons courts

Cinq pointes de flèche (I Calanchi), à peine plus larges que les précédentes, possèdent deux petits ailerons, dégagés par une coche.

Un fragment (I Calanchi), présente une retouche bifaciale couvrante et pourrait correspondre à un débris de pointe foliacée losangique (type 2.4.1) (fig. 58, n° 2).

Groupe 6 : les pièces à retouche latérale abrupte

Classe 6.1 : petites pièces à dos

-Type 6.1.1 : petits éclats à dos

Trois petits éclats tranchants (I Calanchi) possèdent un bord abattu. Le premier présente en plus une retouche rasante sur une face (fig. 58, n° 3). Les deux autres présentent une patine différentielle au niveau du bord retouché abrupt, témoignant ainsi du réemploi d'anciens éclats débités, patinés par le temps, puis ramassés et retouchés (fig. 58, n° 4 et 5).

Groupe 8 : pièces à enlèvements irréguliers

Classe 8.2 : éclats minces à retouches latérales irrégulières

Quatre éclats (I Calanchi) présentent une retouche d'utilisation sur un bord latéral tranchant.

Conclusion : des industries appauvries

Les productions du IIIe millénaire marquent le déclin des industries lithiques : les débitages laminaires sont abandonnés et les outils sont peu variés, ne concernant plus désormais que quatorze types, dont six sont des pointes de flèche (groupe 2).

Ces industries utilisaient différentes matières premières, mais pour des productions distinctes, plusieurs types d'outils étant préférentiellement confectionnés sur certains matériaux seulement. Ainsi, les coches (classe 7.1) étaient toutes réalisées sur des quartz ou des roches grenues, les denticulés (classe 7.4 et 7.5) et les racloirs à retouches bifaciales (type 5.1.1) également sur des roches grenues et les pièces esquillées, minces ou épaisses (groupe 9), sur des quartz. Ces différences témoignent d'une gestion particulière des matières lithiques, une gestion différentielle qui est nouvelle dans les collections néolithiques de Corse.

Les pointes de flèche, qui représentent près des 2/3 de l'outillage, ont en revanche été façonnées sur presque tous les types de matériaux. Certaines, comme celles de la classe 2.3 (types 2.3.1 et 2.3.2), exclusivement manufacturées sur des silex ou des rhyolites fines, montrent une très grande maîtrise de la retouche par pression et sont sans conteste le fruit d'un travail spécialisé et hautement qualifié. Elles ne sont toutefois pas nombreuses (10 % des pointes de flèche) et tranchent avec le reste de la production, qui reste d'une grande pauvreté technique.

La fabrication des pointes de flèche en pierre s'est arrêtée au début du IIe millénaire, en même temps que disparaissaient les dernières industries en pierres taillées. À partir de l'Âge du Bronze, seuls des assemblages trouvés dans des abris sous roche contiennent encore quelques éclats de quartz non retouchés : le métal a désormais remplacé la pierre pour la confection de l'outillage, à l'exception de quelques outils aratoires et des masses en pierre polie, dont certaines participent à l'entretien des lames métalliques (Janny et Costa 2004).

Notes

[1] La collection de Terrina regroupe 290 vestiges, dont une vingtaine d'outils ; les autres séries disponibles (Araguina-Sennola, Strette, Southwell et Musuléu), quelques dizaines de pièces seulement (Costa 2004a).

[2] Selon le principe d'étude défini par C. Perlès (1991).

Conclusion :
Quels marqueurs chronologiques ?

En conclusion de ce travail de description des industries lithiques taillées de Corse, il convient de mettre en exergue les éléments les plus spécifiques de chaque période étudiée, afin de suivre l'évolution de ces productions au fil du temps. Ce dernier travail consiste à croiser les résultats obtenus par l'étude de chaque assemblage, en termes de conduite des débitages (techniques et méthodes de production), mais aussi de type d'outils défini.

Techniques et méthodes de production.

Durant tout le Mésolithique (IXe – VIIe millénaire), les débitages visaient la production d'un outillage expédient et étaient ainsi toujours très simples. Les éclats étaient détachés par percussion directe dure, le plus souvent selon de courtes séquences unipolaires. Les chaînes opératoires comportaient au maximum deux étapes : le fractionnement des galets en deux, probablement par percussion sur enclume (étape facultative liée à la morphologie du bloc de départ) et le débitage des éclats, selon une succession de gestes stéréotypés. La simplicité de ces productions était induite par la qualité des matières premières exploitées – des galets de matériaux grenus – dont les faibles aptitudes à la taille n'autorisaient pas de débitages plus élaborés. Les techniques et méthodes utilisées durant cette période n'ont de ce fait aucune valeur chronologique particulière et sont susceptibles d'être employées dans différents contextes, dès lors que ce type de matières est débité.

À partir du Néolithique ancien, les matières premières allochtones (silex et obsidienne) ou lointaines (rhyolites fines) font leur apparition dans les assemblages lithiques et avec elles, les débitages élaborés. Deux types de production coexistent alors : le débitage d'éclats et le débitage laminaire. Le premier se rencontre fréquemment dans les sites spécialisés (occupations temporaires notamment littorales), où les roches exploitées sont souvent locales et peu aptes à être taillées. Le débitage laminaire ne concerne que des matières très siliceuses : le silex, les rhyolites fines et dans une moindre mesure l'obsidienne. Durant tout le Néolithique cardial, c'est-à-dire entre 5800 et 5200 BC, les lames sont toutes manufacturées en silex ou en rhyolite et leur morphologie témoigne d'une technique de détachement par percussion indirecte. Aucun élément chronologiquement fiable ne permet de supposer l'emploi de la pression à cette période. Les quelques lamelles d'obsidienne trouvées, proviennent toutes de contextes remaniés et appartiennent à des productions datant au plus ancien de l'extrême fin du VIe millénaire (Néolithique ancien à céramiques poinçonnées).

C'est en effet à la fin du VIe millénaire, que les premiers débitages par pression, pour la production de petites lamelles en obsidienne, semblent voir le jour. Les vestiges sont cependant très rares et il faudrait augmenter sensiblement le nombre de pièces étudiées pour rendre le diagnostic fiable. Parallèlement, on remarque l'apparition dans plusieurs sites d'une production lamellaire en quartz opalescent ou hyalin. Ces productions lamellaires se retrouvent également dans les sites du Ve millénaire, période durant laquelle les larges lames en silex, détachées par percussion indirecte, ont pratiquement disparu.

Un des principaux faits marquants des collections du Ve millénaire est la raréfaction des importations de matières allochtones et la nette augmentation de l'exploitation des quartz au détriment des autres matières indigènes. Les circuits d'approvisionnement en roches sardes qui fonctionnaient durant le VIe millénaire ont vraisemblablement périclité, sans que de nouveaux réseaux les aient remplacés. Les quelques éléments en obsidienne trouvés dans les collections montrent que les communautés de Corse ne vivaient pas dans un isolement total ; mais la présence de lamelles en quartz témoigne d'une certaine carence en matières premières et du remplacement des roches allochtones par des matières locales. Il est toutefois surprenant que l'exploitation des rhyolites fines, dans le nord de l'île, ait également cessé, alors même que ces roches étaient utilisées durant le VIe millénaire pour pallier la rareté du silex. Ce V^e millénaire apparaît donc comme une période de changements importants et même de ruptures avec le Néolithique ancien. Malheureusement c'est aussi une période très floue, pour laquelle on ne connaît actuellement que très peu d'assemblages.

Dès le début du IVe millénaire, on observe une réelle abondance des éléments en obsidienne dans les collections de Corse, qui représentent désormais plus de 75 % des vestiges lithiques. Il s'agit là d'un phénomène tout à fait surprenant qui n'est pas sans rappeler la situation des sites du sud de la France, où les silex blonds circulent en grande quantité sur de longues distance. Toujours est-il que la Corse a bénéficié, à cette époque, d'un apport en obsidienne sarde tout à fait remarquable, au regard des autres régions méditerranéennes, témoignant ainsi de l'importance des réseaux d'échange entre les deux grandes îles tyrrhéniennes.

Deux productions sur obsidienne coexistent dans tous les assemblages de l'île : un débitage d'éclats et un autre de petites lames ou de lamelles. Les éclats, principalement détachés par percussion directe, s'inscrivent parfois dans un processus de reprise d'ancien nucléus à lames, mais les preuves d'une telle succession au sein d'une même chaîne opératoire sont si rares qu'elle ne peut être considérée comme systématique. La plupart des supports laminaires – des lamelles étroites, fines et rectilignes – ont indiscutablement été détachés par pression. Il existe cependant, dans plusieurs collections, quelques lames, plutôt larges, épaisses et arquées, dont la morphologie suggère un détachement par percussion indirecte. Il est possible que ces deux techniques se succèdent au sein des mêmes chaînes opératoires (mise en forme par percussion indirecte puis plein débitage par pression), mais une telle démonstration n'est pas établie. Quoi qu'il en soit, ces lames sont extrêmement rares (quelques pièces seulement) et la très grande majorité des produits laminaires est de petit calibre : il s'agit le plus souvent de lamelles, détachées par pression.

Cette production lamellaire disparaît au début du Chalcolithique (IIIe millénaire) en même temps que cessent les importations d'obsidienne. Les matières indigènes redeviennent alors très majoritaires dans les assemblages. Il s'agit principalement de quartz et de roches grenues récoltés aux abords des sites, ainsi que quelques rhyolites fines d'origine plus lointaine. Les productions de la période se caractérisent surtout par une nette diminution de l'importance quantitative et qualitative des industries en pierre taillée : les vestiges témoignent de débitages peu élaborés, effectués par percussion directe dure, le plus souvent sans agencement particulier entre les enlèvements. Les productions laminaires ne sont plus représentées que par quelques pièces en obsidienne ou en silex, probablement manufacturées au début de la période, en dehors des sites d'habitat étudiés.

L'outillage

Les productions du Mésolithique visaient l'obtention d'un outillage très expédient, fondé sur l'utilisation de tranchants brut de débitage. Les supports retouchés sont rares et peu caractéristiques : il s'agit de pièces partiellement retouchées que l'on retrouve dans de nombreux assemblages d'époques différentes. Seuls les outils à extrémité biseautée (groupe 8, classe 8.4) semblent spécifiques et pourraient ainsi posséder une valeur chronologique (fig. 13). Il convient toutefois de rester prudent, car s'ils n'ont été jusqu'à présent recensés que dans des couches datant du Mésolithique, deux exemplaires ont été ramassés en surface sur les rivages de la Punta di Murtuli et de Pianotoli (au sud de la Corse), dans des lieux où aucune occupation mésolithique n'a encore été reconnue. Il n'est donc pas exclu que ce type d'outils soit lié à une activité particulière, telle l'exploitation de ressources littorales ou marines, d'autant qu'il a toujours été retrouvé dans des zones littorales. Nous pensons tout particulièrement à la collecte des patelles, car elle nécessite l'emploi d'un outil robuste, capable de décoller les coquilles des rochers. Dans ce cas, ces outils dépendraient davantage d'un contexte d'exploitation que d'une période chronologique.

En revanche, pour les périodes néolithiques, il existe de nettes différences dans les outillages et certains types ont indiscutablement une valeur chronologique. Ces variations ne concernent pas l'ensemble des groupes d'outils, mais seulement les groupes 1, 2 et 5. Il est ainsi intéressant de remarquer que les outils à forte valeur chronologique sont surtout ceux dont la retouche participe d'une mise en forme globale de l'objet – c'est-à-dire les pièces géométriques (groupe 1) et les pointes de flèche (groupe 2) – et qui correspondent, à ce titre, à de véritables images mentales. C'est principalement l'évolution de ces images mentales, d'un point de vue tant technologique que morphologique, qui est diachroniquement significative. Les autres outils se retrouvent en revanche à toutes les époques dans des proportions relativement équivalentes. Bien entendu, la représentativité de l'outillage sur support laminaire est dépendante de l'importance de ce type de production dans les assemblages et certains types d'outils peuvent de ce fait être rares à certaines occasions, mais ils se retrouvent en abondance à d'autres moments, lorsque la production laminaire est considérable. Il s'agit là d'une variation de circonstance, qui ne peut servir à une interprétation purement chronologique.

Seuls certains outils du groupe 5 – les racloirs – échappent à cette règle : les types des classes 5.1 et 5.3 (tabl. 43).

Les outils de la classe 5.1 – les racloirs simples sur éclats – se retrouvent en nombre dans les séries du IVe millénaire et sont inconnus des autres assemblages. Manufacturés sur de petits éclats d'obsidienne, ils présentent une retouche latérale semi abrupte (type 5.1.1) et ont une morphologie assez standardisée (fig. 49, n° 3).

Les outils de la classe 5.3 – les racloirs à retouche bifaciale – ne se retrouvent que dans les collections du IVe et du IIIe millénaire. Trois types ont été définis : le premier – type 5.3.1 – correspond à de grands racloirs convexes (fig. 56, n° 5). La série de Basi en compte un seul, alors que celle d'I Calanchi en contient cinq. Le site de Basi ayant également été occupé au cours du IIIe millénaire (couche 4), il est possible que la pièce en question ne soit pas à sa

Supports retouchés		Sites	Néolithique Cardial (début VIe)	Néolithique poinçonné (fin VIe)	Ve millénaire	IVe millénaire	IIIe millénaire
GROUPE 5 : racloirs & pièces	Classe 5.1	Type 5.1.1				15	
	Classe 5.3	Type 5.3.1				1	5
		Type 5.3.2				2	
		Type 5.3.3				2	
	Classe 5.4	Type 5.4.1	1	1		1	
		Type 5.4.2				2	
	Classe 5.5					1	

Tableau 43 : représentativité des outils du groupe 5 dans les collections archéologiques de Corse.

place initiale et qu'elle ait connu quelques déplacements verticaux au cours de ces occupations successives. Les deux autres types définis – les petits racloirs convexes (type 5.3.2) et les petits racloirs concaves sur lames (type 5.3.3) – ne sont en revanche connus que dans les séries du IVe millénaire (fig. 49, n° 4 et 5).

Toutes ces pièces semblent donc être des marqueurs chronologiques assez fiables, datant soit du IVe millénaire (types 5.1.1, 5.3.2, 5.3.3), soit du IVe et du IIIe millénaires (type 5.3.1). Il convient de remarquer que tous ces outils ont des morphologies plutôt standardisées et qu'ils correspondent ainsi à des images mentales assez précises. À cet égard, ils ne sont guère différents des autres outils à haute valeur chronologique : ceux des groupes 1 et 2.

Le groupe 1 – les pièces géométriques – a été subdivisé en sept classes et onze types. Tous ces sous-groupes n'offrent bien entendu pas le même intérêt (tabl. 44).

Ainsi, les trapèzes de la classe 1.1 – les trapèzes à bitroncatures concaves de type 1.1.1 et 1.1.2 (fig. 24, n° 1 à 3, par exemple) – sont spécifiques des collections du VIe millénaire, c'est-à-dire du Néolithique ancien à céramiques cardiales ou poinçonnées.

Il en est de même pour les pièces de type 1.6.1 – pièces à bitroncature partielle (fig. 22, n° 1, par exemple) – uniquement trouvées dans ces séries du Néolithique ancien.

Les artéfacts de la classe 1.7, (types 1.7.1 et 1.7.2), de grandes pièces bitronquées, trapézoïdales (fig. 21, n° 1) ou rectangulaires (fig. 24, n° 9), assez rares, ne sont toutefois présents que dans les seuls assemblages du Néolithique ancien de type cardial.

Enfin les pièces de type 1.5.2 – les géométriques sur lames à retouches bifaciales ou « segments de cercle » (fig. 46, n° 8 à 11) – appartiennent exclusivement à des séries du IVe millénaire, où elles se retrouvent en grand nombre.

Tous ces outils possèdent donc une forte valeur chronologique. Les autres pièces du groupe 1 sont soit

Supports retouchés		Sites	Néolithique Cardial (début VIe)	Néolithique poinçonné (fin VIe)	Ve millénaire	IVe millénaire	IIIe millénaire
GROUPE 1 : pièces géométriques	Classe 1.1	Type 1.1.1	3	1			
		Type 1.1.2	2	1			
	Classe 1.2	Type 1.2.1	10	10		8	
		Type 1.2.2	1				
	Classe 1.3				1		
	Classe 1.4		5	3		2	
	Classe 1.5	Type 1.5.1	2	2	1	12	
		Type 1.5.2				30	
	Classe 1.6	Type 1.6.1	3	1			
		Type 1.6.2	2	6	1	2	
		Type 1.6.3			1		
	Classe 1.7	Type 1.7.1	1				
		Type 1.7.2	1				

Tableau 44 : représentativité des outils du groupe 1 dans les collections archéologiques de Corse.

Supports retouchés		Sites	Néolithique Cardial (début VIe)	Néolithique poinçonné (fin VIe)	Ve millénaire	IVe millénaire	IIIe millénaire
Groupe 2 : pointes de flèche et foliacées		Classe 2.1			4	32	69
		Classe 2.2				5	95
		Classe 2.3					20
	Classe 2.4	Type 2.4.1				5	24
		Type 2.4.2				2	
		Type 2.4.3					7

Tableau 45 : représentativité des outils du groupe 2 dans les collections archéologiques de Corse

extrêmement rares (classe 1.3 ou type 1.6.3, représentés par une seule pièce), soit se retrouvent dans des séries datées de presque toutes les périodes (tabl. 44). Il convient toutefois de remarquer que les trapèzes isocèles de classe 1.2 (types 1.2.1 et 1.2.2) sont exclusivement manufacturés sur des supports laminaires en silex et rhyolites au cours du VIe millénaire (fig. 24, n° 4 à 6, par exemple), alors qu'ils sont en obsidienne dans les séries du IVe millénaire (fig. 46, n° 2 à 6). La matière première et la technique de détachement des lames ayant servi de supports à ces trapèzes permettent donc de différencier ces productions.

Le groupe 2 rassemble quatre classes et sept types, qui sont pour la plupart de véritables marqueurs chronologiques (tabl. 45).

Tout d'abord, les pointes de flèche ne font leur apparition dans les collections corses qu'à partir du Ve millénaire. À cette époque, il ne s'agit que de pointes de classe 2.1 : les pointes losangiques à crans (fig. 39, n° 1 et 2, par exemple). Si ce type de pointe perdure jusqu'au Chalcolithique, d'autres types sont venus compléter l'outillage des populations au cours des IVe et IIIe millénaires.

Ainsi, les pointes de la classe 2.2 – les pointes à ailerons courts (fig. 47, n° 10 et 11, par exemple) – et celles de type 2.4.1 – les petites pointes foliacées retouchées par pression (fig. 47, n° 1, par exemple) – sont caractéristiques des séries du IVe et du IIIe millénaires.

Celles de la classe 2.3 – les pointes à ailerons longs (fig. 57, n° 5 à 8) – et celles de type 2.4.3 – les grandes pointes foliacées retouchées par percussion (fig. 56, n° 3 et 4) – ne sont en revanche présentes que dans les assemblages du IIIe millénaire.

Enfin, quelques grandes pointes foliacées retouchées par pression (type 2.4.2) appartiennent exclusivement aux séries du IVe millénaire (fig. 48).

Si le nombre d'outils à haute valeur chronologique reste assez modique, plusieurs paramètres offrent toutefois de précieux indicateurs permettant non pas de cerner avec précision la période de fabrication de tels ou tels objets, mais d'exclure des tranches de temps durant lesquels ces productions étaient impossibles. C'est par exemple le cas de toutes les pièces manufacturées sur des supports laminaires débités par pression et qui sont forcément postérieures au Néolithique ancien de type cardial. C'est également le cas d'un grand nombre d'outils qui ont disparu des séries du IIIe millénaire, probablement remplacés par des objets métalliques. Il s'agit notamment des outils perforants (classe 5.4 et 5.5) et des troncatures (groupe 4), mais aussi de la plupart des artéfacts sur supports laminaires.

Ainsi, l'utilisation conjointe d'un ensemble de critères à la fois technologiques (matières premières, techniques et méthodes de débitages) et typologiques (outillage) permet une évaluation fiable et relativement précise de l'homogénéité d'une collection lithique ; la combinaison de tous ces paramètres étant indéniablement la meilleure signature des habitudes technologiques des communautés, au fil du temps.

En conclusion de ce travail, je reviendrais sur ce que je crois être une avancée méthodologique quant à la description des outillages lithiques. En effet, si les critères technologiques sont primordiaux dans l'identification des variations chronologiques des industries lithiques, cette étude montre également toute l'importance de la démarche typologique, la seule qui en définitive renseigne sur l'évolution des « manières de voir » des différentes communautés. Le fait que les outils à haute valeur chronologique soient ceux qui correspondent avant tout à une forme particulière (armatures tranchantes, pointes de flèche, foliacée, etc.) ne peut que renforcer cette constatation. Cela valide du même coup le choix de fonder ma typologie sur la distinction entre les pièces partiellement retouchées et celles qui sont mises en forme par la retouche. Je ne sais pas si le principe d'élaborer sa typologie à partir d'une classification sera suivi par d'autres auteurs, mais la distinction entre les supports localement modifiés et ceux globalement transformés apparaît d'ores et déjà comme indispensable dans l'analyse des outillages lithiques. Elle permet d'éviter la dispersion des types d'outils et surtout, de ne pas perdre de vue la morphologie d'ensemble de ces outils : les « images mentales » ou les « prototypes » dont parlait F. Bordes.

Références bibliographiques

ANDEL T.H. (van), 1989, « Late quaternary sea-level changes and archaeology », *Antiquity* 63, p. 733-745.

ANDEL T.H. (van), 1990 « Addendum to 'Late quaternary sea-level changes and archaeology' », *Antiquity* 64, p. 151-152.

AUDOUZE F., 1976, « Traitements statistiques des données et description du matériel préhistorique », *colloque U.I.S.P.P.* : thèmes spécialisés (Nice), p. 9-22.

AUGEREAU A., 1993, *Évolution de l'industrie du silex du Ve au IVe millénaire avant J.-C. dans le sud-est du Bassin Parisien. Organisation techno-économique du Villeneuve-Saint-Germain au groupe de Noyen: l'apport des Etudes lithiques.* Thèse de Doctorat, Université Paris I-Sorbonne.

BAILLOUD G., 1969a, « Fouilles de Basi (Serra-di-Ferro, Corse). Campagne de 1968 », *Corse Historique* IX, 33, p. 49-64.

BAILLOUD G., 1969b, « Fouille d'un habitat néolithique et torréen à Basi », *Bulletin de la Société Préhistorique Française* 66, p. 367-383.

BAILLOUD G., 1971, *Rapport de fouilles, Basi.* Service Régional de l'Archéologie, inédit, Ajaccio.

BAILLOUD G., 1972, « Datations C14 pour le site de Basi », *Bulletin de la Société Préhistorique Française* 69, 3, p. 71-72.

BARBAZA M., GUILAINE J. et VAQUER J., 1984, « Fondements chrono-culturels du Mésolithique en Languedoc occidental », *L'Anthropologie*, 88, 3, p. 345-365.

BINDER D., 1987, *Le Néolithique ancien provençal : technologie et typologie des outillages lithiques*, Supplément à Gallia-Préhistoire 24, Editions du CNRS, Paris.

BINDER D., 1991, « Facteurs de variabilité des outillages lithiques chasséens dans le Sud-Est de la France », *Identité du Chasséen* (actes du colloque de Nemours, mai 1989), Mémoire du Musée de Préhistoire d'Île-de-France, 4, p. 261-272.

BINDER D. (dir.), 1991, *Une économie de chasse au Néolithique ancien. La grotte Lombard à Saint-Vallier-de-Thiey (Alpes-Maritimes)*, Monographie du CRA, 5, Editions du CNRS, Paris.

BINDER D., 1995, « Eléments pour la chronologie du Néolithique ancien à céramique imprimée dans le Midi », in J.-L. Woruz (ed.) *Chronologies néolithiques : de 6000 à 2000 ans avant notre ère dans le Bassin rhodanien.* Colloque d'Ambérieu-en-Bugey (19-20 sept. 1992), Société préhistorique rhodanienne, Document du Département d'anthropologie et d'écologie de l'Université, 20, p. 50-65.

BINDER D. et GASSIN B., 1988, « Le débitage laminaire chasséen après chauffe: technologie et traces d'utilisation », in S. Beyries (ed.) *Industries lithiques : tracéologie et technologie*, British Archaeological Reports International series 411, 1, p. 93-125.

BINDER D. et PERLES C., 1990, (avec la collaboration de M.-L. Inizan et M. Lechevallier), « Stratégies de gestion des outillages lithiques au Néolithique », *Paléo* 2, p. 257-283.

BINDER D., BROCHIER J.-E., DUDAY H., HELMER D., MARINVAL P., THIEBAULT S. et WATTEZ J., 1993, « L'abri de Pendimoun (Castellar, Alpes-Maritimes): nouvelles données sur le complexe culturel de la céramique imprimée méditerranéenne dans son contexte stratigraphique », *Gallia Préhistoire* 35, p. 177-251.

BONATO M., LORENZI F., NONZA A., RADI G., TOZZI C., WEISS M.-C. et ZAMAGNI B., 2000, « Le nuove ricerche a Pianosa. Gli scavi del 1998 », in C. Tozzi et M.-C. Weiss (eds) *Il primo popolamento olocenico dell'area corso-toscana (Les premiers peuplements holocènes de l'aire Corso-toscane)*, Università di Pisa / Université de Corse, Interreg II: Toscana - Corsica, Cultura Uomo Società, Edizioni ETS, p. 91-115.

BONIFAY E., GAUTHIER A., WEISS M.-C., CAMPS G., CESARI J. et LANFRANCHI F. (de), 1990, *Préhistoire de la Corse*, Centre Régional de Documentation Pédagogique, Circonscription des Antiquités Préhistoriques de Corse, Ajaccio.

BORDES F., 1950, « Principes d'une méthode d'étude des techniques et de la typologie du Paléolithique ancien et moyen », *L'Anthropologie* 54, p. 19-34.

BORDES F., 1961, *Typologie du Paléolithique ancien et moyen*. Delmas imprimerie, Bordeaux (Publications de l'Institut de préhistoire de l'Université de Bordeaux, 1). 2ème édition : Editions du CNRS, 1967, Paris.

BOSTYN F., 1994, *Caractérisation des productions et de la diffusion des industries lithiques du groupe néolithique du Villeneuve-Saint-Germain*. Thèse de Doctorat, Université Paris X, Nanterre.

BULGARELLI G.M., ERME L. (d'), PELLEGRINI E. et PETITTI P., 1993, « L'insediamento preistorico di Poggio Olivastro, Considerazioni e prospettive », *Bulletino di Paletnologia Italiana* 84, p. 435-480.

CAHEN D., 1976, « À propos de la classification automatique de bifaces, de hachereaux et de trièdres de l'Acheuléen supérieur », *colloque U.I.S.P.P.* : thèmes spécialisés (Nice), p. 32-37.

CALVI REZIA G., 1980, « La ceramica impressa di Pienza (Toscana) e quella di Basi (Corsica) », *Rivista di scienze preistoriche* 35, 1-2, p. 323-334.

CAMPS G., 1979, « La préhistoire dans la région d'Aléria », *Archeologia corsa*, Mémoires et Etudes 4, p. 5-22.

CAMPS G., 1988, *Préhistoire d'une île*, Editions Errance, Paris.

CAMPS G. (dir.), 1988, *Terrina et le Terrinien : Recherches sur le Chalcolithique de la Corse*, Ecole française de Rome.

CARDINI L., 1980, « La necropoli mesolitica delle Arene Candide (Liguria) », *Memorie dell'Istituto Italiano di Paleontologia Umana* III, p. 9-31.

CESARI J., 1987, « Le Néolithique et le Chalcolithique du gisement des Calanchi (Sollacaro, Corse-du-Sud). Note de présentation », *Bulletin de la Société des Sciences Historiques et Naturelles de la Corse* 652, 3, (Actes du colloque de Bastia, mai 1987), p. 319-358.

CESARI J. et MAGDELEINE J., 1998, « Le Néolithique et le Chalcolithique de la Corse : acquis et problèmes », *Le Néolithique du Nord-Ouest méditerranéen*, (Actes du XXIe Congrès Préhistorique de France, Carcassonne 1994), p. 111-118.

COCCO D. et USAI L., 1989, « Documenti di Preistoria e Protostoria corsa nelle collezioni di CH.I. Forsyth Major », *Studi sardi*, vol. XXVIII (1988-1989), Edition Gallizzi, Università degli studi di Cagliari, p. 264-332.

CONCHON O., 1988, « Paléogéographie et paléoclimatologie de la Corse quaternaire. Chronologie des événements ». *Bulletin de la Société de géologie de France*, 8, 4, 4, p. 587-594.

COSTA L.J., 2000, « Espaces et sépultures mégalithiques en Corse », *Ateliers* 20, Des comportements techniques dans la préhistoire (table ronde du Laboratoire de Préhistoire et Technologie, mars 1999), p. 239-258.

COSTA L.J., 2001, *Espaces et productions lithiques taillées en Corse (IXe - IIe millénaire cal. BC)*, Thèse de Doctorat, Université Paris X, Nanterre.

COSTA L.J., 2004a, *Corse préhistorique. Peuplement d'une île et modes de vie des sociétés insulaires (IXe – IIe millénaires av. J.-C.)*, Editions Errance, Paris.

COSTA L.J., 2004b, « Nouvelles données sur le Mésolithique des îles tyrrhéniennes (Corse, Sardaigne) : peut-on parler d'un Mésolithique insulaire ? » *Gallia Préhistoire* 46, p. 211-230.

COSTA L.J., 2006, « Nouveaux acquis sur la circulation préhistorique de l'obsidienne en Corse », *Bulletin de la Société Préhistorique Française*, 103,1.

COSTA L.J. et SICURANI J., 2000, « Les armatures tranchantes dans les productions du Néolithique Ancien de la Corse », *in C. Tozzi et M.-C. Weiss (eds) Il primo popolamento olocenico dell'area corso-toscana (Les premiers peuplements holocènes de l'aire Corso-toscane)*, Università di Pisa / Université de Corse, Interreg II : Toscana - Corsica, Cultura Uomo Società, Edizioni ETS, p. 189-199.

COSTA L.J., PAOLINI-SAEZ H., OTTAVIANI-SPELLA M.-M., MAGDELEINE J., OTTAVIANI J.-C. et BERLINGHI A., 2002a, « Analyses de provenance des matériaux exploités à Strette (Barbaghju, Haute-Corse) : approche du fonctionnement du site au Néolithique ancien », *Bulletin de la Société Préhistorique Française* 99, 4, p. 765-774.

COSTA L.J., OTTAVIANI-SPELLA M.-M., NICOLLE F. et BERLINGHI A., 2002b, « Contribution à l'étude des modalités d'exploitation des rhyolites en Corse : l'exemple des filons du Monte d'Oro (Vivario, Haute-Corse) », *Bulletin de la Société Préhistorique Française* 99, 4, p. 785-791.

COSTA L.J. et CESARI J., 2003 « Eléments de réflexion pour une approche des données sur l'exploitation de l'obsidienne en Corse », *Sardinia, Corsica et Baleares Antiqvae* 1, p. 3-17.

COSTA L.J., VIGNE J.-D., BOCHERENS H., DESSE-BERSET N., HEINZ C., LANFRANCHI F. (de), MAGDELEINE J., RUAS M.-P., THIÉBAULT S. et TOZZI C., 2003, « Early settlement on Tyrrhenian islands (8th millennium cal. BC): Mesolithic adaptation to local resources in Corsica and Northern Sardinia » *in* H. Krindgen, K. Knutsson, L. Larsson, D. Loeffler et A. Akerlund (eds.) *Mesolithic on the Move* (Colloque International UISPP: Meso2000, Stockholm, septembre 2000), Oxbow Monographs, Oxford, p. 3-10.

COSTA L.J., MAGDELEINE J., OTTAVIANI J.-C. et VIGNE J.-D., 2004, « Les fréquentations de l'abri de Strette: pérennité, marginalité ou nomadisme? », *25e Colloque Préhistorique de France*, (Nanterre, novembre 2000), Mémoire de la Société Préhistorique Française, p. 285-291.

COSTA L.J., STERNKE F. et WOODMAN P.C., 2005, « Microlith to Macrolith: The Reasons behind the Transformation of Production in Irish Mesolithic », *Antiquity* 79, 303, p. 19-33.

DUCCI S. et PERAZZI P., 1991, « Isola di Pianosa. La Scola (LI) ». *Studi e Materiali*, Notiziario VI, p. 308-309.

DUCCI S. et PERAZZI P., 1998, « Una testimonianza del Neolitico a ceramica impressa cardiale nell'Arcipelago toscano: l'isolotto della Scola presso l'isola di Pianosa (LI) », *Atti XIII UISPP Congress Proceedings* (Forli 1996), p. 425-430.

FENU P., MARTINI F. et PITZALIS G., 2000, « Gli scavi nella grotta Su Coluru (Sassari): primi risultati prospettive di ricerca », *Rivista di Scienze Preistoriche* L (1999-2000), p. 165-187.

FUGAZZOLA DELPINO M.A., D'EUGENIO G. et PESSINA A., 1993, *La Marmotta (Anguillaras Sabazia, RM). Scavi 1989. Un abitato perilacustre di età neolitica*, Bullettino di Paletnologia Italiana 84, II, (Roma, Istituto Poligrafico e Zecca dello Stato), Rome.

GALLET M., 1998, *Pour une technologie des débitages laminaires préhistoriques*, Dossier de documentation archéologique 19, CRA, Editions du CNRS, Paris.

GUILAINE J., 1976, *Premiers bergers et paysans de l'Occident méditerranéen*. Mouton, Paris.

GUILAINE J., COURTIN J., ROUDIL J.-L. et VERNET J.-L. (eds.), 1987, *Premières communautés paysannes en Méditerranée occidentale*. Colloque international du CNRS (Montpellier, avril 1983), Editions du CNRS, Paris.

INIZAN M.-L., 1986, « Technologie et préhistoire récente en Mésopotamie: l'exemple du débitage par pression et de l'économie de l'obsidienne », *Préhistoire de la Mésopotamie*, Editions du CNRS, Paris, p. 305-315.

INIZAN M-L., REDURON M., ROCHE H., TIXIER J., 1995, *Technologie de la pierre taillée*, Cercle de recherches et d'Etudes préhistoriques, Meudon.

JANNY F. et COSTA L.J., 2004, « Transformation des industries lithiques à l'Âge du Bronze en Corse », *L'Anthropologie* 108, p. 111-119.

JAUBERT J., 1990, « Les industries lithiques: étude conventionnelle », in J. Jaubert, M. Lorblanchet, H. Laville, R. Slott-Moller, A. Turq et J.-P. Brugal, *Les chasseurs d'Aurochs de La Borde, un site du Paléolithique moyen (Livernon, Lot)*, Dossier d'Archéologie Française 27, Editions MSH, Paris, p. 69-102.

LANFRANCHI F. (de), 1967, « La grotte sépulcrale de Curacchiaghju (Levie, Corse) », *Bulletin de la Société Préhistorique Française* 64, 4, p. 587-612.

LANFRANCHI F. (de), 1980, « L'obsidienne préhistorique corso-sarde: les échanges et les axes de circulation », *Bulletin de la Société Préhistorique Française* 77, 4, p. 115-122.

LANFRANCHI F. (de), 1985, « La nécropole mégalithique de Monte Rotondu », *Nuovo Bulletino Archeologico Sardo*, 2, p. 77-86.

LANFRANCHI F. (de), 1987, « Le Néolithique de Curacchiaghju. Position chronologique et culture matérielle. Son importance dans l'ensemble Corso-Sarde », *in* J. Guilaine, J. Courtin, J.-L. Roudil et J.-L. Vernet (eds) *Premières communautés paysannes en Méditerranée occidentale*, (Colloque international du CNRS, Montpellier 1983), Paris, Editions du CNRS, p. 433-442.

LANFRANCHI F. (de), 1995, « Un habitat de plein air du Néolithique ancien à Longone (Bonifacio, Corse-du-Sud) », *Interreg Préhistoire Corse-Sardaigne* 2, Université de Corse, p. 30-46.

LANFRANCHI F. (de), 1998, « Prénéolithique ou Mésolithique insulaire? » *Bulletin de la Société Préhistorique Française* 95, 4, p. 537-545.

LANFRANCHI F. (de) et WEISS M.-C., 1972, « Le Néolithique Ancien de l'abri d'Araguina-Sennola », *Bulletin de la Société Préhistorique Française* 69, 1, p. 376-388.

LANFRANCHI F. (de) et WEISS M.-C., 1973, *La civilisation des corses. Les origines*. Ajaccio, Edition Cyrnos et Méditerranée.

LANFRANCHI F. (de) et WEISS M-C, 1977, *Araguina-Sennola: 10 années de fouilles préhistoriques à Bonifacio*, Archeologia corsa 2, Ajaccio.

LANFRANCHI F. (de), VIGNE J.-D. et WEISS M.-C., 1999, « Le premier peuplement holocène de la Corse », *in* A. Thévenin (ed.) et P. Bintz (dir.) *L'Europe des derniers chasseurs. Peuplement et paléoenvironnement de l'Epipaléolithique et du Mésolithique* (5e Colloque international UISPP, sept. 1995), Paris, Editions CTHS, p. 635-643.

LANFRANCHI F. (de) et COSTA L.J., 2000, « Nouvelles données et hypothèses relatives à la connaissance du Mégalithisme de Corse (l'exemple de Poghjaredda) », *L'Anthropologie* 104, p. 549-567.

LEA V., 2004, *Les industries lithiques du Chasséen en Languedoc oriental. Caractérisation par l'analyse technologie.* B.A.R. International Series 1232, Oxford.

LEANDRI F., 1998, « Premiers travaux sur le site mégalithique du Monte Revincu (Santo-Pietro-di-Tenda, Haute-Corse) », *in A. d'Anna et D. Binder (eds) : Production et identité culturelle,* (Actes du colloque d'Antibes, novembre 1996), Editions APDCA, p. 279-292.

LEANDRI F., DEMOUCHE F., COSTA L.J., TRAMONI P., GILABERT C., BERAUD A., et JORDA C., (sous presse) « Le site du Monte-Revincu (Santo-Pietro-di-Tenda, Haute-Corse) : Contribution à la connaissance du Néolithique moyen de la Corse », *Congrès CTHS : relations, échanges et coopération en Méditerranée,* Bastia, avril 2003.

LEROI-GOURHAN A., 1964, *Le geste et la parole. I, Technique et langage.* Albin Michel, collection Sciences d'aujourd'hui, Paris.

LEWTHWAITE J., 1983, « Ambiguous first impressions : a survey of recent work on the early Neolithic of the West Mediterranean », *Journal of Mediterranean Anthropology and Archaeology* 1, p. 292-307.

LO SCHIAVO F., 1979, « Grotta di Monte Maiore (Thiesi, Sassari) », *in G. A. Sanna (ed.) Nuove testimonianze archeologiche della Sardegna centro-settentrionale.* Sassari-Museo Nazionale Sassari, p. 17-23.

MAGDELEINE J., 1973, « Le gisement préhistorique du Monte Grosso à Biguglia (résultat des premiers sondages) », *Bulletin de la Société des Sciences Historiques et Naturelles de la Corse* 606, p. 9-26.

MAGDELEINE J., 1979, « L'occupation préhistorique du Monte Grosso I et Monte Grosso II. Commune de Biguglia, Haute Corse », *Archeologia corsa,* Etudes et mémoires 4, p. 23-42.

MAGDELEINE J., 1984, « Les premières occupations humaines de l'abri de Strette » *Archeologia corsa,* Etudes et mémoires 8-9 (1983-1984), p. 30-50.

MAGDELEINE J., 1995, « Préhistoire du Cap Corse : les abris de Torre d'Aquila, Pietracorbara (Haute-Corse) », *Bulletin de la Société Préhistorique Française* 92, 3, p. 363-377.

MAGDELEINE J. et OTTAVIANI J.-C., 1983, « Découverte de vanneries datées du Néolithique moyen dans un abri près de Saint-Florent en Corse », *Bulletin de la Société Préhistorique Française* 80, 1, p. 24-31.

MAGDELEINE J. et OTTAVIANI J.C., 1986, « L'abri préhistorique de Strette » *Bulletin de la Société des Sciences Historiques et Naturelles de la Corse* 650, p. 61-90.

MAGGI R. (ed.), 1997, *Arene Candide : a functional and environmental assesment of the Holocene sequence.* Mémoire dell'Istituto Italiano di Paleontologia Umana - Nuova serie 5, Editrice « il Calamo », Rome.

MANEN C., 2000 - *Le Néolithique ancien entre Rhône et Ebre : analyse des céramiques décorées.* Thèse de Doctorat de l'Ecole des Hautes Etudes en Science Sociales, Toulouse.

MARTINI F., 1993, « Grotta della Serratura a Marina di Camerota », *in F. Martini (ed.) Culture e ambienti dei complessi olocenici.* Garletti e Razzai, Florence.

MOURRE V., 1996, « Les industries en quartz au Paléolithique : terminologie, méthodologie et technologie », *Paléo* 8, p. 205-223.

NEBBIA P. et OTTAVIANI J.-C., 1981, *le dolmen de Cardiccia,* Rapport de fouilles, Service Régional de l'Archéologie, inédit, Ajaccio.

NEBBIA P. et OTTAVIANI J-C., 1994, « Le Chalcolithique terrinien de Cauria, abris XX et XXI (Sartène, Corse-du-Sud) », *Bulletin de la Société des Sciences Historiques et Naturelles de la Corse* 664-667 (1993-1994), p. 79-123.

NEUVILLE P., 1992, « Une halte de pêche à la Revellata », *Archeologia corsa,* Mémoires et Etudes 16-17, p. 5-17.

NEUVILLE P., 1995, « Une halte de pêche préhistorique en Corsc du nord », *Interreg Préhistoire Corse-Sardaigne* 2, Université de Corse, p. 47-58.

NICOLLE F., 2000, « Aspects techniques, économiques et sociaux de la fin du Néolithique en Corse à travers l'étude des pointes de projectile lithique », *Ateliers* 20, Des comportements techniques dans la préhistoire (table ronde du Laboratoire de Préhistoire et Technologie, mars 1999), p. 131-146.

PAOLINI-SAEZ H., 2002, *Marmite, coquillage et grains de quartz... La céramique néolithique de la Corse dans le contexte tyrrhénien. Analyse comparative à partir d'une étude typologique et technologique,* Thèse de Doctorat, Université de Corse, Corte.

PASQUET A., 1979, « Contribution à l'atlas préhistorique de la région de Porto-Vecchio », *Archeologia corsa,* Mémoires et Etudes 4, p. 53-81.

PASQUET A. et TRAMONI P., 1997, « L'occupation d'une zone littorale rocheuse au Néolithique moyen : l'exemple de l'abri de la Figue (Sartène, Corse-du-Sud) », *L'Homme préhistorique et la mer,* 120e Congrès national des sociétés savantes (Aix-en-Provence, octobre 1995), Paris, Editions C.T.H.S., p. 277-295.

PELEGRIN J., 1988, « Débitage expérimental par pression : du plus petit au plus grand, Technologie préhistorique », *Notes et Monographies Techniques* 25, Editions du C.N.R.S., Paris, p. 37-52.

PELEGRIN J., 1995, « *Technologie lithique : le châtelperronien de Roc-de-combe (Lot) et de La Côte (Dordogne)* », Cahiers du Quaternaire, Editions du C.N.R.S.

PERLES C., 1987, *Les industries lithiques taillées de Franchthi (Argolide, Grèce). Tome I : présentation générale et industries paléolithiques*, Excavations at Franchthi Cave, Fasc. 3, Indiana University Press, Bloomington / Indianapolis.

PERLES C., 1990a, *Les industries lithiques taillées de Franchthi (Argolide, Grèce). Tome II : les industries du Mésolithique et du Néolithique initial*, Excavations at Franchthi Cave, Fasc. 5, Indiana University Press, Bloomington / Indianapolis.

PERLES C., 1990b, « L'outillage de pierre taillée néolithique en Grèce : approvisionnement et exploitation des matières premières », *Bulletin de correspondance héllénique* 114, p. 1-42.

PERLES C., 1991, « Economie des matières premières et économie du débitage : deux conceptions opposées ? », *25 ans d'Etudes technologiques en préhistoire : bilan et perspective*, (Actes des rencontres de Juan-les-Pins, octobre 1990), Editions APDCA, p. 35-45.

PERLES C., 1992, « In search of lithic strategies : a cognitive approach to prehistoric chipped stone assemblages », *in J.-C. Gardin et C. Peebles (eds) Representation in archaeology*, Indiana University Press, Bloomington / Indianapolis, p. 223-247.

POPLIN F., 1979, « Origine du Mouflon de Corse dans une nouvelle perspective paléontologique : par marronnage », *Annales de Génétique et de Sélection animales* 11, p. 133-143.

POPLIN F. et VIGNE J.-D., 1983, « Observations sur l'origine des ovins de Corse », *Congrès de Préhistoire française* (21e session, Quercy, 1979), 2, p. 238-245.

ROCHE J., 1975, « Les amas coquilliers de Muge (Portugal) », *in L'Épipaléolithique méditerranéen* (colloque d'Aix en Provence, 1972), Editions du CNRS, Paris, p. 79-81.

SERRAND N., 1996, *La faune d'invertébrés marins du Néolithique moyen de l'abri de La Figue (Punta di Murtuli, Sartène, Corse-du-Sud)*. Mémoire de D.E.A. « Environnement et Archéologie », Université Paris I-Sorbonne.

SICURANI J., 1993, « Approche technologique et typologique des armatures perçantes de la préhistoire corse », *Cultures et Traditions, d'hier à aujourd'hui*, Actes des 2es rencontres culturelles interdisciplinaires de l'Alta Rocca (Lévie, août 1991), p. 21-28.

STUIVER M. et REIMER P.J., 1993, « Radiocarbon Calibration Program Rev 4.1.2 », *Radiocarbon* 35, University of Washington, p. 215-230.

TANDA G., 1980, « Il Neolitico antico e medio della Grotta Verde, Alghero », *I.I.P.P., Atti della XXII riunion Scientifica nella Sardegna centrosettentrionale* (21-27 octobre 1978), Firenze, pp.45-94.

TANDA G., 1999, « Gli scavi nell'abri 1 o Sapar'Alta, in località I Calanchi (Sollacaro, Corse du Sud). Campagne 1991 - 96 » *Antichità Sarde,* studi e ricerche 5, Università degli Studi di Sassari, p. 183-222.

TIXIER J., 1967, « Procédés d'analyse et questions de terminologie concernant l'étude des ensembles industriels du Paléolithique récent et de l'Epipaléolithique dans l'Afrique du Nord-Ouest », *in W.W. Bishop et J. Desmond-Clark (eds.) Back-ground to evolution in Africa*. Proceedings of a symposium held at Burg Wartenstein Austria (juillet-août 1965), University of Chicago Press, Chicago, p. 771-820.

TIXIER J., INIZAN M-L., ROCHE H., 1980, *préhistoire de la pierre taillée. 1-Terminologie et technologie*, Cercle de recherches et d'Etudes préhistoriques, Paris.

TOZZI C., 1996, « L'abri prénéolithique de Porto Leccio (Sardaigne septentrionale) », *Actes des 3e journées universitaires corses de Nice* (19-20 mai 1995), Université de Nice, p. 11-16.

TRAMONI P., 1998, « Les productions céramiques terriniennes, nouvelle approche de la fin du Néolithique en Corse », *in A. d'Anna et D. Binder (eds) Production et identité culturelle*, (Actes du colloque d'Antibes, novembre 1996), Editions APDCA, p. 163-186.

TRUMP D., 1983, « La Grotta di Filiestru a Bonuighinu, Mara » *Quaderni-13*, Sassari.

TYKOT R.H., 1996, « Obsidian Procurement and Distribution in the Central and Western Mediterranean », *Journal of Mediterranean Archéology* 9.1, p. 39-72.

UCELLI GNESUTTA P., 1999, « Le gisement néolithique de la Grotta di Settecannelle », *Actes du XXIème Congrès Préhistorique de France* (Carcassonne 1994), p. 57-64.

VELLUTINI P.J., ROSSI P., MICHON G. et HERVE J.-Y., 1996, *Notice explicative de la feuille de Galéria-Osani à 1/50 000, Carte géologique de la France*, Bureau de Recherches Géologiques et Minières, Imprimerie Oudin, Poitiers.

VIGNE J.-D., 1988, *Les mammifères post-glaciaires de Corse, Études archéozoologiques,* Supplément à Gallia-Préhistoire 26, Editions du CNRS, Paris.

VIGNE J.-D., 1995a, « Préhistoire du Cap Corse : les abris de Torre d'Aquila, Pietracorbara (Haute-Corse) - la faune », *Bulletin de la Société Préhistorique Française* 92, 3, p. 381-389.

VIGNE J.-D., 1995b, « La faune du Néolithique moyen de l'abri de « la Figue » (Punta di Murtuli, Sartène, Corse-du-Sud) », *rapport inédit*, SRA Ajaccio.

VIGNE J.-D., 1999, « L'abri du Monte Leone (Bonifacio, Corse du Sud) : vaste site pré-néolithique en contexte insulaire », *in A. Thévenin (ed.) et P. Bintz (dir.) L'Europe des derniers chasseurs. Peuplement et paléoenvironnement de l'Epipaléolithique et du Mésolithique*, (5e Colloque International UISPP, septembre 1995), CTHS, Paris, p. 645-650.

VIGNE J.-D. (dir.), 2005, « Premières manifestations de l'homme moderne en Corse », *in A. Truffreau (ed.) Les hominidés et leur environnement*, (actes du colloque PeH, Poitiers, janvier 2001), BAR International Series 1352, p. 139-145.

VIGNE J.-D., BOURDILLAT V., ANDRÉ J., BROCHIER J.-E., BUI THI MAI, CUISIN J., DAVID H., DESSE-BERSET N., HEINZ C., LANFRANCHI F. (de), RUAS M.-P., THIÉBAULT S. et TOZZI C., 1998, « Nouvelles données sur le Prénéolithique corse: premiers résultats de la fouille de l'abri du Monte Leone (Bonifacio, Corse-du-Sud) », *in A. d'Anna et D. Binder (eds) Production et identité culturelle*, (Actes du colloque d'Antibes, novembre 1996), Editions APDCA, p. 251-260.

VIGNE J.-D. & COSTA L.J., (sous presse), *Late Glacial to Holocene: The Impact of Human's Colonisation in Tyrrhenian Islands (Corsica and Sardinia)*, Mémoire du Muséum national d'Histoire naturelle, CNRS, Paris.

WEISS M.-C., 1986, « Recherches préhistoriques en Balagne : les fouilles de la Pietra, premières conclusions », *Bulletin de la Société des Sciences Historiques et Naturelles de la Corse* 650, p. 191-198.

WEISS M.-C. (dir.), 1988, *Les temps anciens du peuplement de la Corse, la Balagne*, Université de Corse, 2 volumes, Nice.

WEISS M.-C., 2000, « Armatures tranchantes et microlithes : étude des pièces géométriques de petites dimensions et à bords abattus du Néolithique ancien de A Petra », *in C. Tozzi et M.-C. Weiss (eds) Il primo popolamento olocenico dell'area corso-toscana (Les premiers peuplements holocènes de l'aire Corso-toscane)*, Università di Pisa / Université de Corse, Interreg II : Toscana - Corsica, Cultura Uomo Società, Edizioni ETS, p. 201-223.

WOODMAN P.C., 1978 : « *The Mesolithic in Ireland: hunter-gatherers in an insular environment* ». Oxford, BAR British Series 58.

www.ingramcontent.com/pod-product-compliance
Lightning Source LLC
Chambersburg PA
CBHW061545010526
44113CB00023B/2801